契約法

[第2版]

松井和彦・岡本裕樹・都筑満雄

[著]

**Nippyo
Basic Series**

日評ベーシック・シリーズ

日本評論社

第2版はしがき

　本書の初版を公刊したのは、2018年の夏である。当時は、2017年に民法（債権関係）が改正されたばかりで、この改正法は施行前であった。このため、改正部分に関する参考文献がまだ少なく、法制審議会における会議議事録からの推論を頼りに執筆せざるをえない部分が至る所にあった。それから5年余りが経過し、改正民法を踏まえた書物が多く出版され、ある程度の共通理解となっている部分や、解釈が分かれている部分が見えてきた。また、改正民法の下で新たに生じる問題が、学説において指摘されるようになってきた。

　そこで、第2版では、これら改正民法の下での学説状況を踏まえた記述に改めるべく、全体的な見直しを行った。その際、初版で見られた改正前民法からの変更点に関する記述や、改正民法で姿を消したり維持されなくなったりしたもの（たとえば、瑕疵担保責任の法的性質論やこれに関わる「特定物ドグマ」の考え方）に関する記述については、その多くを思い切って削除し、現行法である改正民法を理解するためにどうしても必要と思われる限度にとどめた。

　本書の基本コンセプトと本書に込めた執筆者の想いは、初版と変わりない。以下、初版の「はしがき」を一部引用することで、このことを確認したい。

＊　＊　＊

　「契約」は、わたしたちにとって空気のような存在である。賃貸マンションに住み、スマホ片手に電車に乗って大学や会社に通い、途中のコンビニでコーヒーを買い、夜は英会話教室でレッスンを受け…といった日常生活のワンシーンは、「契約」の上に成り立っている。わたしたちは、普段あまり意識しないかもしれないが、無数の「契約」の中で生きているのだ。こんにちの便利で豊かな生活は、「契約」なしでは成り立たない。

　本書は、日評ベーシック・シリーズ（Nippyo Basic Series：NBS）民法の第5

巻として、この「契約」に関する規範を扱うものである。「契約」という概念の歴史は古く、約2000年前の古代ローマ法にまで遡る。それが時代と国を越え、部分的であるにせよ、現代の日本の民法に受け継がれているのである。もちろん、古代ローマと現代の日本とでは、想定されている契約には大きな違いがある。古代ローマにあった奴隷売買が現代の日本で行われるはずはないし、逆に、わたしたちが日ごろ使うネット通販は、古代ローマには存在していなかった。このような違いにもかかわらず、契約に関する規範の中には、連綿と受け継がれているものがある。他方で、社会の変化や科学技術の発展などに伴い新しい契約が出現し、これに対応した新たな規範が生成され、伝統的な考え方に修正を迫ったり、時には取って代わったりすることもある。このように、契約法の世界は、太くて揺るぎのない幹の部分と、新陳代謝を繰り返しながら成長を続ける枝や青葉の部分とを併せ持つ。

とはいえ、何事も基本が大切である。本書は、NBSシリーズの他の巻と同様、民法を初めて勉強する皆さんが無理なく通読でき、これにより契約法の太い幹の部分をしっかり理解できる教科書を目指して作られたものである。これを実現するため、特に次の2点について議論を重ね、知恵を絞った。

第1は、契約法のしくみをきちんと描くことである。条文の内容、判例・学説の内容をただ紹介するだけではなく、なぜそうなっているのかを丁寧に説明するよう心がけた。また、各種の契約の間で規律が共通するもの、異なるものについて、繰り返しをいとわず指摘するよう心がけた。いろいろな角度から契約法を眺めることが理解に役立つと考えたからである。

第2は、わかりやすく記述することである。スムースな論の運び、適切な具体例の活用に心を砕いた。さらに、読者の思考を遮断しないよう、判決年月日の引用や、かっこ書きでの補足説明も最小限にとどめている。

他方で、これらの要請を満たそうとすると、どうしても犠牲にせざるをえない部分が出てくる。たしかに、契約法をめぐる豊富な議論は、ダイナミックでおもしろい。しかし、あれもこれもと欲張ると、基本的なしくみが見えづらくなるし、ボリュームが大きくなり通読が困難になってしまう。本書に収まりきらず、やむなく割愛した部分は少なくない。もちろん、だからといって学術的な水準を落としたということではない。大学の講義で教科書として使用される

ことをも想定している以上は、それに耐えうるだけの水準を満たしていると自負している。

　本書を手にとっていただいた皆さんが最後の1ページまで読み終え、多くの満足感といくつかの疑問や物足りなさを抱いていただくならば、わたしたち執筆者の目的は達成されたことになる。その疑問や物足りなさは、契約法の世界をもっと深く、もっと広く勉強してみたいという欲求の表れなのだから。

　2024年2月

松井和彦・岡本裕樹・都筑満雄

契約法

第5章　契約の効力…27

第2部　契約各論 1：財産権移転型の契約

第3部　契約各論2：財産権利用型の契約

略語一覧

*本文中、民法については表記を省略している。また、関連法令も含め条文はすべて改正民法施行後の条文である。

I　主要法令名

家事	家事事件手続法
割販	割賦販売法
建設業	建設業法
公害紛争	公害紛争処理法
国際海運	国際海上物品運送法
借地借家	借地借家法
消契	消費者契約法
商	商法
信託	信託法
宅建	宅地建物取引業法
建物保護	建物保護ニ関スル法律
特商	特定商取引に関する法律
不登	不動産登記法
放送	放送法
保険	保険法
民執	民事執行法
民訴	民事訴訟法
利息制限	利息制限法
労基	労働基準法
労契	労働契約法
労組	労働組合法
労調	労働関係調整法

II　判例集

民録	大審院民事判決録
民集	最高裁判所民事判例集
判時	判例時報
金法	金融法務事情

第1章

契約の意義・機能・種類

　世の中の人々は、各人の私的な生活を、それぞれの意思によって自由に形成してよいというのが、民法典の基本原理の1つである（私的自治の原則）。しかし、何かを作るには、そのための道具が必要である。食材があっても、調理器具がなければ、食べたい料理は作れない。資材があっても、建築工具がなければ、住みたい家を建てられない。生活を自由に形成するのにも、相応の道具が必要であり、その最も重要なものが契約である。

1　契約とは何か

(1)　身の回りにあふれている無数の契約

　法律を勉強していなくても、「契約」という言葉を聞いたことがない人はいないだろう。ニュースを見ると、プロスポーツのオフシーズンには契約更改の話題を耳にするし、携帯電話事業者のシェア争いでは契約数が比較されている。そもそも、テレビを見たければ、NHKと受信契約をしなければならない。

　「契約」というものがあるのは知っているけど、自分はしたことがないという人も、やはりいないだろう。携帯電話を使うための回線契約、電車やバスに乗るための運送契約、学校に通うための在学契約、働いてお金を得るための雇用契約、アパートを借りるための賃貸借契約、この本を買って読むための売買契約（買いましたよね？）、日常は契約であふれている。ジュースを1本買うのであれ、電気・ガス・水道を使うのであれ、常に契約がつきものなのである。

(2) 法的な契約と単なる約束との違い

とはいえ、契約とはいかなるものかと問われてみると、普段は無意識で利用していることもあって、答えるのは難しいはずだ。すでに民法総則を勉強していれば、「内容の対立する2個以上の意思表示が合致して成立する法律行為」といった回答が思いつくだろう。しかし、定義を述べるだけでは、十分な説明といえない。待ち合わせやノートの貸し借りといった友人との軽い約束も、こうした定義に当てはまりそうだが、契約として取り扱われるのはどこかおかしい。単なる約束と区別される法的な契約とは、どのようなものだろうか。

単なる約束と契約との大きな違いは、契約であれば、裁判所による国家的強制を可能にする法的な拘束力を付与されるところにある。そのため、契約として承認されるには、合意内容が、そうした法的拘束力による保護に値するものでなければならない。違法な内容の合意が法的保護に値しないことはもちろんのこと（90条）、試験に合格したら「いいもの」をあげるよ、というような不確定な内容の約束は、裁判所としても、何を強制すべきかはっきりしない。また、日常の口約束は、相手方に裁判所への訴えを認めるというような仰々しい意思などなしに、軽い気持ちで行われている（93条1項ただし書も参照）。これらの場合、たとえ当事者間に合意が成立していようとも、裁判所によって強制されるべき契約とは評価できない。

このように、法的保護を受けるべき内容をともなう当事者間の合意であることが、契約の根幹なのである。

2　契約の機能

(1)　契約の法的機能

法的拘束力を付与された契約から、具体的にどのような効果が発生するのかは、合意内容により決定される。契約は法律行為の一種であるところ、法律行為とは、当事者の意思表示の内容にそった法律効果を発生させるものであり、契約では、当事者意思の合致した合意内容に対応する効果が認められる。これにより、当事者は、自身の生活関係を自己の意思により形成することができるのである。

もっとも、民法典の中で、契約（第三編債権第二章）が、事務管理（同第三

章）・不当利得（同第四章）・不法行為（同第五章）と並ぶ債権発生原因として位置づけられているように、契約の基本的な効果として念頭に置かれているのは、債権・債務の発生である。このような債権の発生を目的とする合意を、狭義の契約、ないしは、債権契約とよんでいる。

しかし、所有権の移転や抵当権の設定といった物権変動を目的とする合意も契約とよばれており、婚姻や離婚などの身分関係の設定・解消・変更を目的とする合意も契約の一種といえる。こうした債権契約以外の合意を含め、権利変動を目的とする合意を、広義の契約とよんでいる。民法典中には、広義において「契約」という用語が使われていると解される規定（113条〜117条）があり、また、広義の契約にも、第三編第二章の規定が類推適用されるものと解されている。

(2) 契約の社会的機能

こうした種々の契約が社会のさまざまな場面で利用されている。なぜ広く利用されるのか、それは、契約を用いれば、自己の望む行為を他人に請求できるようになるからである。各私人に独立した法主体性が平等に認められる社会では、身分制の社会と違い、社会的・経済的地位を頼りに他人を支配し、その意思に反して行為を強制することは許されない（権利能力平等の原則、私的自治の原則）。自由が尊重される社会において、契約とは、自分と同じく自由な活動を保障されている他人に、自己の利益となる一定の行為を義務づけるための、必要不可欠な手段なのである。

他人に何かを請求するために契約を利用するとき、そこでの最も重要な目的は、財やサービスの移転である。資本主義社会では、動産や不動産、モノの利用権や債券、あるいは、労働力や事務処理作業などが、対価（主に金銭）と交換されて、社会活動が展開されていく。その中で、財やサービスの移転は、契約を介して実現される。現代の社会構造において、契約は、経済活動の中核に据えられているのである。

3　契約の種類

(1)　契約を分類する意味

　さて、ここまでの話からもわかるとおり、日常生活に現れる契約は、まこと
に諸種多彩で、一様ではない。そこで、契約を理解するには、いくつかの観点
から類型化して、整理するとわかりやすくなる。その際の区分の基準は、類型
ごとの取扱いの違いにある。

(2)　典型契約・非典型契約

　まず、法律における規定の有無による区分がある。規定のある契約類型を典
型契約といい、規定のないものを非典型契約という。民法典中の典型契約は、
売買・贈与・消費貸借・賃貸借・請負など、13種類ある。

　両者の違いは、契約の解釈に際して、当事者の合意内容が不明確なときに顕
著となる。こうした場合、取引上の社会通念や慣行などを考慮して合意内容が
解釈されるが、典型契約であれば、合意内容を補充する法律の規定が用意され
ているのに対し、非典型契約にはそうした規定がないため、類似の典型契約に
関する規定を準用するなどの作業が行われることになる。

(3)　双務契約・片務契約

　次に、契約から生じる債務負担の態様による区分がある。当事者双方が債務
を負担し、その債務が対価的な関係にある契約を双務契約といい、そうでない
契約を片務契約という。売主が買主に権利を移転する債務を負う代わりに、そ
の対価として買主が代金支払債務を負う売買が、双務契約の代表格である。贈
与（549条）や要物契約としての消費貸借（587条）では、贈与者や借主しか債務
を負担しないため、片務契約に当たることになる。また、書面でする消費貸借
（587条の2）では、貸主は目的物を引き渡す債務を、借主は受領物と同種・同
等・同量の物を返還する債務を、それぞれ負うが、これらの債務は相互に対価
としての意味を有していないため、この場合もまた片務契約である。

　双務契約に関しては、対価的な債務の特性に基づく規律（533条、536条）が
存在する。

(4) 有償契約・無償契約

　双務・片務性と間違えやすい区分として、契約による経済的負担の態様を基準とする有償契約と無償契約がある。双務・片務性の区分は、契約当事者の「債務負担」に着目するものであるのに対し、有償・無償性の区分においては、当事者の「経済的負担」が考慮される。

　有償契約とは、当事者双方が対価的な関係のある経済的損失を負担する契約である。すべての双務契約の他、片務契約である要物契約としての消費貸借に利息支払の特約が付されている場合が、これに含まれる。利息付きの要物的消費貸借が有償契約とされるのは、たとえば目的物が金銭であるとすると、貸主が自己の金銭を使用できなくなるという経済的損失を負担し、その対価として、借主が金銭の利用料である利息の支払を負担するためである。これに対し、無償契約では、一方当事者のみ経済的損失を負担するか、もしくは、当事者双方に経済的損失が生じるとしても、それらは対価の意味を有しない。利息付きの要物的消費貸借以外のほとんどの片務契約が、無償契約とされる。

　有償契約であれば、その性質に反しないかぎり、売買の規定が準用される（559条）。

(5) 諾成契約・要式契約・要物契約

　契約の成立要件による区分もある。

　通常であれば、契約は当事者の合意のみによって成立し（522条2項）、こうした契約を諾成契約とよぶ（諾成契約の原則）。

　他方で、無償契約には、合意の他に別の行為を必要とするものがある。経済的損失を負担する当事者と負担しない当事者が存在する無償契約では、前者が軽率に合意した後に契約をやめたいと考え直したとき、後者の利益のために合意のみで契約の拘束力を認める必要性に乏しい。そのため、いくつかの無償契約において、軽率な契約を防止するために、他の要件が付加されている。まず、書面の作成が要求されることがあり、こうした契約を要式契約という（587条の2：消費貸借、他に保証に関する446条2項・3項も参照）。また、合意の他に、目的物を引き渡すことで成立する要物契約がある（587条：消費貸借）。これらの場合、書面作成や目的物引渡しがあるまで、自由に合意を撤回できる。

なお、無償契約では、諾成契約とされるものについても、書面が作成されていなければ、目的物の引渡し前に、契約の解除が認められることがある（550条：贈与、593条の2：使用貸借、657条の2第2項：寄託）。

(6)　一時的契約・継続的契約

　さらに、契約上の債務の履行が、ある時点の一回限りに行われて契約が終了するのか、それとも、契約が一定期間存続し、その間に履行が反復継続して行われるのかにより、一時的契約と継続的契約に分類される。前者は、贈与や交換などであり、後者に当たるのは、賃貸借や寄託などである。売買は、基本的には一時的契約であるが、同一の当事者間で基本的な条件を定めて、継続的に取引が繰り返されるときには、継続的契約となる（継続的供給契約）。

　一時的契約が解除されれば、契約締結時にさかのぼって契約がなかった状態を回復させるべきことになるのに対し、継続的契約の解除は、将来の契約関係を消滅させるにとどまることが多い（620条：賃貸借、630条・620条：雇用、652条・620条：委任）。また、継続的契約関係では、多くの場合に存続期間が長期にわたることから、その存続や終了を判断する際に、当事者間の信頼関係が重視される。

(7)　債務の給付内容による区分

　この他、典型契約は、売買、贈与、交換といった当事者に財産権を譲渡することを内容とする財産権移転型契約、使用貸借、消費貸借、賃貸借といった当事者の一方に物の利用を認めることを内容とする財産権利用型契約、ならびに、雇用、請負、委任、寄託といった当事者の一方が相手方にサービスを提供することを内容とする役務提供型契約と、その他の契約に分けられる。それぞれの契約類型において、債務者が債務の履行として給付すべき内容が異なる。

第2章

契約自由の原則とその修正

自分がどのような生活を選択するか、その実現のために何をするのか、現在の社会では、こうしたことを自らの意思によって決定することができる。各人の自由に行動できる範囲は、とても広い。しかし、社会の中で他人と生活していると、自分の行動は、多かれ少なかれ、良いにつけ悪いにつけ、他人にも影響を及ぼす。そうした他人との関係の中で、自由の限界が見えてくる。

1　契約自由の原則

人々は、それぞれの私的な生活を自由に決定し、その嗜好に合った人生を送りたいと考える。そのために準備された法的手段が、契約である。契約がその役割を果たすには、契約を結ぶことが不自由であってはならない。もし限られた契約しか利用できないのであれば、各個人の生活関係も、その範囲に閉じ込められてしまうからである。そのため、契約の自由が、自由主義を基礎とする近代私法の基本原則となっている。

民法典では、契約自由の原則を基に、その具体的内容として、契約締結の自由（521条1項）、内容形成の自由（同条2項）、および、方式の自由（522条2項）が確認されており、また、相手方選択の自由も契約締結の自由に含まれるものと解されている。これらはそれぞれ、誰と契約をするかを含めて、契約を締結するかどうかを決定する自由、どのような内容の契約にするかを決定する自由、および、契約の成立のために書面などの作成を要件とするか、口頭の合意のみでよいかを決定する自由を意味している。

各人は、こうした自由の下で、自らの意思に基づく契約を締結することがで

きる。民法典は、いくつかの契約類型に関する規定をあらかじめ用意している
が、この類型に当てはまらない契約を締結することもまた、自由である。さら
に、法律の規定に反する内容の契約であっても、その規定が任意法規であれ
ば、当事者の合意がこれに優先し、契約内容にそった効力が承認される。

2　契約自由に対する修正

(1)　契約自由の限界

このように、すべての私人に、契約を使って私的生活を決定する自由が与え
られてはいる。だが、だからといって、すべての者が、自らの描いたとおりの
幸せな生活を送ることができるかとなると、残念ながら、世の中はそれほど単
純ではない。

そもそも社会とは、他人と共同で生活をする場である。そこには、共同生活
を行う上で、相互に遵守すべきルールがある。こうしたルールに反する契約
は、法的保護に値しない。

また、社会生活では、他人に依存せざるをえないこともあるし、自己と他人
の利害が対立することもある。こうした状況で自己の希望を叶えるためには、
他人と交渉して、その同意を得なければならない。しかし、社会における契約
交渉を、まったくの自由放任に委ねるとどうなるか。社会的あるいは経済的に
格差のある者の間では、優位にある強者が、劣位に置かれる弱者に対し、契約
交渉の名の下で、自身の都合のよい契約内容を押し付けるといったことが横行
することになる。弱者にとり、こうした契約は、たしかに形式的に同意はした
ものの、真に希望したものといえず、自己決定による私的生活の形成と評価で
きるものではない。契約内容に対応する責任を正当化するためには、その前提
として、すべての者の自己決定が実質的に保障されていなければならず、弱者
の不合理な不利益の下で実現される強者の契約自由に対しては、是正が必要と
なる。

これらのことから、契約自由といっても無制約ではなく、さまざまな場面で
修正が加えられている。

⑵　締結自由の限界

まず、契約を拒否することが許されない場合がある。

現代社会では、ほとんどの人にとり、公共交通機関や電気・ガス・水道・通信、あるいは、医療サービスなどは必要不可欠であり、これらなしでは、生活が立ち行かない。そのため、これらを提供する事業者には、契約締結義務が課されていて、恣意的な契約の拒絶は認められていない（鉄道営業法6条、電気事業法17条1項、ガス事業法47条1項、水道法15条1項、電気通信事業法25条、医師法19条1項など）。こうした契約締結義務は、通常、公共的な財やサービスを提供する事業者に課されるものであるが、NHKとの受信契約については、例外的に、事業者の相手方が締結義務を負わされている（放送64条1項）。

また、土地や建物の賃貸借契約について、賃借人を保護するために、賃貸人による契約の終了が制限されていることも、契約締結の自由に対する制限の1つといえる（借地借家5条・6条・26条〜28条）。

その他、労働契約において、使用者が、労働組合員であることを理由に労働契約を締結しないことは、不当労働行為とされており（労組7条1号本文）、その限りで、使用者には相手方の選択が制約されている。

⑶　内容決定自由の限界

次に、いかなる内容の契約であっても法的有効性が認められるというわけではない。

法律の規定の中には、公序の維持や弱者保護などの目的から、当事者がその意思により適用を排除することのできない強行法規があり、こうした規定に反する契約内容は無効とされる（175条や732条などの物権・婚姻に関する規定の大部分、信託10条、弁護士法28条、同72条、同73条、消契8条〜9条、利息制限1条、同4条、借地借家21条、同30条など）。また、任意法規であっても、契約条項の有効性を判断する際の基準となることがある（消契10条）。さらに、法律の規定に反しない場合であっても、その内容が公序良俗に反するときには、契約は無効となる（90条）。

⑷ 方式自由の限界

契約は、基本的には、当事者の口約束でも成立するものであるが（諾成契約の原則）、当事者が契約書の作成について合意していれば、その作成まで契約は成立しないこととなる。また、そうした契約書作成の合意がなくても、契約の成立に書面が必要とされる場合もある。契約内容を書面に明記することで、契約内容をよく確認しないまま軽率に契約を締結し、後になって想定外の効力が生じることを防止しようとするものである。保証契約（446条2項）や書面でする消費貸借契約（587条の2）がこれに当たる。

なお、主に消費者保護を目的として、契約締結の際に、申込みや契約の内容を記載した書面等の交付が義務づけられることもある（割販4条、特商4条・5条・18条・19条・37条・42条・55条・58条の7・58条の8、宅建37条など）。ただ、これらの場合、書面等の作成が、契約成立のための要件とされているわけではない。

第3章

定型約款

誰かと契約をする際に、自己の利害のために契約内容を細かく決めておくというのは、実は難しい。相手とうまく交渉しなければならないし、どのような条項が自分の損得につながるのかをよくよく考えなければならない。こうした手間を掛けた割には、それによって確保できた利益は僅かばかりということだってある。そのため、現実の生活の中で、契約相手である事業者が事前に作成した契約内容をそのまま受け入れるのも、不合理とはいえない。ただ、そこで示された契約内容には、事業者側の都合を優先し、こちらの利益を不当に害するものが潜んでいることもあるので、注意が必要となる。

1 定型約款とは何か

(1) 日常的な契約の実情

契約自由の原則の下、契約を締結しようとする当事者は、契約内容を自由に決定できる。この契約内容の決定は、当事者間の交渉を通じて、双方の合意の上で行われるのが基本である。

しかし、日常的に行われる取引では、具体的な交渉を経ることなく契約が締結されることが、少なくない。電車やバスに乗るときに、事前に運賃交渉をする人は、まずいない。携帯電話の利用であれば、いくつかのプランが用意されているが、利用者はその中から選択できるだけであり、利用者が自らの都合に合わせてプラン内容の変更を求めたり、別のプランを提案したりすることは、事実上できない。また、銀行との預金取引では、会社だろうと、個人だろうと、共通した条件の下で契約が結ばれる。

これらの取引では、物やサービスを提供する側の事業者が、多数の取引を画一的に処理するための契約条項（約款）をあらかじめ準備しており、契約内容は、この約款によって決定される。約款を準備している事業者にとっては、同種取引を同じ条件で行えるところに、約款を使用するメリットがあり、交渉による内容修正は基本的に予定されていない。他方、相手方は、契約内容を押し付けられることになる。とはいえ、相手方からしても、交渉の手間をかけずに、有用な物やサービスを均一な基準で提供されるというのは、むしろ好都合であることも少なくない。そのため、約款は、社会で広く活用されている。

(2) 定型取引の意義

　そこで、民法典においても、ある特定の者が不特定多数の者を相手方として行う取引のうち、その内容の全部または一部が画一的であることが双方にとって合理的なものを「定型取引」とよぶこととし（548条の2第1項柱書）、この定型取引で利用される「定型約款」に関する規定を置いた。

　ここでの定型取引とは、ある特定の者が、多数の相手方と取引を行う際に、それぞれの相手方の個性に着目せずに行われるものをさす。そのため、たとえば、労働者の個性に着目して締結される労働契約などは、これに含まれない。また、定型取引の特徴は、交渉を経ずに画一的な内容の契約を結ぶことが、当事者双方にとって合理的といえる点にある。それゆえ、事業者間の継続的供給取引のように、契約内容の交渉が予定されていたり、画一的な処理が一方のみにとって都合がよいといった場合は、定型取引に当たらない。

　もっとも、内容の全部が画一的である必要はなく、取引の内容の一部であっても、それが相当な部分、あるいは重要な部分であり、画一的であることが双方にとって合理的であれば、定型取引に該当する。

(3) 定型約款の意義

　定型約款とは、定型取引において、特定の者が、契約の内容とすることを目的として準備した条項の総体である（548条の2第1項柱書）。つまり、定型取引に当たらない取引のために準備された約款は、定型約款とはいえない。また、契約内容に組み入れることを目的として一方当事者により準備された約款に限

定されていることから、交渉により修正されたり、契約から除外される可能性
のある条項や、当事者の交渉により定められた条項には、定型約款に関する規
定は適用されない。

2 定型約款のみなし合意

(1) 約款取引に特有の問題

　約款を用いた取引をめぐっては、約款を契約内容に組み入れるための要件
が、古くから議論されている。約款を作成した当事者は、当然その内容を理解
しているが、相手方は、細かな約款内容を逐一確認することなく、あるいは、
確認したとしても正確な意味をよく理解できないまま、契約を結ぶことが多
い。読者自身が携帯電話の事業者や銀行などと契約したときのことを振り返っ
てもらうと、実感がわくであろう。

　契約の効力の基盤は、当事者双方の意思表示の合致に求められる。しかし、
約款取引では、約款を使用すること自体に合意があったとしても、約款内容を
熟知している準備者と、これを認識すらしていないこともある相手方との間
で、それぞれの意思の内容が完全に一致していると言い切るのは困難である。
だからといって、約款を契約内容に組み入れるために、約款内容の完全な理解
を相手方に求めることは、定型取引の利便性を大きく損なうし、そもそも不可
能な場合も多い。そこで、定型約款の内容どおりの完全な意思の合致が存在し
なくても、契約内容への定型約款の組入れを可能にする比較的簡素な要件を承
認しつつ、他方で、それにより約款内容を完全に理解していない相手方に不当
な不利益が生じないよう、相応の配慮が求められることになる。

(2) 定型約款のみなし合意の要件

　定型約款においては、その内容がそのまま画一的に契約内容に組み入れられ
ることに、当事者双方にとっての利便性がある。そこで、当事者が、定型取引
を行うことの合意（定型取引合意）をした上で、①定型約款を契約の内容とす
ることの合意もした場合か、もしくは、②定型約款準備者があらかじめ相手方
に対し、定型約款を契約の内容とすることを個別に面前で表示し、相手方がこ
れに異議を述べることなく、黙示的に合意している場合には、定型約款の個別

条項について当事者が合意したものとみなされる（みなし合意、548条の2第1項）。これにより、いずれかの要件を満たせば、相手方が定型約款の内容を正確に理解しないまま契約を締結したときでも、その内容について相手方も合意したものとみなされ、定型約款が契約内容に組み入れられる。

さらに、定型約款準備者が相手方に対して、定型約款を契約内容にする旨の表示を取引前に逐一行うことが困難であるが、取引自体の公共性が高いという場合には、定型約款の組入れについて厳密な「表示」がなくても、事前に「公表」さえしていれば、みなし合意が認められることがある。鉄道・軌道・バスなどによる旅客運送取引や、高速道路などの通行に関する取引に用いられる定型約款が、これに当たる（鉄道営業法18条ノ2、軌道法27条ノ2、海上運送法32条の2、道路運送法87条、航空法134条の4、道路整備特別措置法55条の2）。

(3) 定型約款の表示

定型約款を使用して契約を締結する場合、その個々の条項の中身について相手方に関心のないことも多い。それにもかかわらず、あらかじめ相手方に定型約款の内容を表示することを、みなし合意の要件として常に要求してしまうと、定型取引が煩雑なものになってしまう。とはいえ、相手方にとって、契約の締結前や締結後に、その内容を確認すらできないというのでは、契約にともなうリスクを判断できず、そうした相手方を定型約款に拘束するのは不合理である。これらの事情を考慮し、相手方が定型約款の表示を現実に受けていなくても、みなし合意の成立は妨げられないが、定型約款準備者には、定型取引合意の前か、定型取引合意後の相当の期間内に、相手方から定型約款の内容の表示を請求された場合につき、遅滞なく相当な方法で応じる義務が課されている（548条の3第1項本文）。

さらに、定型約款準備者が、定型取引合意の前に、相手方から定型約款の内容の表示を請求されたにもかかわらず、これを拒んだときには、正当な事由がある場合を除き、さきにみたみなし合意は否定され、定型約款は契約内容に組み入れられなくなる（548条の3第2項）。ここでの正当事由としては、たとえば、定型約款準備者が定型約款をウェブページに掲載し、そのことを相手方に案内していたところ、一時的な通信障害により、定型約款の内容を確認できな

い状況となったが、その後に復旧したような場合などが想定されている。また、定型取引合意後の表示の請求に対して、これに応じなかった場合には、定型約款準備者の債務不履行となる。

ただし、このような表示義務は、定型約款の内容を確認する機会を相手方に保障するためのものである。そうであれば、定型約款準備者が書面やEメールなどの電磁的記録によって、定型約款の内容を提供していれば、相手方はこれを確認することができるのであるから、定型約款準備者に、重ねて表示義務を課す必要はなくなる。そのため、こうした場合、定型約款準備者は、相手方からの表示請求に応じる必要はない（548条の3第1項ただし書）。

(4) 不当条項の排除

こうした定型約款の表示は、あくまでも相手方からの請求が要件となっている。そのため、この請求がないときには、定型約款準備者が、定型約款の内容を表示しなくても、定型約款を契約内容とすることを表示しさえすれば、定型約款が契約内容に組み入れられる。このように、相手方が契約の内容に接していなくても、定型約款の個別条項について合意したものとみなされるところに、定型約款の特殊性がある。

みなし合意は、定型取引の円滑な処理に資する。とはいえ、相手方にとっては、大きなリスク要因にもなりうる。なぜなら、定型約款準備者からすれば、みなし合意を悪用することで、相手方に不利な条項を、相手方の知らないうちに、契約内容に潜り込ませることも可能だからである。このとき、当該条項が適用される事態に至れば、相手方は不意打ち的に不利益を被ることとなる。

もちろん、取引である以上、ある程度の不利益を受けるリスクは存在する。しかし、民法典は、信義誠実を基本原則の1つとしている（1条2項）。信義則に反するほどの不利益を一方的に生じさせる条項に法的拘束力を認めるのは、むしろ不当といえる。そのため、契約内容に組み入れられた定型約款の個別条項の中に、任意規定や判例法理が適用される場合と比べて、相手方の権利を制限し、または相手方の義務を加重する条項があるときには、こうした条項が、その定型取引の態様や実情、ならびに取引上の社会通念に照らして、信義則に反して相手方の利益を一方的に害すると認められる場合に、この条項は合意し

なかったものとして契約から排除される（548条の2第2項）。とりわけ、条項の内容が、相手方に予測しがたい不意打ち的なものであれば、信義則に反して不当と評価されやすい。また、こうした判断に際しては、取引全体に関わる諸事情が取引通念に照らして広く考慮される。そのため、ある条項について、相手方にとり不利な側面があったとしても、取引全体を見ればその不利益が補われているといえる場合には、全体として信義則に反しないものと解される。

3　定型約款の変更

(1)　定型約款の変更をめぐる問題

　ところで、定型取引は、電気・ガス・水道などの供給取引であったり、銀行での預金取引であったり、継続的契約関係を形成するものが少なくない。こうしたとき、時間の経過とともに、諸般の事情が契約締結時から変化することで、定型約款準備者が定型約款の変更を望む事態も生じうる。

　しかし、契約当事者は、契約を締結した以上、その時の合意内容に拘束されるのであり、一方的な契約の変更は許されない。これが私法上の大原則であり、定型約款準備者でも同様である。そのため、定型約款準備者が事情の変化に対応するには、契約の拘束力を前提とするかぎり、定型約款準備者に任意の変更権を認める条項を定型約款の中に置いておくか、定型約款の変更について相手方の同意を得るかしかない。

　だが、任意変更条項は、相手方を一方的に害する不当条項として、みなし合意から除外される可能性がある（548条の2第2項）。また、不特定多数の者と画一的な契約をする定型取引において、すべての相手方から変更の同意を取り付けるのはほぼ不可能であるし、同意が得られた一部の相手方との契約だけ定型約款を変更するというのは、定型取引にそぐわない。

　とはいえ、定型取引の継続のためには、法令が変更されたり、社会・経済情勢や経営状況に変動があったときなど、定型約款準備者による変更を認めるべき場合もあることから、その変更の要件を定めておく必要が出てくる。

(2)　変更の要件

　まず、①定型約款の変更が、相手方の一般の利益にも適合するときには、変

更が認められる（548条の4第1項第1号）。ほとんどの相手方にとって、大きな不都合はないからである。

　また、②定型約款の変更が、相手方にとって利益とならない場合でも、それが、契約をした目的に反せず、かつ、変更の必要性、変更後の内容の相当性、民法の規定による変更の可能性を示した定めの有無とその内容、ならびに、その他の変更にかかる事情に照らして、合理的と評価されるときには、変更が許される（548条の4第1項第2号）。この合理性の評価においては、事業者側の事情のみならず、相手方の事情も含めて変更に係る事情が総合的に考慮され、かつ、変更内容は、客観的にみて合理的でなければならない。具体的には、相手方に解除権を与えて、変更に反対する者に契約から離脱する機会を与える措置が講じられているか、離脱に違約金が課されるなどして解除権が実質的に制約されていないかや、相手方の不利益を軽減する措置がとられているかといった事情などが考慮される。その際、任意変更条項が定型約款に含まれていれば、その存在と内容が考慮事由となるが、これがなくても、変更は可能である。

　なお、こうした約款の一方的な変更の承認は、契約の拘束力の原則に照らすときわめて例外的な制度となるため、変更のための評価基準は、不当条項をみなし合意から除外するための基準よりも厳格に判断される。そのため、548条の2第2項の規定は、定型約款の変更の合理性を評価する際には、適用されない（548条の4第4項）。これに対し、契約締結時に、当初から約款の変更条項を含む定型約款のみなし合意が問題となる場面では、すでに述べたとおり、他の条項と同様に、約款変更条項につき、548条の2第2項の基準の下で、内容の不当性が判断される。

(3) 変更に関する周知義務

　定型約款の変更が、相手方の同意なしに可能とされるとなれば、相手方の知らないところで、こうした変更が不意打ち的に行われ、相手方が不測の不利益を被るおそれも出てくる。そうした状況を避けるために、定型約款を変更した定型約款準備者には、周知義務が課されている。

　具体的には、定型約款準備者は、定型約款の変更の際、その効力発生時期を定めるとともに、定型約款を変更することと、変更後の定型約款の内容、なら

びに、その効力発生時期を、インターネットの利用その他の適切な方法により、周知しなければならない（548条の4第2項）。

　また、相手方にとって利益とはならないが、その合理性から定型約款の変更が許容される場合（前記②）、変更から生じる相手方への影響が大きいことから、効力発生時期までに変更を周知しなければ、変更の効力は生じないものとされている（548条の4第3項）。

4　定型約款に当てはまらない約款などの取扱い

(1)　基本的な考え方

　さて、ここまでに説明してきた民法上の規律は、「定型約款」のみを適用対象としている。つまり、ある契約条項の集合体が、「取引の当事者の一方が契約の内容とすることを目的として準備した条項の総体」である「約款」に当たるというだけでは、これらの規律は適用されない。こうした約款が、「不特定多数の者を相手方として行う取引」であり、かつ、「その内容の全部または一部が画一的であることが取引当事者双方にとって合理的である取引」である「定型取引」において利用されることが、要件とされているのである（548条の2第1項）。そのため、一方当事者の提示した契約内容につき交渉による変更が予定されていたり、そのような契約内容の画一性が相手方にとって合理的とはいえないような企業間取引の多くは、民法上の規律の適用外となる。こうした「定型取引」に当たらない取引で用いられる約款はどのような取扱いを受けるのかというと、一般の約款法理の適用により処理されることとなる。

　約款一般に関する法理では、契約への約款の組入れの問題と、組み入れられた約款の内容規制の問題が、区別して取り扱われてきた。この点、定型約款に関する規定は、契約への組入れと不当条項の規制を、「みなし合意」という単一の枠組みの中で規律しており（548条の2）、問題の捉え方に違いがある。

(2)　約款の組入れの要件

　定型約款に当たらなくても、約款一般において、「組入れ」が問題となる。約款使用者の相手方が、約款内の個々の条項すべてに合意することなく、契約を締結するというのは、あらゆる約款取引に一般的にみられる状況である。

個別条項への具体的な合意があれば、約款を用いた場合であっても、通常の契約と何も変わることなく、約款に含まれる条項の法的拘束力が承認される。このとき、相手方は個別条項に拘束される意思を表示しているため、約款論の観点から内容規制を行う必要もない。

　これに対し、多くの約款取引では、相手方は、約款全体を包括的に契約内容とする合意をしても、個々の条項の内容を確認して、これらに同意することはしない。それにもかかわらず、約款の条項が契約内容となることを認めるのであれば、これを正当化しうる要件の検討が必要となる。この要件論をめぐっては、定まった判例・通説があるというわけではない。まず、どの見解も、約款使用者が約款の使用を相手方に表示していることを、前提とする。その上で、一方に、①相手方が約款によらない旨の意思を表示しなければ、約款を契約内容とする合意が推認されるという立場があり、他方に、④通常の契約と同様に、個々の条項への合意も常に必要との考えがある。これらを両極とし、その間に、②監督官庁の認可を受けている一定の約款について、それが契約内容となることが慣習法ないし商慣習となっているとの理解や、③約款利用の包括的合意に加えて、約款使用者が契約前に約款を表示し、その内容が相手方にとって認識可能な状況であったことを組入れ要件とする見解などがある。

　この最後の③約款利用の合意と事前の表示を要件とする見解が、現在、学説で広く支持されている。この点で、相手方からの請求がなければ表示を必要としない定型約款に関する民法の規律（548条の3）とは、立場を異にしている。

(3)　約款の内容規制

　契約内容への約款の組入れが認められたとしても、当事者間で交渉を経て契約内容を確定させる一般的な契約と異なり、相手方が個々の条項に個別的に合意したわけではないという状況に、変わりはない。約款使用者が単独で作成した約款条項の中には、使用者の故意または重大な義務違反による債務不履行に基づく責任を免除したり、使用者のみに任意の契約解約権限を与えるなど、使用者に一方的に利益となるものや、相手方の契約解除権を制限したり、使用者の重大な債務不履行により契約の目的を達成できない場合でも相手方の代金支払義務が存続するといった、相手方に一方的に不利益となるものが含まれてい

ることも考えられる。しかし、そうした不当な条項について、相手方は個別的に合意していない。それでも、不当条項を含めた約款の総体が、契約に組み入れられうる。このように、約款使用者のみが個別条項の内容決定を行い、相手方がその内容を具体的に認識していなくても組入れが認められうるという特徴に鑑みて、約款に対しては、相手方の個別的な合意なしで拘束力を認める代わりに、相手方の利益を保護するための独自の内容規制が行われている。

　具体的には、当事者間の具体的個別状況を考慮して不当な内容と評価される条項につき、契約の解釈や信義誠実の原則（1条2項）により、適用範囲が限定されたり、使用者による条項の援用が否定されたりする。

　また、約款も契約であるので、通常の契約と同様に、公序良俗に反する内容の条項は無効となり（90条）、事業者と消費者との間の契約であれば、消費者契約法上の規制（消契8条～10条）を受けることとなる。

(4) 約款の変更

　約款使用者が約款内容を変更するには、基本的には、やはり、相手方の合意が必要である。しかし、多数の取引に利用される約款について、すべての取引相手から、変更の合意を取り付けるのは、きわめて困難である。

　そこで、約款使用者は、自身に任意の変更権を認める条項を、約款の中に準備することとなる。しかし、この任意変更条項自体も、前述の内容規制の対象となるため、当然に条項の有効性が認められるわけではない。また、有効な任意変更条項があれば、どのような変更も可能となるわけでもない。約款の変更が契約の目的を害さないかや、変更の必要性や合理性、ならびに、変更に関する相手方への適切な説明の有無、解除による契約からの離脱の機会を相手方に付与しているかどうかなどが考慮されて、変更の可否が判断される。

　相手方の同意を得られず、また、任意変更条項や変更内容が不当なものと評価されれば、約款使用者は、約款内容を変更できない。こうしたとき、約款を変更したい使用者としては、事情変更の法理などに頼る他なく、そのハードルは高い（→第5章V）。これと比べて、「定型約款」の変更の際には、相手方の同意も、有効な任意変更条項も、必要とされていない。だからこそ、変更のための評価基準が、とりわけ厳格に定められているのである。

第4章

契約の成立

　軽い気持ちでした約束も、それが契約として認定されれば、法的な拘束力を生じさせ、これを守らなければ、合意内容を強制させられたり、相手方の利益を補償する責任を負わされたりする。しかし、契約がまだ成立していなければ、そうした法的拘束力は生じないし、逆にいえば、自分の望む状況を法の力で実現することも叶わない。契約の成立は、相手方との関係が法的なものとなるかどうかの分かれ目である。自らの契約関係にともなう利益やリスクを管理するには、契約がどのように成立するのかを知っておく必要があろう。

1　契約の成立態様

(1)　基本的な成立態様

　日々、無意識的にであれ、無数に行っている契約は、基本的には、当事者の一方が申込みをし、相手方がこれに承諾することにより、成立している（522条1項）。このやり取りは、書面やEメールなどを介して行うこともあるが、こうした証書などの作成は必要ではなく、特段の合意や法律の規定がなければ、口約束でも契約は成立する（方式の自由、522条2項）。

(2)　その他の成立態様

　ただ、申込みと承諾以外の方法で、契約が成立することもある。

　まず、申込者の意思表示や取引上の慣習により、契約の成立に承諾の通知が不要とされる場合には、承諾の意思表示と認めるべき事実があった時に、契約は成立する（意思実現、527条）。たとえば、申込みを受けた相手方が、申込者か

らの指示や商慣習に基づき、承諾の通知をする前に、注文内容に応じた商品を発送したり、目的物の製造を始めたりする場合が、これに当たる。

　また、申込みの通知が相手方に届く前に、相手方も同じ内容の申込みを通知していた場合、承諾は存在しないが、2つの意思表示が合致しているという理由から、契約の成立が認められている（交叉申込み）。

　その他、ある行為をした者に一定の報酬を与える旨の懸賞広告がなされた場合、指定された行為をした者が、その広告を知らなかったとしても、懸賞広告者は、その者に対して、報酬支払義務を負う（529条）。たとえば、事件の犯人逮捕につながる情報を提供した者に報奨金を支払うといった広告がされ、有益な情報の提供者が現れた場合、この提供者が広告を知らなくても、提供者は懸賞広告者に対して、報酬支払を請求できる。懸賞広告者の目的は達成されながら、指定行為を行った者が広告を知らなかったがために、報酬請求権を生じさせないとする合理的理由はないからである。ここでも、懸賞広告者の申込みに対する承諾なしに、報酬支払に関する債権・債務が生じている。ただ、懸賞広告がそもそも契約といえるかについては、議論がある。

2　申込みの効力

(1)　申込みの意義

　契約成立の一方の要件である申込みとは、契約の内容を示してその締結を申し入れる意思表示のことをいう（522条1項）。ある申し出が、こうした申込みに当たるかどうかは、2つの基準に照らして判断される。まず、契約内容を提示していなければ、申込みではない。つまり、主要な内容を確定せずに契約を呼びかけても、それは申込みとはいえず、相手方がこれに応じたとしても、契約の成立には、内容確定のための交渉を待つことになる。もう1つ、申込みと評価されるには、契約締結の受入れ、すなわち、承諾があれば無条件で契約を成立させる確定的な意思が必要である。これらを満たす意思表示が相手方に到達したとき、申込みの効力が生じる（97条1項）。

　こうした申込みと区別されるべきものとして、申込みの誘引がある。これは、相手方の申込みを促す行為であり、一定の内容の契約を申し出てはいるが、相手方がこれに応じても、ただちに契約を成立させる意思がない場合のこ

とをいう。たとえば、アルバイトの募集広告は、これを見て応募した者と必ず契約を結ぶ意思を含むものではなく、応募者の適性を評価してから採用の判断を行うことを予定しているため、申込みの誘引に当たる。また、インターネットの通信販売において、ウェブサイトの閲覧者が注文したとしても、販売者側が在庫状況や注文者の取引履歴などを確認して、注文に応じることとしているときには、ウェブサイトの表示は申込みの誘引となる。申込みの誘引に応じる意思表示は、承諾ではなく、それ自体が申込みとなり、この意思表示だけでは契約は成立しない。

(2) 承諾が可能な期間と申込みの拘束力

申込みを受けた相手方は、契約を締結するか否かを判断する。相手方がこの判断をいつまでに行えばよいかや、相手方が承諾をする前に申込者が申込みを撤回できるかについては、【図表1-4-1】に示すように、申込みに承諾期間が定められているか否かによって、取扱いが異なってくる。

【図表1-4-1】申込みの撤回権が留保されていない場合の申込みの承諾適格と拘束力

・申込みに承諾適格が認められる間に承諾がされなければ、契約は成立しない
・申込みの拘束力が認められる間は、申込者は申込みを撤回できない

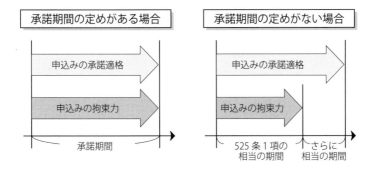

申込みに承諾期間が定められていれば、この期間中、相手方には、承諾の判断を行う地位が基本的に保障され、申込者は、申込みの撤回権を留保していないかぎり、申込みを撤回できない（523条1項）。ただ、期間内に承諾の通知が

到達しなければ、申込みの効力（承諾適格）は消滅し、その後に承諾がされても、契約は成立しない（523条2項）。

　承諾期間の定めがない場合でも、相手方には、承諾の判断や通知のために、ある程度の時間が必要である。そのため、この場合にも、申込者が申込みの撤回権を留保していなければ、一方的な申込みの撤回は許されず、承諾の通知を受けるのに相当な期間を経過するまでは、申込者は申込みに拘束される（525条1項）。この相当期間が経過すれば、撤回権を留保していなかった申込者も撤回が可能となるが、申込みの効力はただちに消滅しない。申込みの撤回がないかぎり、相手方が承諾をすれば、契約は成立する。とはいえ、申込みの効力が永続するわけはなく、申込者による撤回がなくても、取引上の社会通念に照らしてさらに相当の期間が経過すると、承諾適格も消滅する。

　ただし、いずれの場合においても、申込みの承諾適格が消滅した後に相手方が承諾したとき、元の申込者がこの承諾を新たな申込みとして取り扱うのは、元の申込者の自由である（524条）。

(3) 対話による交渉

　さて、ここまで述べてきたのは、離れた場所にいる者による契約を含め、すべての契約に適用される基本ルールである。こうした一般論とは別に、対面での契約交渉においては、対話の継続が重要な考慮要素となる。まず、対話が継続している間は、まだ交渉が続いていて、契約を締結するかどうかやその内容は確定していない。この段階で当事者の一方が申込みをした後に、その撤回を認めたとしても、交渉が続いている以上、相手方にとくに不利益とならないため、申込者はその申込みを自由に撤回できる（525条2項）。他方、承諾が得られないまま対話が終了すれば、通常は交渉の決裂を意味するため、申込みの効力は、申込者が対話終了後の存続を認めないかぎり、自動的に消滅する（525条3項）。このとき、相手方が承諾しても、新たな申込みとして取り扱われうるのみとなる（524条）。

(4) 申込者の死亡など

　ところで、申込者は、当然ながら、自身が契約当事者となり、契約を処理す

ることを望んで、申込みをしている。そうであれば、通常なら、申込み後に自身が死亡した場合や、自身の判断能力が低下した場合に、そのまま契約の成立を欲するとは考えられない。しかし、申込みを受けた相手方は、申込者の状況の変化を知らなければ、申込みの有効性を信頼して行動する。このときに、申込者の死亡などの事実のみで申込みの効力が消滅すると、相手方に不測の不利益が生じるおそれがある。そのため、こうした申込者と相手方の双方の事情を考慮した処理が必要となる。

　この点につき、民法典は、相手方の利益の保護を基本として、申込者の死亡や、意思能力の喪失、または行為能力の制限が生じたとしても、申込みの意思表示の効力は存続するものとしている（97条3項）。ただし、これらの事実が生じた場合に申込みの効力が消滅するとの意思を、申込者が相手方に表示していたときや、これらの事実を相手方が承諾の通知前に認識したときには、申込みの効力を消滅させても、相手方に特段の不都合はないことから、申込みはその効力を失う（526条）。

3　契約の成立時期

(1)　承諾の意義

　有効な申込みがなされても、契約が成立するには、それに対する承諾が必要である。ここで契約を成立させる承諾とは、申込みの内容そのままを受諾する意思表示である。相手方が、申込みに条件を付すなどの変更を加えて承諾をしても、それは申込者の望む契約内容ではないから、合意は存在しない。このような申込みの内容を変更する承諾は、元の申込みを拒絶するとともに、新たな申込みをしたものとみなされる（528条）。

(2)　到達主義

　最終的に契約が成立するのは、承諾の効力が発生する時である。それがいつであるかは、承諾も意思表示である以上、意思表示に関する規律に従うことになる。つまり、承諾は、その通知が相手方に到達した時から、その効力を生じるのであり（97条1項）、この到達時が、契約成立時となる（到達主義）。通知の発信時ではない。

もし、相手方による承諾の通知と同時期に、申込者から撤回の通知が発信されれば、先に到達した通知の効力が認められることになる。通信手段の発達した現代では、通知の発信から到達まで相当の時間的間隔が空くというのは、それほど多くないであろうが、逆に、コンピュータを用いた取引などでは、ほんの僅かな瞬間でも、申込みやその撤回、あるいは承諾が可能となっており、到達時の厳密な確定が契約の成否を決するという状況も存在する。

交渉を経た契約締結

　現実の取引では、契約の締結の前に、当事者間で交渉が行われることが少なくない。事業者間の取引なら締結前の交渉は通常のことであるし、個人で行う取引でも、その対象が不動産や自動車といった高額なものであるとき、代金額をはじめとする契約条件について、それぞれの希望のすり合わせがなされる。こうした交渉を経て契約が締結された場合、その交渉において、当事者双方が相手方から提示された契約内容に修正を加えて再提示することを繰り返すといった、「書式の戦い」（battle of forms）とよばれる状況がみられることがある。ここでは、当事者の一方が最後に行った同意を承諾とし、その前の他方当事者による契約内容の提示を申込みとして、それぞれ取り扱うことが可能である。しかし、交渉の末に合意に至った契約内容を契約書の形にまとめ、当事者双方がこの契約書に署名することで契約が締結される場面では、状況はそう単純ではない。このとき、各当事者の意思表示を申込みと承諾に分けることは困難で、この分析に意味があるとも思えない。とはいえ、このような合意内容に拘束される旨の意思表示を当事者双方が行うことによる契約締結の方式も、広く行われているところであり、その有効性は当然に認められている。つまり、民法典が規律している申込みと承諾による締結方式は、契約締結の主要な形式ではあるが、唯一のものではないのである。

第5章

契約の効力

　契約が成立すると、債権・債務の発生をはじめとするさまざまな法律効果が、当事者間に生じる。どのような効力が生じるかは、基本的には、当事者の意思に基づき形成された契約内容によって決定される。そのため、契約の効力を確定するには、契約内容の解釈が、最優先かつ最重要な作業となる。とはいえ、当事者があらゆる事態をあらかじめ想定して、契約内容を明確に定めておくというのは、事実上不可能であるし、また、一から契約内容を考えるというのは、実はそう簡単ではない。こうした事情から、民法典の規定が、契約内容に不備や不明確な部分がある場合にこれを補完し、あるいは、一般的な契約当事者にとり公正・合理的といえる契約内容の標準を提示する役割を担っている。

I　総説

　契約の効力に関する民法の規律は、大きく2つに分かれる。契約全般が適用対象であることを意味する契約総則（第3編第2章第1節）の中に含まれる諸規定（同第2款「契約の効力」）と、各典型契約に関する諸規定（第3編第2章第2節以下）である。個々の典型契約の効力に関する解説は、後に予定していることから、ここでは、まず、契約総則の中で「契約の効力」の見出しがつけられた諸規定の概要を述べよう。

　たったいま、契約総則とは、契約全般への適用が予定された規定であることを意味していると述べたばかりではあるが、実は、「契約の効力」として置か

れている諸規定は、それほどの一般性を有していない。そもそも、契約から生じる債権・債務の内容に関する総括的な規律を契約総則に置こうにも、どのような債権・債務が発生するかは、個々の契約内容によってさまざまである。つまり、全契約に共通の規定をまとめることは、元から困難なのである。そのため、合意内容の補充を役割とする標準的な契約内容の提示は、各典型契約に関する個々の規律に委ねられている。

さらに、契約総則における契約の効力に関する規定も、その適用場面は限られている。まず、同時履行の抗弁権（533条）と危険負担（536条）に関する規定は、主に双務契約への適用を念頭に置いている。また、第三者のためにする契約（537条〜539条）とは、当事者以外の第三者に契約上の利益を付与する特約が付された契約であり、そうした特約のない通常の契約には適用されない。

以上を踏まえた上で、契約総則中の規定を含めて、契約の効力をめぐり、個別契約の特殊性に依拠しない問題に関わる規律を、みていくこととしよう。

II　契約成立前の状況と契約の効力

1　契約交渉段階における当事者の関係

(1)　契約の効力の発生時期

債権・債務をはじめとする契約の効力は、契約が成立することにより、発生する。それまで当事者は、まだ成立していない契約に拘束されることはない。売買契約が締結されなければ、売主は目的物を買主に引き渡す必要はなく、買主は代金を売主に支払う義務を負うことはない。

(2)　契約交渉の存在

もっとも、契約締結前の当事者がまったくの見ず知らずであるかというとそうでもなく、実際の契約では、締結前に交渉を行うことが少なくない。重要な契約であれば、必ず交渉を経ている。交渉開始時には、締結の意思も契約内容も不確定であった当事者双方が、お互いの希望を突き合せて交渉を進めていき、やがて合意に達したときに、契約の締結へと至るのである。ここでは、当

事者間の関係が徐々に濃密になっていく様子を確認できる。こうした社会的な接触は、面識のない者との関係とは質の異なる特別な結びつきであり、当事者は相互に、自身の利害の一部を相手方に依存する立場に置かれる。

(3) 契約交渉段階における基本的な法的状況

それでも、契約締結前には、契約の拘束力は生じないし、契約の効力は、合意された契約内容により定められる。

交渉を開始したとはいえ、当事者には契約締結の自由（521条1項）が認められているのだから、交渉の末に契約締結に至らなかったとしても、原則として、法的責任を問われることはない。

また、当事者は、私的自治の原則の下で、契約により自身の望む法律関係を形成できる反面、契約に必要な情報収集については、基本的に自己の責任で行わなければならず、その失敗による不利益を他人に転嫁することはできない。そのため、交渉中に一方当事者が不確かな説明をしたとしても、それが契約内容に取り込まれていなければ、その情報を鵜呑みにした相手方は、契約締結により損害を被ったからといって、当然にその賠償を請求できるわけではない。

(4) 契約交渉段階における過失に基づく責任

とはいえ、契約締結の自由にも制約はあり、不誠実な態度で交渉をした当事者が常に免責されるわけでもない。契約交渉の進展にともなって、当事者間の信頼関係は深まっていく。この信頼関係の下で行われた交渉の中、当事者の一方の側に、契約を不成立に至らしめた態度や不十分・不適切な情報提供について、信義誠実（1条2項）に著しく反すると評価できる事情があれば、この当事者の損害賠償責任が認められることもある。

まず、契約締結に至っていない段階において、契約交渉に関する中間的な合意が結ばれることがある。この合意で定められた義務に違反があれば、違反者に損害賠償義務が生じうる（最決平成16・8・30民集58巻6号1763頁参照）。

次に、そうした合意がなくても、信義則に照らして、責任が肯定される場面もある。第1に、契約締結が確実であるかのように相手方に誤信させておきながら、締結を拒否した当事者に、相手方が交渉や契約の準備に支出し、無駄に

なった費用について、損害賠償義務が負わされることがある（交渉破棄型、最判昭和59・9・18判時1137号51頁など）。ある事案では、医院の開設を目的としてマンションの購入を検討した歯科医師が、最終的に購入を見送った場合において、売買交渉中に売主が歯科医療のための変電室の設置に支出した費用につき、歯科医師に賠償責任が認められた（ただし、5割の過失相殺）。第2に、契約は締結したものの、一方当事者の錯誤を理由に契約が取り消されるなどして、その契約が無効となった場合に、相手方が契約の有効性を信じて支出した費用や、他の者からの契約の申込みを断ったことなどにつき、損害賠償請求が認められうるとされる（契約無効型）。第3に、交渉段階の説明や情報提供が不十分・不適切であったことが原因で、契約締結後に相手方に損害が生じた場合、情報提供者に損害賠償責任が課されることがある（説明義務違反型、最判平成16・11・18民集58巻8号2225頁など）。具体的には、投資リスクを詳しく説明することなく、利益ばかりを強調して金融商品を販売し、その後に商品の元本割れが生じた場合や、マンション販売において、マンション建設に協力した一定の者に対し、あたかも適正な価格で優先的に販売するかのように謳い、これらの者から契約締結の意思決定を行う機会を奪うようにして不当な高額でマンションを購入させ、しばらくしてからマンションの市場価値に対応した価格で値下げ販売した場合などで、売主の損害賠償責任が認められうる。こうした情報提供義務は、とりわけ、当事者間で情報量や情報処理能力について大きな格差がある場合に認められうるものであり、錯誤（95条）や詐欺・強迫（96条）、公序良俗（90条）などの諸規定と並んで、事業者との不当な契約から消費者を保護する役割を果たしている（消契4条も参照）。

(5) 責任の法的性質

　こうした契約交渉段階の過失に基づく責任をめぐっては、その法的性質をどのように理解するかが問題となる。というのも、債務不履行責任と不法行為責任のいずれと解するかにより、とくに、損害賠償請求権の消滅時効期間に違いが生じてくるのである（166条1項、724条）。

　交渉段階での中間合意に関する義務違反の場合は、合意に基づく債務の不履行といえるので、債務不履行責任と解してよい。また、交渉中の説明の内容が

契約に取り入れられていると解される場合も、その説明の欠陥に起因する損害賠償責任は、契約上の債務不履行責任である。

そうした事情がなければ、いかに契約に関連する損害賠償責任といえども、契約が締結される前の過失を基礎としているため、締結後に生じた契約の効力としての義務に違反があったと評価することは難しい。そのため、このような契約交渉段階の過失に基づく責任は、不法行為責任として取り扱われる（最判平成23・4・22民集65巻3号1405頁）。

2 原始的不能

(1) 原始的不能の意義

その他、契約成立前に生じた状況と契約の効力との関係が問題となる場面として、原始的不能がある。原始的不能とは、契約に基づく債務が、契約成立前にすでに履行不能であった状態をいう。たとえば、売買の目的物が、契約前に滅失していたにもかかわらず、契約が締結された場合、売主が買主に目的物の所有権を移転させる債務は、原始的不能である。これと対比されるものとして、債務が発生した後に、その履行が不能となる場合を、後発的不能とよぶ。

(2) 双務契約におけるかつての原始的不能の処理方法

後発的不能の場合、契約成立の時点では債務の履行に問題はないため、その後に不能となったとしても、それだけで契約の成立や債務の発生がなかったことになるものではない。

これに対し、原始的不能な債務については、契約締結の時点ですでに、その給付の実現が不可能であることから、かつての通説は、債務の成立そのものを否定していた。この見解によると、さきの例においては、売主の債務は発生せず、その対価として合意された買主の代金支払債務も不成立となり、売買契約全体が無効とされた。そして、原始的不能となっていることを売主が認識していた場合や、認識していなかったとしても、情報収集や調査の点で売主に過失が認められる場合には、例外的に、契約交渉段階の過失に基づく責任を売主に課すことで、両当事者間の利害調整が図られていた。

さらに、その際に賠償されるべき対象については、契約は無効なので、契約

が履行されれば得られた利益に相当する損害（履行利益）の賠償までは認められず、契約の成立を信頼したことにより買主が被った損害（信頼利益）に限られると解されていた。たとえば、建物の売買契約が締結された場合において、契約前に建物が滅失していたが、この滅失を買主が知る前に、登記移転手続を司法書士に委任し、その費用や報酬の一部をすでに支払っていたときには、これらの支出が信頼利益として取扱われる。他方で、建物が存在していれば買主が居住や転売によって得られたはずの利益は、売主による債務の履行を前提とするため履行利益に当たり、賠償の対象から外されるものとされていた。

(3) 現在の民法の立場

しかし、履行不能となった時期が契約の前か後かは、偶然の事情に過ぎず、この違いだけで契約の成否の判断がまったく異なるのは、妥当ではない。原始的不能であったとしても、当事者が契約を有効とする合意をすることもあり、原始的不能な債務を内容とする契約の成立の可否は、当事者の合意の解釈に委ねられるべきといえる。また、当事者は、合意された債務の履行が可能であると想定して契約を締結しており、その履行が実現されない場合、履行利益の賠償を認めなければ、債権者の損害が塡補されないような状況もありえよう。

そのため、現在では、原始的不能と後発的不能の場合における契約の取扱いを区別する伝統的な考え方を改め、原始的不能の場合にも契約の成立と債務の発生を当然には否定しない立場がとられている。契約の成否は当事者の合意内容次第とした上で、当事者間の調整は、損害賠償請求（412条の2第2項・415条）をはじめとした、履行不能による債務不履行に関する諸規定の下で処理されることになっている。どのような利益が損害賠償の対象となるかについても、こうした規定の解釈によって判断される。また、原始的不能が当然に契約の無効をもたらさないとしても、原始的不能の下で錯誤の要件が満たされる場合（95条1項）や、履行不能を理由に当事者に解除権を認められる場合（542条1項1号など）などに、取消しや解除により契約の効力が否定されうるのは、もちろんのことである。

III　同時履行の抗弁権

1　同時履行の抗弁権の意義

(1)　双務契約における債務の牽連性

　双務契約において、契約から生じる両当事者の債務は、対価関係にある。売買の買主は、売主が自身に権利を移転させる債務を負うからこそ、その対価として代金支払債務を負うのであり、その逆もまたしかりである。このように相互に一方があるから他方があるという関係を、牽連関係といい、双務契約から生じる債務の性質として、牽連性という表現が使われている。さきに説明したように、かつては、双務契約上の一方の債務が原始的不能であるときに、他方の債務も不成立とされていたが、このことは、双務契約に基づく債務の成立上の牽連性とよばれていた。これに対し、原始的不能の場合でも契約の成立と債務の発生が認められる現在では、この成立上の牽連性は、問題にならない。

(2)　履行上の牽連性

　こうした牽連性は、債務の履行にも影響を及ぼす。双務契約では、相手方の給付は自己の給付の対価であるのに、一方当事者のみが債務を履行し、他方がこれを怠っていると、履行をした当事者は対価を得られず、不公平である。もちろん、強制執行の手続を行えば、相手方からの給付を実現できるが、こうした紛争は回避されるほうが望ましい。

　そこで、当事者間の公平を図り、不要な紛争を防止するために、双務契約の当事者には、相手方から債務の履行を請求されたときに、相手方の債務も未履行であれば、相手方がその債務の履行を提供するまで、自己の債務の履行を拒絶できるという抗弁が認められている（533条本文）。これを同時履行の抗弁権という。こうした同時履行関係は、相手が債務の履行をしないなら、自身もその対価である反対債務を履行しなくてもよいという意味で、双務契約から生じる債務の履行上の牽連性が現れたものである。また、同時履行の抗弁権は、相手方の債務の履行を確保するために、自らの債務について履行拒絶できるという点で、留置権（295条）と類似する機能を担っている。

2 要件

(1) 概要

同時履行の抗弁権を主張する際には、3つの点を確認しなければならない。第1に、同一の双務契約から対価的に生じた2つの債務が存在していれば、抗弁権が認められる。ただし、第2に、相手方の債務が弁済期になければ、抗弁権は否定される（533条ただし書）。また、第3に、相手方がその債務の履行の提供をすると、抗弁権は消滅する。

(2) 双務契約に基づく債務の存在

第1の要件では、基本的に、双務契約に基づく本来の給付義務が、想定されている。ただ、一方の債務が履行されず、履行や追完に代わる損害賠償義務が生じているような場合、この損害賠償義務は、本質的には本来の給付義務と等価物であるため、この給付義務の対価である反対給付の義務との間で、同時履行関係が認められている（533条本文括弧書）。たとえば、売主が債務の一部を履行せず、買主が履行に代わる損害賠償請求権（415条2項）を有する場合、この売主の損害賠償債務と買主の代金支払債務は、同時履行の関係となる。

(3) 相手方の債務の弁済期到来

自己の債務の弁済期が到来し、相手方の債務の弁済期は未到来という状況があるとき、これは、自身が契約に基づいて先履行義務を負っていることを意味する。自ら先履行を約束しておきながら、この約束を身勝手に破棄することは、相手方の期限の利益を奪うことになり、認められない。そのため、こうした状況では同時履行の抗弁を主張できない。

もっとも、先履行義務を負った者が履行を遅滞している間に、相手方の債務の弁済期が到来した場合には、先履行義務者にも、同時履行の抗弁権が生じると解されている。先履行の約束を果たしていない者に履行拒絶権を認めるのは不公正に感じられるかもしれないが、履行を遅滞していることについては債務不履行に関する規律によって責任を問えばよいであろう。ただし、買主から支払われた代金を用いて、売主が目的物を調達する場合や、売主から引き渡され

た目的物を買主が確認した後に、代金を支払う場合のように、先履行義務者の給付が相手方の反対給付の前提となっているときには、相手方の債務の弁済期となっても、先履行義務者は同時履行を主張できない。

⑷ 相手方の債務の履行・履行の提供の不存在

　相手方が債務の本旨に従った履行をしていれば、当然ながら、対立した債務がなくなる以上、同時履行の抗弁権が生じることはない。また、相手方が履行の提供をし、契約責任を果たそうとする姿勢を見せているときも、当事者に履行拒絶を認めるのは不当であるため、同時履行の抗弁権は認められない。

　相手方の履行や履行の提供があっても、それが不完全なものであれば、いかなる範囲で履行拒絶を認めるかが問題となる。たとえば、デスクトップ型のパソコンとプリンターの売買において、売主が、パソコン本体だけを買主の元に持参し、モニターやプリンターを引き渡さない場合や、パソコン本体とモニターを運んできたものの、プリンターを持ってきていない場合に、買主は、代金全額の支払を拒めるであろうか。これについては、争われている両債務の内容を具体的に考慮し、公平の観点から、履行拒絶を全部認めるか、一部に限定されるかが、事例ごとに判断される。さきの例では、モニターのないパソコン本体だけでは、買主は何も行うことができないため、代金全額の支払を拒絶できるが、プリンターだけが引き渡されないというときには、特別な事情のないかぎり、買主はパソコン代に相当する額を支払わなければならない。

　相手方が一度は履行の提供をしたが、それが継続されていない場合はどうか。売主が買主の元に目的物を持参したが、買主が不在だったため、目的物を持ち帰ったとき、買主は、同時履行を主張できなくなり、目的物が引き渡されなくても、代金を支払わなければならないのであろうか。この場合、同時履行の抗弁権を認めないと、相手方が再び債務を履行しようとしなければ、反対給付を得られないまま、一方的に債務の履行を強制されることになり、不公平な結果となりうる。そのため、こうしたときにも履行拒絶が可能とされる。

3 効果

　同時履行の抗弁権が存在すると、自己の債務の履行を拒絶できるだけでなく、次のような効果も認められる。

　まず、最も重要な効果として、抗弁権を有する債務者は、給付を行わなくても、履行遅滞とならない。ただし、すでに生じている履行遅滞責任を免責するまでの効果は、認められない。さきに述べたように、先履行義務者が履行を遅滞している間に、相手方の債務の弁済期が到来した場合、先履行義務者にも同時履行の抗弁権が生じるが、これにより、それまでの先履行義務者の履行遅滞に関する責任が消滅することはない。

【図表1-5-1】同時履行の抗弁権と相殺

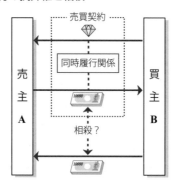

　また、抗弁権の付着した債権を自働債権として相殺することもできない。これを認めると、担保権と同様の効力をともなう同時履行の抗弁権を相手方から一方的にはく奪することになり、不当だからである。売買当事者を例にすると、売主Aが買主Bに代金支払を請求しても、Bは、目的物の引渡しについてAから履行の提供を受けなければ、支払を拒むことができる。このとき、同時履行の抗弁権は、Bにとり、自己の債権に関するAの弁済を促す機能を果たす。しかし、Aが、別の取引により、Bに対して金銭債務を負っていて、このBの金銭債権と、売買契約上の代金債権とを相殺できるとするならば、Bにとっては、Aに対する金銭債権とともに、自らの代金債務も消滅すること

になる。これにより、Bは、目的物を引き渡さなければ、代金を支払わない、という形で、Aを債務の履行へと追いやるための手段を失ってしまう。このように、Bが自らの債権を確保するために有している抗弁権を、この債権の債務者であるAが一方的に消滅させるというのは、債務者がその債務の担保を債権者に失わせるようなものであり、債務の履行について責任を負っている者が、その弁済を保全するための手段を侵害する行為として、容認されえないのである。

その他、裁判において被告に同時履行の抗弁権が認められれば、原告勝訴の場合でも、その請求が無条件で認容されるのではなく、原告の給付と引き換えでの被告の給付を命じる判決が下される。

4　同時履行の抗弁権の準用

ここまで述べてきたように、同時履行の抗弁権は、双務契約に基づく債務の牽連性を基礎としている。もっとも、当事者間で2つの債権が対立して存在している場合に、これらの債権が同一の双務契約から生じていないときであっても、同時履行関係とすることが公平で、紛争回避に役立つこともありうる。そのため、本来的な適用場面以外にも、同時履行の抗弁権が認められる場合が拡大されている。

明文の規定でいえば、契約解除後の原状回復関係（546条・692条）や仮登記担保における清算金支払債務と不動産の所有権移転登記・目的物引渡債務（仮担3条2項）などについて、同時履行関係が認められている。また、契約の無効・取消しの場合の原状回復関係や、譲渡担保における清算金支払債務と目的物引渡債務、ならびに、債務を弁済する者が弁済の提供を行いながら受取証書の交付を請求した場合における債務の弁済と受取証書の交付（486条）などに関して、解釈により同時履行関係が承認されている。

5　不安の抗弁権

ところで、さきに説明したとおり、双務契約で先履行義務を負担する者は、自己の債務の弁済期だけが到来した段階では、同時履行の抗弁権を主張できない。しかし、この時点で、相手方に信用不安が顕在化していて、反対給付を受

けられないおそれが高い場合、合意どおりに先履行義務を果たすと、自身だけが不利益を負担するという不公平な結果が予想される。こうした場合に、先履行義務者であっても、自己の債務の履行を拒絶する権利が認められることがある。この権利は、不安の抗弁権とよばれている（576条も参照）。

しかし、先履行義務に同意した当事者は、先履行に付随する相手方の不履行のリスクを、自己の意思に基づいて負担しているのであり、相手方の信用不安にともなう不利益を引き受けるべきともいえる。また、どのような信用不安が不安の抗弁権を発生させるのか基準が不明確であるため、濫用されるおそれも十分にあり、こうした争いが生じると、相手方の事業再建の妨げにもなりかねない。そのため、一般論として不安の抗弁権を承認するとしても、この法理の運用はきわめて限定的であるべきとの見解が根強い。

Ⅳ　危険負担

1　危険負担の意義

危険負担は、日頃、耳慣れない言葉である。どのような危険の負担に関する概念なのか、見当もつかないだろう。ここでの民法における危険負担とは、同時履行の抗弁権と同様、双務契約に基づく債務に関わる問題である。建物の売買を例にとって説明しよう。

売買の目的物である建物が、買主に引き渡される前に滅失した場合、売主の債務は履行不能となり、売主は給付義務を免れることとなる（412条の2第1項）。さきに述べたように、現在の民法は、原始的不能と後発的不能とで取扱いを区別していないため（412条の2第2項参照）、この滅失が契約締結の前か後かで、結果に違いは生じない。

それでは、この滅失にともなう不利益は、売主と買主のどちらが負担すべきであろうか。この滅失が、給付義務の債務者であった売主の責めに帰すべき事由（帰責事由）によるものであった場合、たとえば、売主の失火による焼失であったときに、売主がその責任を負うべきことは当然である。逆に、債権者に当たる買主が内覧中に火の不始末で焼失させたのであれば、買主に不利益を負

【図表1-5-2】建物売買における建物滅失時の状況

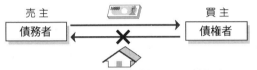

建物の売買契約において、不能となった売主の債務を基準にすると…
買主…債権者
売主…債務者
代金支払債務…反対給付義務

担させるべきことになる。

　問題は、当事者双方に帰責事由のない場合である。このとき、債務者である売主に不利益を負担させる処理方法とは、建物の対価である代金の支払を売主が買主から受けられないようにすることであり、他方、債権者である買主の負担とするというのは、買主に代金を売主へ支払わせることを意味する。このように、双務契約に基づく一方の債務が、当事者双方の責めに帰することができない事由により不能となった場合に、この履行不能による対価給付に関する不利益（危険）がいずれの当事者に負担させられるのか（対価危険）をめぐる問題、ならびに、この問題を規律する制度を、危険負担とよんでいる。

2　債権者の反対給付に関する履行拒絶権

　民法は、こうした危険負担をめぐり、不能となった債務の債権者に、自身の負担する反対給付義務に関して、履行拒絶権を与えている（536条1項）。この権利を債権者が行使すれば、債務者は反対給付を受けられなくなり、その意味で、履行不能にともなう対価危険は、債務者の負担となる。双務契約における債務の牽連性の観点からは、一方当事者の債務の履行不能により相手方が本来の給付を受けられなくなった以上、相手方にもその対価である反対給付を強制すべきではないからである。これにより、さきの例でいえば、焼失した建物の買主は、売主から代金の支払を請求されても、これを拒絶することができる。

　ただし、注意してほしいのは、ここでは、一方債務の履行不能により、その債権者の反対債務がただちに免除されるというのではなく、履行拒絶権の付与にとどまっているという点である。つまり、債権者の反対給付義務はなお存続

しているのであり、債権者がこの反対債務の拘束から解放されるには、契約を解除する必要がある（542条1項1号→第6章Ⅱ3(2)）。

また、債務者に帰責事由がある場合、この履行拒絶権に関する規定は適用されないかのような文言となっている。しかし、債務者が自己に帰責事由があると主張立証することで、債権者の履行拒絶権が否定され、債務者が反対給付を得られるというのは、いかにも不合理である。ただし、いずれにせよ債権者は、履行に代わる損害賠償を請求し（415条1項・2項1号）、この損害賠償債務と自己の反対債務との同時履行を主張することにより（533条）、反対給付の履行を拒絶することができる。

なお、売買において売買目的物が滅失し、これに関して当事者双方に帰責事由がない場合、その滅失が買主に引き渡された後であったときや、売主が目的物の引渡しについて、適切に債務の履行の提供をしたにもかかわらず、買主がこれを受領しない間に、目的物が滅失したときには、買主は代金支払の拒絶も、契約の解除もできない（567条）。そして、こうした規律は、物の引渡しを給付内容とする有償契約一般に、準用される（559条）。たとえば、建物の建築を目的とする請負契約において、請負人が建物を完成させ、これを注文者に引き渡した後に、双方に帰責性がない状況で建物が焼失した場合、注文者は、報酬支払の拒絶も、契約の解除も認められない。

3　債権者に帰責事由がある場合の取扱い

履行不能が、債権者の帰責事由によって生じた場合、対価危険は債権者が負担すべきである。そのため、この場合、債権者は反対給付の履行を拒絶することができない（536条2項前段）。さきの例で、建物の焼失につき買主に責任があれば、買主は売主に代金の支払を拒むことができないということになる。

その結果、債務者は、債権者から反対給付を得られる。焼失した建物の売主は、買主から代金の支払を受けられるのである。ところで、このときに、債務者が債務を免れたことで利益を受けていれば、履行不能とならなかった場合と比べて、反対給付とともに、この利益分を重複して得ていることになる。しかし、債務者は、反対給付さえ得られれば、契約に基づいて受ける利得としては十分なはずであり、債務免責から生じる利益まで余分に認める必要はない。そ

こで、債権者の帰責事由により債務が消滅し、債務者が反対給付に関する債権を保持している場合、債務者は、免責により得た利益を、債権者に償還する義務を負う（536条2項後段）。たとえば、建物の売主が建物を修繕して買主に引き渡す義務を負っていたが、修繕前に買主の失火で建物が焼失した場合、売主は修繕費用を節約できたことになり、この費用相当分が償還の対象となる。

その他、債務者が、双務契約の目的物の滅失によって、その代償としての利益を得た場合にも、債権者は、その代償の譲渡を請求できる（422条の2）。たとえば、建物の焼失により売主の得た火災保険金などが、その対象となる。

不当解雇と利益の償還

労働契約において、使用者が労働者を不当に解雇して、この労働者の就労を拒絶するとき、労働者からすると、自身の労働に従事する債務が、債権者である使用者の帰責事由によって履行不能となる。この場合、不当解雇である以上、使用者が労働契約の終了を主張しても、これは認められず、契約は存続する。そして、使用者の帰責事由により自己の債務が履行不能となった労働者は、反対給付である賃金の支払を、使用者に請求できると解されている。もっとも、法的に請求可能であるとしても、使用者は素直に応じるとは考えられず、最悪の場合、裁判所の判決が下されるまで、賃金が支払われない状態が続く。さて、この間、労働者は、生活に必要な収入を別途確保しなければならないが、解雇の不当性が認定され、使用者に賃金支払が命じられた場合、それまでに労働者が他所から得ていた収入は、使用者に償還しなければならない利益とされるのであろうか。このように履行不能を機に、債務者が他の契約を結ぶことが可能になり、これによって得た利益が償還の対象となるかは、労働契約以外でも生じうる問題である。償還対象とされれば、債務者は努力をすればするだけ、履行不能に責任のある債権者を利することになるため、議論のあるところではあるが、判例は、基本的に、こうした利益は償還されるべきとする立場をとっている。ただし、労働契約においては、使用者の帰責事由による休業の場合、使用者は最低でも平均賃金の6割を労働者に支払わなければならないとする労働基準法26条の趣旨に基づき、使用者が償還請求できる範囲は、当該労働者の平均賃金の4割に限定されるものと解されている。

V　事情変更の法理

1　契約締結後の事情変更と契約の効力

(1)　契約締結後の事情変更の態様

　契約に基づく債務をめぐっては、周辺の事情の変化により、履行不能とは評価できないものの、当初の合意内容どおりの履行が著しく困難になる場合もある。たとえば、外国で産出される鉱物の売買契約を締結した後に、その国で鉱物の輸出が大幅に制限され、調達価格が高騰すると、売主にとり、合意した代金額では利益が出なくなることがある。また、代金額を300万円と定めた売買契約後に急激にインフレが進み、貨幣価値が300分の1に低下すると、売主は代金の支払を受けても、その実質的価値は当初の1万円程度であり、当初の300万円に値する目的物と交換するには、釣り合いが取れない。その他、窓から花火大会を観覧できるホテルの部屋を予約した場合に、当日の大雨で花火大会が中止になると、宿泊しても花火を見ることができないため、宿泊料を支払う意味がなくなってしまう。これらの状況は、それぞれ、経済的不能、等価関係の破壊、契約目的の到達不能とよばれる。

(2)　事情変更時の契約の効力

　こうした事情の変化がある場合、さきの例での売主やホテル利用者は、契約を解除したいと考えるに違いない。しかし、古来より、「契約は守らなければならない（pacta sunt servanda）」というのが、契約法の基本原則である。つまり、当事者は、契約締結時の自己の意思に拘束されるのであり、その際に将来の事情について判断を誤っていたとしても、その危険は自身が負担しなければならない。さもなければ、一方の当事者の都合で自由に契約を破棄できることになり、相手方にとって契約をした意味がなくなってしまうからである。

　とはいえ、合意したとおりの契約内容の強制が、当事者間に著しく不公平な結果をもたらす場合がありうることも否定できない。さらに、「すべての契約には、その基礎となる事情が変わらないかぎり、効力を存続する（clausula rebus sic stantibus）」との法原則もまた、古くから存在していた。

そうしたことから、契約締結時に基礎となった事情が変化したために、当初のままの契約の維持が公平に反する結果になる場合に、契約の拘束力を否定する法理が、一般的に承認されている。これを、事情変更の法理とよんでいる。事情変更の法理は、信義則（1条2項）を根拠とし、契約の拘束力に対する例外則として機能する。

2　事情変更の法理の効果

　事情変更の法理による基本的な効果は、契約解除権の発生である。当事者には、契約から解放される選択肢が与えられる。

　ただ、せっかく締結にまで至った契約なのだから、存続するほうが当事者双方の利益にとって望ましいこともある。そこで、状況の変化に対応しながら、当事者の公平をできるだけ保てる契約内容に変えるための、契約改定の請求権を認める見解がある。また、契約を存続させるか否かの判断は、まずは両当事者の話し合いに委ねるべき事柄といえる。そのため、契約の改定や解除を認める前に、当事者に再交渉義務を課して、自律的な解決を促すべきことが主張されている。こうした考えによれば、最初に再交渉を行わせ、これが調わなければ、裁判所の関与で改定を試み、これも功を奏さないときに、解除を認めるとの段階を踏むこととなる。

3　要件と実際の運用

(1)　要件

　こうした効果が認められるための要件は、4つあると考えられている。①契約締結後に契約の基礎たる事情に著しい変化が生じたこと（基礎事情の変更）、②事情の変更が契約当時は予見できなかったこと（予見可能性の不存在）、③事情の変更が当事者の責任とすることができない事由により生じたこと（帰責性の不存在）、④事情の変更により元の契約の拘束力を維持することが信義則に著しく反すること（拘束の不当性）である。

(2)　裁判所による運用の状況

　判例も、こうした要件の下、事情変更により契約の拘束力が修正されうるこ

とを、一般論として承認している。しかし、この法理は、当事者の意思に基づく合意を否定するという、契約法の基本原則に著しく反する効果を生じさせる。これが安易に容認されると、契約を締結しておきながら、事情の変化に便乗し、合意を反故にしたり、契約解除をちらつかせながら、契約内容の改定を要求するといった、身勝手な行為を助長する危険性が高くなる。そうしたこともあり、判例は、この法理の運用には厳格な態度をとっており、きわめて例外的な場合にしか、その適用を認めていない（大判昭和19・12・6民集23巻613頁参照）。さきに挙げた3つの例での事情変動くらいでは、予見可能性や拘束の不当性に関する要件を満たすとは、とうてい評価されないであろう。

(3) 事情変更に対応するための法律上の規定

　このように、実際のところ、事情変更による契約の拘束力の修正が認められる場面は、非常に限定的である。他方、不動産の賃貸借に目を向けると、借地借家法が、賃借人の保護のために契約の存続を保障している。これにより契約期間が長期化すると、事情の変化に対して当事者間の公平を保つために、当初の契約内容を変更する必要も、当然に生じる。しかし、事情変更の法理の適用は、ほとんど期待できない。そこで、借地借家法には、事情変更の法理の考え方を取り入れながら、契約改定を円滑に行うための規定が用意されている（借地借家11条・32条（賃料増減請求権）、同17条1項（借地条件の変更））。

　その他、契約の基礎たる事情が変更した結果、債務の履行が社会通念に照らして不能となったと評価される場合も考えられる。さきに挙げた事情変更の類型のうち、とりわけ経済的不能の状況において、そうした可能性がある。この場合、債権者（さきの例での買主）は債務者（売主）に対し履行を請求できなくなり（412条の2第1項）、損害賠償請求と契約の解除という救済手段を頼りにすることとなる（→第6章 I 1）。なお、履行不能については、NBS債権総論での解説を読んで学習してもらいたい。

VI　第三者のためにする契約

1　第三者のためにする契約の意義

(1)　契約の相対的効力の原則

契約の拘束力は、当事者の意思に基礎づけられている。したがって、契約に拘束される旨の意思表示をしていない部外者には、契約の効力が及ばない。また、私的自治の原則に鑑みると、自己の生活関係は、自身で自由に決定できる。これは、自己の生活関係が、他人の決定による介入を受けないことも意味する。私的自治が認められるのは、あくまで、自身の自己決定が及ぶ範囲に限定されるのであり、他人の自己決定の領域に立ち入るためには、この者の同意が必要である。

こうしたことから、契約の効力は、これを成立させる意思表示をした当事者の間にしか生じず、この契約に拘束されることに同意していない第三者については、その法的地位に影響を与えないのが原則である。つまり、契約は、第三者に利益を与えることも、第三者を害することもない。これを、契約の相対的効力の原則とよぶ。

(2)　特約としての第三者のためにする契約

この原則に対して、民法は例外的な制度を置いている。それが第三者のためにする契約である。当事者の合意により、第三者に対し、契約上の給付請求権を付与することが認められており（537条1項）、「契約は第三者に利益を与えない」との原則は、大きく修正されているのである。

このような第三者のためにする契約は、売買や請負などと並ぶ、独立した契約類型ではない。買主が取得するはずの目的物を第三者に与えたり、第三者の建物を修理したりするなどの際に、当事者が契約の中に、第三者の権利を認める特約を入れておく形で、利用されるものである。

(3)　第三者のためにする契約の構造

第三者のためにする契約では、元となる契約の当事者を、要約者および諾約

者とよぶ。要約者が第三者に権利を与える特約を要求し、これを承諾した諾約者が第三者に対する給付義務を負う。この特約で利益を受ける第三者は、受益者とよばれる。

【図表1-5-3】第三者のためにする契約の当事者関係

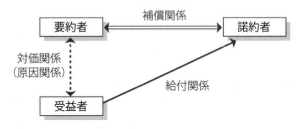

まったく無関係な者に契約上の利益を与えるのはあまり考えられず、要約者と受益者との間には、要約者が受益者に債務を負っているなど、何らかの関係があるのが通常である。この関係を対価関係または原因関係という。この対価関係を原因として、要約者は諾約者と第三者のためにする契約を結ぶのだが、この契約の内容となる両者の関係は、補償関係とよばれている。そして、この契約に基づき諾約者が受益者に給付などを行う関係を、給付関係という。諾約者は、受益者との給付関係で負担する財産上の損失につき、要約者との関係で補償を受けることで、自身の利益を調整する。

2　要件

(1)　基本的要件

契約当事者である要約者・諾約者間で、諾約者に対する権利を第三者に付与する特約が合意されれば、第三者のためにする契約が成立する（537条1項）。

ただし、この合意だけでは、まだ、受益者の権利は発生しない。当事者が勝手に第三者の権利を発生させられるとすると、第三者が知らぬ間に、その法的地位を変更させられることになり、第三者の私的自治は侵害される。たとえ利益であっても、他人からの押し付けは望ましくない。そこで、受益者による契約の利益を享受する旨の意思表示（受益の意思表示）が、権利発生の要件となっている（537条3項）。

なお、法律の規定により、この受益の意思表示がなくても、権利発生が認められることもある（信託88条1項本文、保険8条・42条・71条など）。

(2) 第三者の存在

　ところで、受益者の権利を発生させるためには、当然ながら、権利の帰属主体である受益者が存在していなければならない。それでは、契約成立時に、受益者が現存している必要はあるだろうか。受益の意思表示がなければ権利が発生しないことを考えると、まだ発生していない権利の帰属先を急いで確定しなくてもよいといえそうである。そのため、第三者のためにする契約をする際には、契約成立時に第三者が現存していなくても、特定されていなくてもよい（537条2項）。胎児や設立中の法人を受益者としたり、受益者となりうる資格を定めておくだけでも、第三者のためにする契約は成立する。ただ、こうした場合でも、受益の意思表示がなければ受益者の権利は発生しないため、それまでに特定の受益者が存在していることは必要である。

3　効果

(1) 受益者の取得する地位

　受益の意思表示により、受益者は、契約に基づく権利を取得する。権利の内容は、契約当事者の合意によって決定され、当事者は、受益者に権利を与えるとともに、負担を課すこともできる。負担付きの受益を認めても、受益者は受益の意思表示をしなければ、権利を取得できないが、自己の負担も発生しないので、問題はない。

　受益者の権利は、要約者と諾約者の契約から生じるものであるため、この契約から生じる法律効果により、影響を受ける。とくに、諾約者は、要約者が反対給付を履行しない場合の同時履行の抗弁権など、この契約に基づく抗弁をもって、受益者に対抗することができる（539条）。

　こうして、契約に定められた権利を受益者は取得するが、契約の当事者は、あくまでも要約者と諾約者である。受益者は、当事者としての地位まで取得するわけではない。そのため、契約の取消しや解除は認められない。契約に関して善意・悪意や過失の有無が問題となったり、意思の不存在や瑕疵が争われた

りする際には、要約者について判断をし、受益者は第三者として扱われる。また、要約者は、受益者の権利について、諾約者に対する権利者ではないが、契約の当事者として、諾約者に対し、受益者への債務の履行を請求できる。

(2) 権利取得以外の利益享受

ところで、第三者のためにする契約に関する規定は、受益者による債権の取得を念頭に置いた内容となっている。しかし、第三者に付与できる利益は、債権取得に限られず、さまざまな利益供与が承認されている。所有権などの物権や契約上の地位を第三者に取得させることも認められているし、要約者と諾約者との合意により、諾約者に対する受益者の債務を免除することもできる。つまり、売買の買主と売主が、目的物の所有権を第三者に移転させたり、あるいは、買主が代金を支払う代わりに、売主が第三者に対する債権を放棄したりする場合も、第三者のためにする契約に当たる。その他、諾約者に対する要約者の責任を制限する契約条項に関し、要約者の履行補助者や被用者を受益者として、受益者の責任も制限する旨の合意も可能である（商588条1項、国際海運16条3項参照）。こうした法律効果の発生にも、受益の意思表示が必要とされる。

なお、債務者と引受人との間の契約による併存的債務引受も、引受人に対する債権を債権者に付与するものであることから、債権者を受益者とする第三者のためにする契約である（470条4項）。

(3) 受益者の権利の確定

受益者が受益の意思表示をすると、契約で定められた権利が発生し、この権利の受益者への帰属が確定する。契約当事者であっても、他人である受益者の法的地位に介入することは許されないため、この確定後は、受益者の権利を変更させたり、消滅させたりすることはできなくなる（538条1項）。

また、諾約者が受益者に対する債務を履行しない場合、契約解除権は、受益者ではなく、契約当事者である要約者に生じる。ただ、要約者がこの解除権を行使すると、受益者の権利を奪うことになるため、解除権行使には、受益者の承諾が必要とされている（538条2項）。

こうした受益者利益の保護は、受益者の権利が確定した後に生じるものであ

り、確定前であれば、権利内容を変更したり、合意や契約解除で権利を消滅させたりすることに支障はない。また、権利の変更・消滅や契約解除を当事者があらかじめ特約により留保しておけば、受益者はこれを承諾して受益の意思表示をしているのだから、受益者の権利確定後も、権利の変更などが許される。

なお、要約者が取消権を有している場合には、要約者は、受益者の承諾を得なくても、取消権を行使できる。ただし、取消原因が錯誤や詐欺などであれば、善意無過失の受益者に対して、取消しを対抗することができない（95条4項・96条3項、消契4条6項、特商9条の3第2項、割販35条の3の13第5項など）。

第6章

契約の解除

　契約当事者は、一定の利益を得る目的で、契約による拘束を受け入れる。相手方から約束どおりの給付を受けることができれば、この目的が達成され、契約は無事に終了する。しかし、相手方からの給付がなければ、そうはいかない。このとき、契約を締結した目的を達成できていないのに、契約に拘束されたままとされれば、状況はまさに泥沼となる。こうした苦境から脱するには、契約の拘束から逃れなければならず、そのための手段が、解除である。

I　解除の意義

1　債務不履行に対する債権者の法的手段

　契約の相手方が、契約に基づく債務を履行しない場合、その債権者である当事者は、どのような対処が可能だろうか。これには大きく3つのものがある。

　まず、契約を結んだ目的の達成を望むのであれば、履行の強制（414条）をすることになる。これは、強制執行手続により、裁判所などの国家の力を借りて、強制的に債務の本来の内容を実現させるための手段である。この方法は、売買や賃貸借の目的物となった特定物が滅失した場合や、建物の建築請負に際して必要な第三者の許可を得ることができない場合などには、利用できない。

　次に、相手方の債務不履行により、損害が発生している場合には、損害賠償請求（415条）をして、損害の補塡を受けられる。このときの賠償の方法については、金銭賠償が基本である（417条）。つまり、お金での解決で状況を処理で

きるときに、有効な手段となる。

　それでは、履行の強制によっても、損害賠償によっても、問題が解決しない場合はどうするか。とりわけ、履行の強制が功を奏さない状況で、相手方に対して反対給付をすでに行っていたり、または、反対給付の債務を負い続けているときには、契約を解消して、給付を取り戻したり、債務の拘束から解放されたいと考えるであろう。そのようなときの救済手段が、契約解除権である。

　これらのうち、さきの2つの対処方法は、あらゆる債務に共通するものであることから、ここでは、契約のみに関わる解除について、より詳しく説明していくこととする。

　なお、これらの3つの方法は、択一的なものではない。履行の強制または解除権の行使と合わせて、損害賠償請求をすることも可能であること（414条2項・545条4項）を、覚えておいてもらいたい。

2　契約の解消方法

(1)　解除権の種類

　解除権には、契約当事者間の合意により当事者に解除権を認めておく約定解除権と、そうした約定解除の合意がなくても、法律の規定に基づいて生じる法定解除権（541条・542条・550条・598条・641条・651条・657条の2など）とがある。

　いずれについても、解除権を持つ当事者が解除権行使の意思表示をすることにより、解除の効果が生じる。約定解除権に関しては、解除権発生の要件と解除権行使の効果などが、当事者間の合意によって定められる。

(2)　解除に類似した制度

　標準的な解除では、解除権行使の意思表示により、契約は締結時にさかのぼって消滅すると解されている。これに似たものとして、告知（解約告知）がある。当事者は、この告知の意思表示により、それまでの契約の効力を残したまま、将来に向けて契約を解消させることができる。条文の文言では、こうした告知も「解除」とよばれることがあるが（620条など）、本来の解除との効果の違いに注意してほしい。

　取消しも、解除と同様に、取消権行使の意思表示により遡及的な効果を生じ

させる。解除との違いは、権利発生の原因と制度趣旨にある。取消権は、法律行為時の意思表示に問題がある場合（行為能力制限、錯誤・詐欺・強迫など）に、その表意者を保護する目的で認められる。法定解除は、契約締結の時点において、契約の拘束力を基礎づける意思表示には問題がないものの、締結後に債務が履行されない場合などに、解除権者を契約から解放するための制度である。

　約定解除に類似するもので、合意解除と解除条件がある。合意解除は、契約当事者間での契約解消の合意であり、1つの新たな契約といえる。解除条件は、契約当事者があらかじめ定めた条件の成就により、契約を解消させる。契約解消の効果が、前者では当事者双方の意思表示、後者では一定の事実の発生または不発生によって生じる点で、一方当事者による解除権行使の意思表示が契約を消滅させる解除と異なっている。

　以下では、債務不履行を原因とする法定解除（541条・542条）について、その制度内容をみていくことにしよう。

II　債務不履行を原因とする法定解除権の発生要件

1　解除の正当化根拠

　契約に基づく債務が履行されない場合に認められる法定解除は、契約関係を解消させることで、債権者である契約当事者を契約の拘束力から解放させる制度である。この者が自己の債務を履行済みであれば、その原状回復を認め、また、まだ履行していなければ、これを不要にさせる。

　もっとも、こうして契約関係を一方的に解消するというのは、債権者が自らの意思で契約の拘束力を受け入れたにもかかわらず、契約に関する債務者の利益を消滅させることも意味する。このような重大な効果を承認するには、債務者から契約上の利益をはく奪してでも、債権者を契約から解放することを正当化できるほどの解除の必要性が求められる。

　そうした場面としては、まず、債務者が履行しないために、債権者が契約を締結した目的を達成できないといった状況が考えられる。そこで、契約目的の達成が不可能であることが、解除権発生の要件として位置づけられる。ただ、

この場合にだけ解除を認めるというのでは、十分ではない。債務者が債務を履行しさえすれば、目的達成が可能である場合を考えてもらいたい。この場合に、債権者に解除を認めず、契約に拘束されたまま、他の方法での対処を要求するのは、常に妥当といえるだろうか。債務者が債務を履行せず、不誠実な態度をとり続けるならば、債務者との関係維持を債権者に期待するのは合理的とはいえまい。

こうしたことから、契約の解除は、契約目的の達成可能性の観点だけではなく、債務者の態度や契約違反の程度に鑑みて債権者を契約に拘束し続けることの不当性の観点からも、正当化されうるといえる。このような考え方を基礎として、民法は、解除に催告を必要とする場合と、これを不要とする場合とに分けて、法定解除を規定している。

2 催告解除の要件

(1) 概要

契約に基づく債務の履行期が到来しているにもかかわらず、債務者が弁済を行わないとき、客観的にみて契約目的の達成が不可能ではなくても、債務者の態度によっては、債権者に履行の強制を求めるのではなく、解除を認めるべき場合もある。そこで、民法は、債務を履行しない債務者に債権者が催告をしてもなお、債務者がこれに応じない場合、債権者に解除権を与えている。

(2) 履行期の到来

催告による解除は、債務者の履行遅滞を前提としている。履行期までは、債務者に期限の利益があり、債権者は弁済を請求できず、給付がなくても債務不履行の状況は生じないことから、解除を認める必要がない。

履行期がいつ到来するかは、当事者の合意内容に応じて定まる。確定期限が定められていれば、その期限の到来時であり、不確定期限の場合は、その期限の到来後に、債務者が履行の請求を受けた時、または、その期限の到来を知った時のいずれか早い時となる。また、履行の期限が定められていないときには、債務者が履行の請求を受けた時に、履行遅滞が生じる（412条）。

(3) 相当の期間を定めた催告

債権者は、催告解除のために、債務の履行を求める必要がある。このとき、単に催告するだけは不十分で、解除権行使までの相当の期間を定めて、債務者に最後の猶予を与えなければならない（541条本文）。

ところで、債務の履行について不確定期限が付されている場合や、履行の期限が定められていない場合、債権者は、履行の請求によって履行期を到来させることができる。これらの場合の催告解除につき、解除権を発生させるための債権者の催告は、債務者の履行遅滞後でなければ行えないのだと厳格に考えると、債権者にとり、まず履行期到来のための履行請求をし、その後に改めて解除のための催告が必要であるかのようにも思える。しかし、そうした二度手間は不要であり、一度の履行請求により、債務者の履行遅滞を生じさせるとともに、解除のための催告をすることが認められている。

催告で定めた猶予期間が相当であるかどうかを判断する際には、債務者が履行期までに履行の準備をしていたことを前提として、そうした債務者にとって現実の給付を行うために客観的に十分な期間が実質的に与えられたかどうかが、評価基準となる。通告した猶予期間が相当であるとの債権者の勝手な判断や、病気や財務状況といった債務者の個人的事情は考慮されず、契約内容や目的物の性質、取引慣行などの客観的事情を基に、総合的に評価にされる。また、債権者の設定した期間が短かったり、あるいは、催告に期間が定められていなかったりしても、催告の時から十分な猶予期間が現実に与えられていれば、解除権発生のための有効な催告として認められる。

なお、債務者に同時履行の抗弁権があれば、履行期が到来しても、債務者は履行を拒絶することができる。このとき、債権者は、自らの反対債務について、履行または履行の提供をして、この抗弁権を消滅させなければ、解除することができない。ただし、この履行または履行の提供は、催告前である必要はなく、猶予期間の終わりまでに行っていれば、解除権の発生が認められる。

(4) 相当期間内に履行がないこと

債権者が猶予期間を与えて催告したにもかかわらず、債務者が履行しないのであれば、これ以上、債権者を契約に拘束し続けるのは妥当ではない。そのた

め、猶予期間の経過により、債権者の解除権が発生する。その際、不履行の事実さえあれば、債務者に帰責事由がなくても、解除権の発生が認められる。

(5) 債務の不履行が軽微である場合

債務者が債務をすべて履行しないのではなく、一部の給付について不履行がある場合や、主たる給付義務は履行されたが、付随的な義務の違反がある場合なども、催告解除が認められるであろうか。こうした不履行が軽微であれば、債権者は履行請求や追完請求、あるいは損害賠償請求をすることで、十分な救済を受けられるといえ、債務者の不利益の下で解除まで認める必要はない（541条ただし書）。

債務の不履行が軽微であるかどうかの判断は、催告にともなう相当の猶予期間が経過した時点の状況を基に、契約内容や取引上の社会通念に照らして行われる。このとき、未履行部分が全体に占める割合だけなく、契約における未履行部分の重要性や債務者の態度などが考慮される。したがって、未履行部分が分量的にはわずかであっても、契約において重要な役割を果たしているようなときには、軽微な不履行とはいえない。

(6) 重大な一部不履行などに基づく催告解除

他方で、このような考え方は逆に、一部の不履行や付随的義務の不履行が、契約締結の目的の達成をただちに妨げるものではなくても、それらがこの達成に重大な影響を与えるものであれば、これらの不履行を理由とした催告解除が認められることにもつながる。たとえば、土地の売買に際し、買主は代金を完済するまで、所有権移転登記手続や購入した土地上での建物などの築造を行わない旨の付随的な義務が取り決められたとき、この義務の違反があったとしても、それだけで売主が代金支払を受けられなくなるわけではない。しかし、この付随的義務が、売主にとって代金支払の確保のために重要な意義をもつものであれば、買主がこれに違反した場合、売主には催告解除が認められうる。

さらに、相互に関連する2つの契約の一方における債務不履行が、他方の契約の目的達成に重大な影響を与える場合に、両契約の解除が認められることもある。たとえば、リゾートマンションの買主が、売主との間で、マンションの

売買契約とは別個の、ただし密接に関連したスポーツクラブ会員権契約を締結
し、売主が、この会員権契約上の債務を履行しない場合、この債務不履行が、
会員権契約だけではなく、売買契約についても、契約締結目的の達成に重大な
影響を与えることがある。こうしたときに、会員権契約だけでなく、売買契約
の解除も認められた事例がある（最判平成8・11・12民集50巻10号2673頁）。この
事例は、同一当事者間で複数の契約が相互に関連づけられて締結されている状
況において、1つの契約の債務が、各契約の締結目的に照らして重要な役割を
果たしている場合に、その債務の不履行が、他の不履行のない契約の解除をも
もたらしうることを示している。

3　無催告解除の要件

(1)　概要

　債務を履行しない債務者に催告をするのは、その履行により債権者の契約目
的の達成が、なおも期待できるからである。履行が不能であったり、債務者が
履行を拒絶したりするなどの状況の下では、契約目的の達成は見込めず、催告
をしても徒労に終わる。そのため、債務が履行されず、もはや契約目的を達成
できないと評価できる場合には、債権者は催告をすることなく、契約を解除す
ることが認められている。

(2)　履行の不能

　債務の履行が不能であるとき、債務者が催告に応える可能性はないため、無
催告解除が可能となる（542条1項1号）。履行期前に履行不能となった場合に
は、履行期を待たずして契約を解除できる。

　双務契約では、一方の債務が履行不能になると、その債権者には反対給付の
履行拒絶権が与えられる（536条1項）。しかし、このとき、債権者の反対債務
が消滅するわけではない。それゆえ、この債務の拘束から解放されるために
は、債権者は履行不能を理由として契約を解除する必要がある（→第5章Ⅳ2）。

　履行不能の範囲が、債務の一部に限られている場合、債権者は、契約の一部
を解除できる（542条2項1号）。さらに、債務の残存する部分のみでは契約目
的を達成できないときに、契約全部の解除ができる（542条1項3号）。

(3) 債務者の履行拒絶

債務者が履行を拒絶する意思を明確に表示しているときも、契約目的の達成は不可能になり、催告が無意味な状況と評価できるため、無催告での解除が認められている（542条1項2号）。こうした履行拒絶の意思が履行期前に明確に示されれば、債権者は履行期を待つことなく、無催告で契約を解除できる。

債務者が、債務の一部について履行を拒絶している場合、履行拒絶されている部分の一部解除ができる（542条2項2号）。さらに、債務の残存する部分のみでは契約目的を達成できないときには、契約全部の解除が認められる（542条1項3号）。

(4) 定期行為

契約の性質や当事者の意思表示により、特定の日時または一定の期間内に履行しなければ、契約目的を達成できない契約がある。これを、定期行為という。ウェディングドレスを注文した場合、結婚式に間に合わなければ、ドレスが完成しても、無駄になってしまう。期末試験対策として友人から教科書を譲り受けるときには、試験後に教科書を引き渡されても、当初の利用目的の役には立たない。

このような定期行為では、履行期を過ぎると、債務者が催告に応じて弁済をしても、もはやその給付により契約目的を達成させることはできない。そのため、履行期が経過すれば、債権者は、催告をすることなく、契約を解除できる（542条1項4号）。

(5) その他の契約目的の達成に足りる履行の見込みがない事情

無催告での解除が認められるのは、催告をしても、契約目的が達成される見込みがないためである。そのため、履行不能・履行拒絶・定期行為のいずれにも当たらない場合でも、債務の履行がなく、契約目的達成の見込みのないことが明らかであれば、催告不要で、ただちに解除権が発生する（542条1項5号）。たとえば、ある製品を購入して引渡しを受けたが、目的物に重大な不具合がある状況で、同じ売主から同一製品を購入した他の買主に、この製品の構造的欠陥による同様の不具合が続発している場合などが考えられる。また、賃貸借契

約において当事者間の信頼関係が破壊されたと評価できる事情があるときには、契約目的達成に足りる履行の見込みが消滅したことを理由に、無催告解除が認められることもありうる（→第10章Ⅵ2(1)）。その他、事情変更の法理に基づく解除の際も、催告は必要ない。

なお、契約目的が達成できるとの評価により、無催告解除が認められない場合であっても、催告解除の要件を満せば、当然ながら解除は可能である。

4 当事者の帰責事由と解除

(1) 債務不履行に関する債務者の帰責事由

債務不履行の場合の解除制度は、債権者を契約の拘束力から解放させることを目的としている。債務者の責任追及のためのものではなく、これは損害賠償によって行われる。

そのため、債務の不履行による解除権の発生について、債務者の帰責事由は要件とされていない。つまり、不可抗力などの債務者の責めに帰することができない事由により債務が履行されないとき、債権者は、債務者に損害賠償を請求できないとしても（415条1項ただし書）、催告解除または無催告解除の要件を満たすかぎり、契約を解除することができる。

(2) 債務不履行に関する債権者の帰責事由

解除が債権者を契約の拘束力から解放させるための制度であるならば、債権者は、そうした保護に値する存在でなければならない。そうすると、債務の不履行が債権者の帰責事由によるものであるときには、債権者を保護する必要がないため、債権者に解除権は認められない（543条）。

なお、双務契約において、一方の債務が債権者の帰責事由により履行不能となったとき、債権者は契約を解除できないだけでなく、自らの反対債務の履行拒絶も認められない（536条2項前段→第5章Ⅳ3）。

Ⅲ　解除の効果の発生

1　解除権の行使

(1)　行使方法
　催告解除または無催告解除の要件が満たされても、ただちに契約が解除されるわけではない。解除の効果は、債権者による解除権行使の意思表示によって発生する（540条1項）。つまり、解除権は、形成権である。この解除権が行使されない間は、債務が履行されないままでも、契約は存続する。
　この意思表示は、裁判で行う必要はない。裁判外で解除権を行使することも可能である。

(2)　撤回の禁止
　債権者が、解除権を行使する意思表示をすれば、それだけで解除の効力が確定的に生じる。この後に、債権者が思い直して、この意思表示を撤回しようとしても、それは許されない（540条2項）。解除後の撤回が認められると、相手方である債務者の地位が不安定になるとともに、消滅したはずの契約の効力が復活することにより、法律関係が複雑になってしまうからである。
　もっとも、解除が意思表示によって行われる以上、ここでも意思表示に関する一般規則が適用される。そのため、解除の意思表示に、行為能力制限や錯誤、詐欺・強迫などの取消原因があれば、この意思表示を取り消すことで、解除の効力を否定することは可能である。

(3)　解除権の不可分性
　契約は、1対1とは限らない。当事者の一方または双方が、複数人の場合もある。こうした契約において解除権が発生したとき、一部の者による契約全部の解除が可能とすると、他の者が契約関係の消滅を認識できず、混乱が生じるおそれがある。また、解除の効果が一部の者のみに限定されると、契約関係が存続する者とそうでない者とが混在することになり、法律関係が複雑になる。そのため、当事者が複数人いる場合、解除の意思表示は、解除権者である債権

者の全員により、相手方である債務者の全員に対して、行われなければならない（544条1項）。

(4) 解除権の消滅

このように契約の解除には、解除権の行使が必要であるが、この行使の前に、解除権が消滅する場合がある。

まず、相手方の催告による消滅がある。解除権が発生すると、契約の存亡は解除権者の判断に委ねられることになり、相手方は不安定な状況に置かれる。この状況を解消するために、相手方は、相当の期間を定めて、解除権者に権利行使の判断を確答するよう、催告することが認められている。この期間内に、解除の通知が相手方に届かなければ、解除権は消滅する（547条、なお、20条・114条・556条2項・987条・1008条も参照）。

また、相手方である債務者は、こうした催告ではなく、遅滞している債務の履行を行うか、または履行の提供をすることで、解除権を消滅させることができる。ただし、その際には、遅延賠償の履行ないし提供も必要である。

さらに、解除権者が、契約に基づいて相手方から給付を受けていた場合、解除権を行使すると給付目的物を返還しなければならなくなる。このとき、この目的物を、解除権者が故意・過失によって、滅失・損傷させるなどしていれば、その行為は解除権を放棄するものと評価され、解除権が消滅する（548条本文）。ただし、解除権の放棄と評価するためには、解除権の存在を認識していることが前提となる。そのため、目的物の滅失等の際に解除権を有することを知らなかった解除権者は、契約を解除できる（548条ただし書）。

その他、解除権は形成権であるが、債権に準じるものとして、時効（166条1項）によって消滅する（最判昭和62・10・8民集41巻7号1445頁）。また、消滅時効期間が経過しなくても、解除権者が長期間にわたり権利を行使せず、相手方が権利行使されないものと信頼すべき正当の事由を有するに至ったために、その後の解除権行使は信義則に反すると認められる特段の事由がある場合に、解除が許されない可能性もある（権利失効の法理、最判昭和30・11・22民集9巻12号1781頁）。

2 解除の効果

(1) 基本的効果

　契約が解除されると、各当事者は、相手方を契約前の原状に回復させる義務を負う（545条1項本文）。解除された契約は、締結時にさかのぼって消滅し、契約に基づく債権・債務は、当初から生じていなかったものとされるためである（直接効果説）。これにより、未履行の債務は消滅し、既履行の債務に関しては、給付内容につき返還義務が生じる。

　この原状回復義務としての返還義務が発生するのは、解除前の給付を法的に基礎づけていた契約が解除により消滅する結果、この給付が法律上の原因を失うことによる。したがって、この義務の法的性質は、不当利得返還義務である。ただ、ここでの不当利得関係は、給付の原因となっていた契約関係の清算を目的として、元の契約による給付とは逆方向に財貨移転を巻き戻すことを内容とするため、一方の返還義務と他方の返還義務の牽連性が重視されるなど、元の契約関係の性質を考慮した取扱いがなされる（給付利得）。

　こうした理解を基に、続いて、原状回復義務の内容についてみていこう。

(2) 給付された目的物の返還

　給付された目的物が現存していれば、その現物が返還対象になる。具体的には、現物の引渡しや、不動産登記の名義の回復などが、義務の内容となる。

　当事者双方が受領した給付の返還義務を負う場合、これらの返還義務の履行について、同時履行の抗弁権が認められる（546条）。

(3) 利息・果実・使用利益の返還

　さらに、相手方を契約前の原状に回復させるには、受領物の返還だけでは足りない。その目的物を保持していたならば得られたはずの利益も、回復させなければならない。

　そのため、売買の売主が代金を受領した後に、契約が解除された場合のように、返還対象が金銭であったときには、受け取った金額はもちろんのこと、受領時からの利息も付して、返還しなければならない（545条2項）。

また、売買の買主のように、金銭以外の物について返還義務を負うときには、目的物とともに、受領の時以後にその物から生じた果実も、返還する必要がある（545条3項）。さらに、果実を生じさせなかったとしても、目的物の使用利益も返還義務の対象とされている（大判昭和11・5・11民集15巻808頁、最判昭和34・9・22民集13巻11号1451頁）。

　こうした給付利得を清算するための原状回復においては、侵害利得に関する189条と190条は適用されない。その結果、目的物の受領者が善意か悪意かにより、果実や使用利益の返還義務が影響を受けることはない。

(4)　必要費・有益費の償還

　不動産の買主が、受領した不動産に関する税金を支払ったり、不動産を改良したりしたときなどには、これらの費用の負担について、調整が必要となる。こうした目的物に投下された費用は、196条の規定によって、処理される。

(5)　目的物の滅失・損傷

　給付された目的物が解除前に滅失していれば、現物返還は不可能であり、損傷していれば、現物をそのまま返還しても、契約前の状態が回復されたことにならない。こうしたとき、解除後の清算は、どのように行われるべきだろうか。

　まず、前に述べたように、解除権者が、故意・過失によって目的物を滅失・損傷させていたときには、解除権を有することを知らなかった場合を除き、解除権が消滅するため（548条）、原状回復を論じる必要もなくなる。

　解除権が消滅することなく行使された場合については、さまざまな見解が主張されている。大きな対立点は、536条の準用を認めるか否かにある。

> **目的物の滅失・損傷後に解除権が行使された場合の処理をめぐる議論**
> 　この議論の状況を、簡単に説明しておこう。一方で、給付の原因であった契約に適用される規律を、給付利得である原状回復関係にも準用することを重視する立場は、元の契約が売買などの双務契約の場合、原状回復義務の履行不能についても、536条により処理すべきと考える。これによると、目的物の滅

失・損傷について、その返還義務者に帰責事由があれば、目的物の価額や価額減少分に関する賠償義務がこの者に課されることで、清算がなされる。返還義務者に帰責事由がない場合には、返還請求権者に帰責事由があるかないかで区別される。これがなければ、返還請求権者は反対給付の返還義務の履行を拒絶することができ、同人に帰責事由があれば、この履行拒絶権は認められない（536条）。他方で、双務契約の解除後に生じる原状回復関係の特徴を考慮する立場がある。解除後の原状回復関係では、元の双務契約と異なり、相手の債務負担の対価として自己も反対債務を負担するという意思を基礎とすることなく、受領した給付の返還義務が両当事者に生じる。この状況に着目すれば、債務の対価性を前提とする536条の準用は、その根拠を欠くといえる。この見解によると、契約前の状態の回復を実現するために、基本的には、滅失・損傷に関する当事者の帰責性を問うことなく、価額賠償で調整すべきとされる。

(6) 損害賠償請求

　以上が解除の効果であるが、債権者は、解除権の行使とともに、債務者に対して、債務不履行に基づく損害賠償請求をすることもできる（545条4項）。この点につき、解除が契約の効力を遡及的に消滅させると理解するのであれば、履行されなかった債務も当初から存在しなかったことになり、損害賠償請求の根拠となる債務不履行を観念できなくなるはずである。しかし、解除による原状回復だけでは、債権者が現実に被った損害をすべて塡補するのに不十分な場合もある。そこで、被害を受けた債権者の救済を優先させ、解除の遡及的効力を制限する形で、債務不履行に基づく損害賠償請求が認められている。

3　解除と第三者の権利

(1) 第三者の権利を保護する必要性

　ここまでに述べたように、解除は、契約を消滅させ、当事者を債務から解放する制度である。こうした解除の効力が及ぶ範囲は、当事者のみに限定されない。契約が有効であることを基礎として権利を取得した第三者にも、その影響は及びうる。契約により権利を取得した当事者から、さらに第三者がこの権利を譲り受けた場合を考えてみよう。このとき、最初の契約が解除されると、第

三者と取引をした当事者は、この権利を取得していなかったことになる。その結果、第三者は無権利者からの譲受人となり、その権利取得を否定されるおそれが出てくるのである。

ただ、第三者にしてみれば、自己の権利の喪失という不利益を受けることのないよう解除を回避しようにも、契約の当事者ではないため、それは容易ではない。そこで、こうした不都合から第三者を保護するために、解除は第三者の権利を害することができないものとされている（545条1項ただし書）。これにより、解除の遡及効は、第三者との関係においても制限されていることになる。

このように解除の効力から保護される第三者の権利は、解除前の有効な契約を基礎として取得されたものに限られる。以下では、Aから売買により甲土地を買い受けたBが、この土地をCに転売した場合を例にとり、解除の前と後とで場面を分けて、第三者Cの置かれる立場を説明しよう。

(2) 解除前の第三者

まずは、AがBに甲を譲渡する旨の売買契約が締結され、次いで、Bが甲をCに転売した後に、A・B間の売買契約がAにより解除された場面を考えてみよう。このときCは、この売買契約が有効であることを前提に、Bから甲の所有権を取得している。そのため、Cの所有権は、545条1項ただし書において、解除権の行使により害されないとされる「第三者の権利」に当たる。これにより、Cの所有権は、解除の影響を受けず、Aは、契約を解除しても、甲を取り戻すことができなくなり、Bに損害賠償を求めうるのみとなる。

ここで、Cの所有権が保護されるためには、Aが解除権を有することについて、Cが善意であったことは必要ない。規定の文言には、「善意の第三者」という制限は付されていないし、また、Aが解除権を有していても、これが行使されるとは限られないため、Aの解除権について悪意であるCも、A・B間の有効な契約を基礎として権利を取得した第三者といえるからである。

ところで、177条は、不動産物権変動の対抗要件として、登記を要求している。となると、不動産物権である甲の所有権を取得したCは、登記を備えていなければ、自身への権利移転をAに対抗できないのであろうか。AとCのそれぞれの立場を考えてみよう。解除の効力がCの権利に及ばないとなると、

【図表1-6-1】法定解除と解除前の第三者

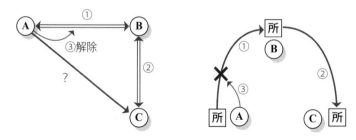

甲の所有権は、AからB、BからCに移転したことになる。このとき、Aは、Cにとって、甲の前々主であり、177条において物権変動を対抗するために登記を必要とする第三者に当たらない。すると、Cは、登記がなくても、甲の所有権の取得をAに対抗できることになりそうである。しかし、Cの権利取得が認められれば、原状回復に関するAの利益が大きく損なわれる。このAが受ける不利益との均衡を考えると、Cが権利者として自己の権利の保全に必要な行為である登記を怠っているとき、そうしたやるべきことをやっていないCは法的保護に値しないとも考えられる。そこで、545条1項ただし書における「第三者の権利」としての保護を受けるには、CはAよりも先に、甲について登記を備えていなければならないと考えられている（大判大正10・5・17民録27輯929頁）。学説では、このように権利の保護を受けるために必要とされる登記を、177条における対抗要件としての登記と区別する意味で、権利保護資格要件としての登記とよんでいる。

(3) 解除後の第三者

これに対し、AがBとの売買契約を解除した後に、BがCに甲を譲渡した場面では、Cによる権利取得は、A・B間の有効な契約を基礎としていない。そのため、Cの権利は、545条1項ただし書の適用範囲から外れる。

この場合、甲の所有権は、Aによる解除により、BからAに復帰的に移転した後（→【図表1-6-2】の②）、B・C間の譲渡により、BからCへも移転することになる（→【図表1-6-2】の③）。ここには、Bを起点とした二重譲渡に類似した対抗関係が生じているといえる。その結果、177条が適用され、Aと

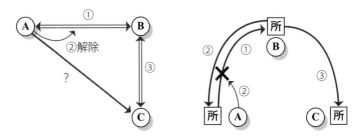

Cのいずれが甲の所有権者であることを主張できるかは、対抗要件としての登記をどちらが先に備えるかにより、決定される（最判昭和35・11・29民集14巻13号2869頁）。

　したがって、設例のように、第三者が取得した権利が不動産物権である場合、結論的には、その取得が解除の前でも後でも、第三者は契約当事者に権利取得を主張するためには、登記を備えておく必要がある。ただ、登記が要求される趣旨が異なる点に注意してほしい。

　以上の判例・通説の見解に対しては、解除前の第三者に登記の具備を要求することや、解除の遡及効と相容れない解除後の復帰的物権変動を観念することなどにつき、さまざまな異論が呈されている。

　解除の効果に関する諸説

　ここまでは、解除の効果につき、判例・通説である直接効果説を基礎として、説明してきた。ただ、この見解では、契約に基づく債務の不履行を理由とする解除後の損害賠償請求（545条4項）や、解除の効果に対する第三者の権利の保護（545条1項ただし書）について、これらを契約の遡及的消滅という解除の効果と整合的に説明することが困難となり、解除の遡及効の制限という理屈が必要となっていた。

　そこで、解除はそれだけで契約の消滅をもたらすものではない、とする見解も主張されている。こうした批判的見解には、大きく分けて、間接効果説と原契約変容説とよばれる立場がある。間接効果説は、解除の効果を、契約の作用を阻止するものとして理解する。具体的には、既履行給付について、これを原

状に服させる債務を生じさせ（545条1項本文）、未履行債務は消滅せずに存続するものの、債務者に履行拒絶の抗弁権を付与すると解するのである。他方、原契約変容説によれば、解除により、契約上の債権関係が原状回復の債権関係に変容する（545条1項本文）とされる。その結果、既履行債務は未履行の原状回復債務に転化し、また、未履行債務は原状回復債務に転化するも、履行を要しないために消滅すると説かれる。これらの批判説に立てば、契約は解除によってただちに消滅させられない。それゆえ、解除後に債務不履行に基づく損害賠償を請求できることにつき、何らの支障もない。また、解除と第三者との関係に関しては、本文の設例に即して説明すると、Cの登場がAによる解除の前であっても、解除によってA・B間の契約はただちに消滅しないために、Aの解除はCの権利取得に影響を与えないことになる。つまり、545条1項ただし書は、当然の取扱いを確認した規定として位置づけられるのである。

　さて、このように述べてくると、批判説のほうが、民法の規定と整合的であり、説得力を感じるかもしれない。実際のところ、現在では、原契約変容説への支持が有力となっている。ただ、この解除に関する効果論の歴史的背景には、法律行為による物権変動をめぐる議論もある。理解をより深めたいと考える読者は、NBS物権法で物権変動に関するさまざまな考え方を学んだ後に、そこでの議論と解除の効果を接合させて、考えてみてほしい。

第 7 章

売買・交換

　貨幣経済の発展した現代の取引社会において、売買は、財産権移転型の契約
の代表例である。わたしたちは、日常生活において、あるいはビジネスにおい
て、何かモノを手に入れようとするとき、お金を支払ってそれを購入するのが
通常である。これが売買である。

　ところで、読者諸君は、売買と聞いて、どのようなものをイメージするだろ
うか。売買には、当事者や目的物に応じ、企業間における商品取引や不動産取
引のような大規模なものから、大学生がコンビニで弁当を 1 つ購入するという
身近なものまで、さまざまなものがある。これらのどれをイメージするかは、
ひとそれぞれであろう。

　555条以下は、ある特定の当事者間の売買や特定の目的物に関する売買だけ
を対象とするのではなく、すべての売買を対象に含め、一般に公平と考えられ
る最小限度の内容を定めている。このため、民法の規定は、多くの売買に広く
妥当するものの、個別の売買に適切に対応した内容になっているとは限らな
い。そこで、当事者は、取引の特性に応じ、民法とは異なる規律を設けること
ができる。これは、契約自由の原則からの帰結である。

　このように、売買に関する民法の規定は、いわば基本セットであり、当事者
は、基本セットだけをそのまま用いてもよいし、新たなルールを追加してもよ
いし、基本セットの中身を変更してもよい。言い換えれば、当事者間で特段の
合意をしないときは、民法の規定が適用されることになるのであり、民法の規
定は、デフォルト・ルールとして機能している。このことは、売買に限らず、
すべての典型契約についていえることである。

I 売買の意義

1 売買とは何か

　売買とは、当事者の一方（売主）がある財産権を相手方（買主）に移転し、相手方がこれに対してその代金を支払うことを内容とする契約である（555条）。売買契約は、当事者の合意のみによって成立する。つまり、諾成契約である。売買契約に基づき、売主は財産権を移転する義務を負い、買主は代金を支払う義務を負う。このように、当事者双方が債務を負うので双務契約であり、財産権の移転と代金の支払とは経済的に見て対価の意味を持つので有償契約である。

2 売買の社会的機能

　経済活動は、売買契約なくしては成り立たない。メーカーは、原材料を仕入れて製品を製造し、それを販売して利益を上げている。卸売業者や小売業者は、メーカーから商品を仕入れて、これを販売することで利益を上げている。教育や医療などのサービスを提供する場合も、そのために必要な設備を購入しなければならない。

　もちろん、わたしたちの生活にとっても、売買契約は不可欠である。わたしたちは、メーカーや小売業者から商品を購入し、これを消費したり使用したりして生活をしている。もし売買というしくみがなければ、欲しいモノは物々交換によって手に入れるしかなくなる。民法にはこのような契約も「交換」として規定されているが（586条）、必要なモノを調達する手段が交換しかなければ、わたしたちの生活はいまよりも格段に不便なものとなってしまう。

　こうしてみると、売買契約は、日本の経済活動およびわたしたちの消費生活にとって中心的役割を果たすきわめて重要なしくみであることがよくわかる。

　このような売買のうち、とくに社会的重要性の高い売買については、その契約の特質に応じたルールを定めた特別法が制定されている。たとえば、割賦販売法、特定商取引法、国際物品売買契約に関する国連条約（CISG）などである。その他にも、農地法、宅地建物取引業法、住宅の品質確保の促進等に関す

る法律など、行政法令として制定された法律の中に売買に関する規律が含まれているものもたくさんある。これらの特別法によって、民法の規定が修正されたり補充されたりしている。

II　売買の成立

1　売買の一方の予約

　売買をするに際して、いますぐに契約を成立させるのではなく、将来のある時期に正式な契約を成立させることをいま合意するということがある。たとえば、AがBとの間で、A所有の甲土地を将来Bに3000万円で売る契約を結ぶことについて合意したとしよう。このような合意を予約という。予約には、①当事者の一方が予約を本契約にする申込みをすれば相手方がこれを承諾するという義務をAとBの双方が負うもの、②AとBのどちらか一方だけが本契約の申込みをする権利を有し、相手方がこれを承諾する義務を負うもの、③AとBのどちらか一方だけ（たとえばB）が予約を本契約にする権利を有し、この権利が行使されれば、相手方（たとえばA）が承諾しなくてもただちに本契約が成立するものの3種類がある。①を双務予約、②を片務予約、③を一方の予約という。556条が定めているのは、③である。

　さきの例で、Bが甲土地をほしいと思った時にその意思表示をすれば売買契約が成立するという合意をすると、これは③の予約になる。ここでは、売買契約を成立させるかどうかの最終的な決定権を持つのはBである。このようなBの権利を予約完結権といい、Bを予約完結権者、その相手方Aを予約者という。Bが予約完結権を行使すれば、その時からこの売買契約は効力を生じる（556条1項）。つまり、予約完結権は、取消権や解除権と同じく形成権である。

　ところで、予約完結権が行使されるまでの間、売買契約は、締結されるかどうか未確定の状態におかれる。この状態が長期間に及ぶと、予約者Aの法的地位を不安定にする。そこで、当事者は、予約完結権の行使期間を合意することができる。この期間内に予約完結権が行使されなければ、売買の一方の予約は効力を失う。行使期間が定められていないときは、Aは、Bに対し、相当の

期間を定めて、その期間内に予約完結権を行使するか否かを確答すべき旨の催告をすることができる。Bがこの期間内に確答しない場合、売買の一方の予約は効力を失う（556条2項）。また、この催告がなくても、予約完結権が時効により消滅することがある（166条2項）。

なお、日常生活において、たとえば、発売前の本を「予約」するということがある。しかし、これまでの説明からわかるとおり、これは売買の一方の予約ではない。わたしたちが発売前の本を書店で「予約」した場合、その時点ですでに、書店は、その本が発売されればそれを引き渡す義務を確定的に負い、わたしたちは代金を支払う義務を確定的に負う。この「予約」は、本契約の締結なのである。

2　手付

(1)　手付の種類

売買契約を締結する際、買主から売主に対して、売買代金とは別に、手付（金）が交付されることがある。このような手付の交付は、不動産の売買で多くみられる。この手付は、どのような法的性質を有するのだろうか。

第1に、売買契約が成立した証拠としての性質を有する手付がある。これは、証約手付とよばれる。どの手付にも、証約手付としての性質が含まれている。

第2に、一定の要件の下で手付金額の損失と引換えに任意の解除権を付与する手付がある。これは、解約手付とよばれる。売買契約がいったん有効に成立すると、当事者が正当な理由なく一方的に契約を解除することは認められないのが原則であるが、その例外を認めるのが解約手付である。この意味で、解約手付は、契約の拘束力を弱める機能を有するといわれている。民法が規定するのはこの解約手付であり（557条1項）、特段の合意がないかぎり、交付された手付は解約手付の性質を有すると解されている。

第3に、違約手付とよばれるものがある。これには、次の2種類のものがある。1つは、損害賠償額の予定（420条）としての意味を持つものである。債務不履行が生じると、債務者は原則として損害賠償責任を負うが（415条）、その賠償額をあらかじめ合意しておくのである。買主に債務不履行責任が生じたと

きは、買主が交付した手付は損害賠償金として没収され、売主に債務不履行責任が生じたときは、売主は手付の倍額を損害賠償金として買主に支払わなければならない。

　もう1つは、違約罰としての意味を持つものである。前述のように、債務不履行が生じたときには、債務者は原則として損害賠償責任を負うが、これは、債権者が被った損害の塡補を目的とする。これに対して、違約罰は、債務不履行に対して支払う制裁金の意味を持つものであって、趣旨が異なる。このため、債務不履行責任を負う当事者は、415条に基づく損害賠償とは別に、この手付相当額の負担をしなければならない。すなわち、買主の債務不履行の場合は、手付が没収され、売主の債務不履行の場合は、手付の倍額を支払わなければならない。この種の手付は、当事者に契約の遵守を強く動機づけるため、契約の拘束力を強める機能を有する。もっとも、当事者に大きな負担を課するものであるから、その旨の合意が必要とされる。単なる違約金の合意は、損害賠償額の予定と推定される（420条3項）。

(2)　手付の性質決定

　手付には、前述のような異なる性質のものがある。これらのうち、損害賠償額の予定と違約罰とは相いれないため、ある手付がこれらの性質を併せ持つことはない。しかし、それ以外の性質はそれぞれ両立しうるため、ある手付が複数の性質を併せ持つことがある。たとえば、証約手付はすべての手付に備わっている性質であるため、解約手付として交付された手付には、証約手付と解約手付の双方の性質が備わっている。

　それでは、「売主が本契約を履行しなかったときは、買主に手付金を返還すると同時に手付金と同額を損害賠償として支払うものとする」という手付条項は、どのような性質の手付を定めたものであろうか。損害賠償額の予定としての手付であることは、その文言上明らかであるが、解約手付としての性質を有するのかが問題となる。もしこの条項が解約手付としての性質も有するとすると、当事者は557条1項の要件の下で契約を解除することができ、この場合、相手方は契約の履行を強制することができない。他方で、このような性質を有しないとすると、一方的な解除は許されず、契約が履行されない場合は履行の

強制が可能となる（414条）。このように、ある手付条項が解約手付としての性質を有するかどうかによって、履行の強制ができるかどうかが違ってくる。

557条1項は、手付の合意が原則として解約手付であることを定めているが、同項は任意規定なので、当事者の反対の合意によって同項の適用を排除することができる。しかし、前述の手付条項は、単に交付された手付を損害賠償額の予定とする旨を定めているだけであって、解約手付として用いることを排除したと見ることはできない。なぜなら、両者は、機能する場面が異なり両立しうるからである。その結果、この手付条項は、相手方が契約の履行に着手する前においては解約手付として機能し（557条1項ただし書参照）、債務不履行が生じた場合には、損害賠償額の予定として機能することになる。

(3) 解約手付による解除の要件

交付された手付が解約手付である場合、契約当事者がこれに基づき契約を解除するには、どのような要件を満たす必要があるのだろうか。557条1項に則してみていこう。

第1の要件は、買主が解除をする場合は、その手付を放棄して解除の意思表示をすること、売主が解除をする場合は、手付の倍額を現実に提供して解除の意思表示をすることである（557条1項本文）。後者の場合、たとえ買主が手付の倍額の受領をあらかじめ拒んでいるときでも、口頭の提供では足りず、現実の提供が必要とされる。これは、買主が手付による解除をする場合とバランスを保つためである。買主が手付による解除をする場合、買主は手付を放棄する旨の表示をするだけでよく、これにより売主はすでに受け取っている手付を自分のものにすることができる。これに対し、売主が手付による解除をする場合に、もし手付の倍額につき口頭の提供をすればよいと解すると、買主は手付の倍額を取得する前に契約を解除されてしまい、その後に手付の倍額を取得できるかどうかはわからない。そこで、このようなアンバランスをなくし、買主にも手付の倍額を確実に取得させるために、売主が手付による解除をする場合には倍額につき現実の提供を要することとされている。

なお、解約手付は、契約を解除される当事者から見ると、手付金相当額を受け取るのと引換えに契約を一方的に破棄される制度である。この観点からは、

手付金相当額が、解除によって被る損害を塡補する金銭と位置づけられる。このため、解除をされた当事者は、これに加えて損害賠償を請求することはできない（557条2項）。

第2の要件は、「相手方が契約の履行に着手する前」に手付の放棄または倍額の現実の提供をすることである（同条1項ただし書参照）。なぜなら、相手方が履行に着手した後に手付解除を認めると、相手方に手付金相当額を超える不測の損害を被らせることになり妥当でないからである。このような規定の趣旨を考慮すると、自らだけが履行に着手した場合も、相手方が履行に着手していなければ相手方を害することがないため、解除をすることができる。この場合、履行に着手した当事者は損害を被る可能性があるが、それでもなお契約を解除したいのであれば、あえてそれを禁じる必要はない。

このように、解除によって相手方が不測の損害を被るか否かという観点から、履行の着手という時的限界が定められているとすれば、履行の着手の有無はこれと関連づけて判断されるべきである。すなわち、客観的に外部から認識しうるような形で履行行為の一部をなしまたは履行の提供をするために欠くことのできない前提行為をした場合に、履行の着手が認められる（最大判昭和40・11・24民集19巻8号2019頁）。相手方がこのような行為をした後に手付による解除を認めると、相手方が不測の損害を被ると解されるからである。

Ⅲ　売買の効力

1　売主の義務

売買契約が有効に成立すると、その効力として、その契約に基づき当事者双方に権利義務が生じる。当事者の一方にとっての権利は相手方にとって義務となるため、ここでは義務という側面から整理することとして、当事者にどのような義務が生じるのか、その具体的内容はどのようなものなのかについて見ていこう。

売主は、大きく分けて2種類の義務を負う。1つは、中心的な給付義務としての財産権移転義務であり、もう1つは、付随的義務である。

(1) 財産権移転義務

　売主は、契約内容に適合する財産権を買主に移転する義務を負う。これが売主の義務の中心をなす。読者諸君の中には、そんなことは当たり前のことで説明されるまでもないと思う人がいるかもしれない。しかし、財産権移転義務の中身を詳しく見るといくつかのものに分かれており、意外と複雑である。

(a) 権利移転義務

　これは、典型的には、目的物の所有権を買主に移転する義務であるが、債権や知的財産権などの権利が売買の目的となっている場合は、その権利を買主に移転する義務である（555条）。もっとも、通常は合意のみによって権利が移転するので（176条参照）、売主は格別な行為をしなくてよい。この義務の履行として売主が具体的な行為をしなければならないのは、次の場合である。

　他人の権利を売買の目的としたときは、売主は、権利者からその権利を取得して買主に移転しなければならない（561条）。最もわかりやすいのは、他人物売買である。これは、文字どおり、他人の所有物を目的物とする売買である。たとえば、売主Aが、Cの所有物を自己の所有物であると偽って買主Bに売るという場合がこれにあたるが、このような場合ばかりではない。Aが、所有者Cから買い受ける予定の商品をBに売るといった取引は、珍しくない。このように、目的物の全部が他人に属する売買を、次に述べる一部他人物売買と区別する意味で、全部他人物売買とよぶこともある。

　他人物売買のバリエーションとして、一部他人物売買というものもある。やはり文字どおり、一部が他人の所有に属する物を目的物とする売買である（561条かっこ書）。たとえば、甲土地の売買において、売主Aが自己所有の甲土地に隣接するB所有の乙土地との境界線を勘違いして、乙土地の一部を含めて甲土地をCに売った場合に、このようなことが起こる。この場合も、売主は、権利者から権利を取得して買主に移転しなければならない。

　なお、読者諸君の中には、他人のモノを売るなどという契約が有効なのかと疑問に思う人がいるかもしれない。しかし、555条は、売買の目的物を「ある財産権」と規定しているだけで、売主の所有物に限定していない。したがって、このような全部または一部他人物売買も、売買の定義から外れるわけではない。また、まさに561条が規定するとおり、売主はその目的物の所有権者か

ら所有権を取得することによって買主に所有権を移転することができる。所有権者が譲渡を拒んだためそれができないことはありうるが、かりにそうだとしても、そのこと自体、売買契約の有効性には影響しない。民法は、最初から履行が不可能な契約でさえ、当然に無効とはしていないのである（412条の2第2項参照）。

　さらに、売買の目的物に他人の賃借権や抵当権が付いているなど、目的物に他人の権利による負担が付いていたり、行政法令などによる利用制限が付いていたりすることがある。当事者がこのことを承知してそのような負担や制限の付いた物として売買の目的物と定めた場合は、売主はこの状態で権利を移転することでよい。しかし、このような負担や制限の付いていない物として売買の目的物と定めた場合は、売主は、契約内容に適合するようにこれらの負担や制限を取り除かなければならない。このように、他人の権利の付着していない状態で権利を移転する義務も、この権利移転義務に含まれる。

(b)　占有移転義務

　目的物が有体物の場合、その物の支配には占有をともなうので、占有を移転する義務が売主に課せられる。このような義務は当然のことと思われるかもしれないが、例外もある。売買の目的物は有体物に限られない。債権譲渡に代表されるように、売買の目的物が無体物であることもあり、この場合は、占有の移転は問題にならない。

　これに関して重要なのは、占有を移転する際、売主は、契約内容に適合した物を引き渡す義務を負うことである（562条1項参照）。この義務に違反があった場合に売主が負う責任を、担保責任ということもある。この責任の中身は、売買のところで最も重要な部分なので、項目を改めて後で詳しく述べることにしよう（後述Ⅳ参照）。

(c)　対抗要件を備えさせる義務

　目的物が登記・登録制度を有する場合には、買主に対抗要件を備えさせる義務が売主に課せられる（560条）。不動産の場合は登記（177条）、自動車、小型船舶、航空機などの場合は登録（道路運送車両法5条1項・小型船舶の登録等に関する法律4条・航空法3条の3）、債権の場合は原則として通知・承諾（467条）である。他方、多くの動産には登記・登録制度がなく、この場合における所有権

取得の対抗要件は引渡しである（178条）。つまり、売主が占有移転義務を履行すれば、同時に対抗要件を備えさせる義務を履行することになるので、この義務を別個に観念する実益はない。

(2) 付随的義務

この他に、売主は、契約または信義則に基づき付随的義務を負う。その具体的内容は、契約により異なる。大まかにいえば、①契約利益の実現に関連する義務と、②そうでない義務とに分けることができる。

たとえば、複合プリンターの売買契約において、売主がそのプリンターを買主の有するパソコンと接続して各種設定を行うことを約した場合は、これを行う義務を負う。また、この複合プリンターの使用方法が複雑であるために売主が買主に使用方法を説明することを約した場合は、これを行う義務を負う。これらは、①の義務に含まれる。

他方、たとえば、売主が買主の家の中に複合プリンターを搬入し売主が指定した場所に設置することとされていた場合、売主は、複合プリンターを搬入する際に買主の家の中にある花瓶を倒して破損しないよう注意すべき義務を負う。このように、契約の履行を通じて買主の生命・身体・財産を侵害しない義務が②の義務であり、保護義務とよばれる。

(3) 義務違反の効果の概観

売主がこれらの義務に違反した場合、買主にはどのような法的権利が認められるのだろうか。詳しくはⅣ以下で扱うことにして、ここでは全体の見取り図を示しておこう。

これら売主の義務違反は債務不履行であり、これを理由とする売主の責任は、債務不履行責任である。このことは、全部他人物売買における所有権移転義務違反や付随的義務違反だけでなく、引き渡された目的物が契約内容に適合していないこと（契約不適合）も同様である。前述のとおり、売主は、契約内容に適合する目的物を引き渡す義務を負っているからである。

種類・品質・数量に関する契約 不適合 →Ⅳ	契約不適合（562-564条・566条）
権利に関する契約不適合（一部 他人物売買を含む） →Ⅳ	契約不適合に関する規定の準用（565条・ 562-564条）。ただし期間制限を除く。
その他の財産権移転義務違反 （全部他人物売買を含む） →Ⅴ	債務不履行（414条・415条・541条以下）
付随的義務違反	債務不履行（414条・415条・541条以下）

2　買主の義務

(1)　代金支払義務

　買主の中心的な義務は、代金を支払う義務である（555条）。それでは、いつ、どこで支払えばよいのだろうか。もちろん、当事者間でこれに関する合意があればそれに従うが、合意がない場合には困るので、民法がルールを設けている。これによれば、①支払期限について、目的物の引渡しについて期限があるときは、代金支払についても同一の期限が付されたものと推定される（573条）。②支払場所については、目的物の引渡しと同時に代金を支払うべきときは、その引渡しの場所が支払場所となる（574条）。

　これらの規定は、一般的にこれが当事者の合理的意思に合致するという趣旨によるものである。この意味で、当事者の意思を補充する規定ということができる。

(2)　付随的義務

　売主の義務と同様、個々の契約に応じ、付随的義務を負うことがありうる。たとえば、買主は原則として弁済受領義務を負わないが、とくに合意した場合には、買主が目的物を受領する義務を負うことがある。これ以外にも、買主は、目的物を運搬するための自動車や船舶を手配したり、保管するための倉庫を確保したりするなど、目的物の引渡しを完了するために必要な協力をする義務を負うことがある。

(3) 代金支払拒絶権

前述のように、買主は代金支払義務を負うが、その履行を一時的に拒絶することができる場合がある。その1つは、すでにみた同時履行の抗弁権（533条）である。これは、双務契約に共通するものであるし、当事者双方に認められる。この他に、売買では、次の2つの場合に買主だけに代金支払拒絶権が認められている。

1つは、売買の目的物について権利を主張する者がいたり、目的物上に用益物権があると主張する第三者がいたり、債権の売買において債務者が債権の存在を否定していたりすることによって、買主がその買い受けた権利の全部もしくは一部を取得することができず、または失うおそれがある場合である。この場合、買主は、その危険の程度に応じ、代金の全部または一部の支払を拒絶することができる（576条本文）。売買契約に基づいて生じる両当事者の給付義務は対価関係に立つため、売主から財産権の移転が行われず、またはいったん行われても後に失われるおそれがある場合に、それでもなお買主が売買代金の支払を強いられるとすれば、公平に反する。このように、この代金支払拒絶権は、同時履行の抗弁権（533条）や不安の抗弁権と同様の発想に基づく。しかし、同時履行の抗弁権とは異なり、売主が相当の担保を供したときは、代金支払拒絶権は消滅する（576条ただし書）。

もう1つは、買い受けた不動産について、契約内容に適合しない抵当権、先取特権または質権の登記がある場合である。この場合も、買主は、これらの担保権の消滅請求の手続が終わるまで、売買代金の支払を拒絶することができる（577条）。この場合の代金支払拒絶権も、576条の代金支払拒絶権と同様の発想に基づく。なお、買主が自らの費用でこれらの担保権を除去した場合、後述するとおり、買主は、これに要した費用の償還を売主に請求することができるので（570条）、代金支払を拒絶しつつこれらの担保権を除去し、その費用を代金から差し引いた残額を売主に支払えばよいことになる。

買主がこれらの代金支払拒絶権を主張する場合、売主は、買主に対して代金の供託を請求することができる（578条）。

3 当事者間における利益調整

　売買契約を結ぶのに一定の費用を要することがある。また、契約を結んでから給付を終えるまでに一定の期間が空くことがある。たとえば、農地の売買において、公正証書によって契約書を作成するとしよう。当事者が農地の面積に応じて代金を定めた場合は、農地の測量をしなければならないことがある。公正証書を作成するには、公証人に手数料を支払わなければならない。契約を結んでから引渡しまでに3か月の期間がある場合には、その間に当該農地に作物が実ることがある。これらの費用はどちらが負担し、引渡し前に実った作物はどちらが取得するのだろうか。

　第1に、売買契約に関する費用をどちらの当事者が負担するかについて、特約があればこれに従うが、特約がない場合、当事者双方が等しい割合で負担する（558条）。契約書を公正証書によって作成する場合の手数料、印紙代、目的物が土地である場合の測量費用、目的物が美術品である場合の鑑定費用などがこれに当たる。

　第2に、契約締結後、給付を終えるまでに生じた果実をどちらの当事者が取得するかについて、これも特約があればこれに従うが、特約がない場合、引渡し前の目的物から生じた果実については、売主がこれを取得し（575条1項）、目的物の引渡し前における代金の利息については、買主はこれを支払うことを要しない（同条2項本文）。つまり、目的物の引渡し前における果実については、各当事者が取得する。

　理論的には、特約がないかぎり、目的物の所有権は売買契約の成立と同時に買主に移転するので（176条）、目的物の引渡し前における果実は買主の所有物であり、売主はその果実を買主に引き渡さなければならないのではないかとも思われる。さらに、それならば代金についても同様に、買主は売買契約の成立以後の利息を付けて代金を支払わなければならないのではないかとも思われる。他方、売主が引渡し前に目的物の保管に費用を支出した場合、買主はその費用相当額を売主に償還しなければならないとも考えられる。しかし、このような取扱いは、法律関係をいたずらに複雑にするだけである。そうではなく、目的物から生じる果実から目的物の保管に要した費用を差し引いた分と、代金

から生じる利息とを、便宜上、同等の価値を有するものとみなし、これらを各自が取得するという方法で清算することが簡便である。575条は、このような考え方に基づく。

たしかに、現実には、代金を金融機関に預けても利息はごくわずかしかつかないのに対して、目的物を使用して得られる収益は大きなものになることがある。しかし、果実の価値の間に不均衡があったとしても、このことは考慮されない。はじめからこのような不均衡が生じることが予測できる場合は、果実の取扱いについて当事者間で特約を設けておけばよい。

以上のことは、目的物の引渡しと代金の支払を同時に行う売買では理解しやすいが、履行期が異なる場合も同じである。たとえば、目的物を先に引き渡し、代金を1か月後に支払うという売買において、果実の帰属について特約がないときは、買主は、目的物の引渡しを受ける前はもちろん、引渡しを受けた後も、代金支払期限が到来するまでは、利息を支払わなくてよい（575条2項ただし書）。

IV　契約不適合に基づく売主の担保責任

1　契約不適合とは何か

(1)　契約不適合の意義

前述のとおり、売主は、契約内容に適合した目的物を引き渡す義務を負う。また、契約内容に適合した権利を移転する義務を負う。民法はこのような表現を用いていないが、562条以下に契約不適合に基づく買主の権利を規定していることから、このような売主の義務が前提となっていることがわかる。

契約不適合とは、引き渡された目的物が、種類、品質または数量に関して、契約の内容に適合しないこと（562条1項）、および移転された権利が契約の内容に適合しないこと（565条）をいう。契約の内容に適合しているかどうかは、明示的な合意に照らして判断され、これが不明な場合には、契約の合理的解釈により判断される。すなわち、①明示的な合意および契約の合理的解釈を通じて契約内容を確定し、②現実に引き渡された目的物がどのような状態であるか

を確定し、③両者を重ね合わせ、ぴったり重なり合えば契約不適合が存在しないことになるが、不一致があればその部分が契約不適合となる。当該目的物が通常有すべき客観的性質は、当該契約内容を確定する際に考慮される。

このことを、読者諸君が中古車販売業者から中古車を購入したという例で考えてみよう。引き渡された中古車が契約内容に適合しているかどうかを判断する際、基準となるのは契約内容である。どのような品質・性能の中古車が引き渡されるべきと合意されたのかを確定し、実際に引き渡された中古車の品質・性能と照らし合わせるのである。ここでの「契約内容」とは、契約書に書かれた内容だけではないし、明示的に合意された内容だけでもない。契約書に書かれておらず、明示的に合意されていなくても、その契約の趣旨・目的に照らして契約を合理的に解釈し、黙示的に合意されたと評価される事柄も「契約内容」に含まれる。そうすると、その中古車が乗り物として正常に機能する品質・性能を備えていること、言い換えると中古車が通常有すべき客観的品質・性能を備えていることは、黙示的に合意された事柄として契約内容になっていると解される。目的物の客観的品質・性能は、このような形で考慮されるのである。その結果、引き渡された中古車のエンジンがまったく作動しなかった場合、このような中古車は契約不適合だということになる。

とはいえ、目的物の客観的品質・性能を有しないことは、常に契約不適合とは限らない。そのような客観的品質・性能が契約内容に含まれていないこともあるからである。さきの中古車売買のケースにおいて、目的物とされた中古車が100年前のクラシックカーで、買主が読者諸君ではなく自動車博物館であり、博物館に展示することが予定されていた場合を考えてみよう。この場合、エンジンがまったく作動しないことは、契約不適合とならない可能性がある。なぜなら、当該契約の趣旨・目的に照らせば、売買の目的物とされた中古車のエンジンが作動すべきことが予定されていなかったと考える余地が十分あるからである。

(2) 取引観念の変化と契約不適合

契約当時の取引観念がその後に変化することがある。たとえば、甲土地の売買において、引き渡された甲土地に α という有害物質が含まれていたとしよ

う。契約締結当時はその物質αの有害性が認識されておらず、法規制もなかったが、甲土地の引渡し後に物質αの有害性が認識されるに至り、法規制が行われたところ、その後に甲土地に法規制の基準値を超える物質αが含まれていることが判明し、そのために買主が甲土地上に計画していた商業施設を建設することができなかったという場合、このことは契約不適合といえるだろうか。

この場合も、契約不適合の判断方法に何ら変わりはない。まず契約内容を確定し、実際に引き渡された目的物と比較して双方のズレの有無を確認すればよい。その際、契約内容の確定に当たって考慮すべきは、その契約を締結した当時の取引観念、すなわち、物質αには有害性がないという契約当時の認識である。なぜなら、当事者は、この認識を前提に契約を締結したからである。その後の取引観念の変化は、契約締結当時の当事者の意思を探究する際に考慮されない。したがって、実際には有害性のある物質αを含む甲土地は、契約不適合とはいえない（最判平成22・6・1民集64巻4号953頁）。このように解さないと、契約当時に認識されていなかった危険がその後の社会状況の変化や科学技術の進展によって認識されるに至った場合に、債務の履行から随分後になってから売主が契約不適合の責任を負わされることになり妥当でないし、そもそも契約当時に売主が回避することができない事柄について責任を負わせることも妥当でないからである。

ただし、甲土地に人の健康にかかる被害を生じるおそれのある一切の物質が含まれていないことがこの契約でとくに予定されていた場合は、そのような性質を有する土地を引き渡すことが契約内容となる。いわば品質保証の合意があったことになるのである。この場合、引き渡された甲土地に物質αが含まれていたことは、契約不適合であると判断されることがある。

(3) 対象となる目的物

売買の目的物がどのような物であるかによって、契約内容に適合した目的物を引き渡す義務の存否が変わってくるのだろうか。売買の目的物がその物自体の個性ではなく種類に着目して決められた場合（このような物を種類物または不特定物という）、その目的物の品質・性能について具体的に合意されていなくて

も、その物が通常有すべき品質・性能を有することが契約内容になっていると考えられる。したがって、売主は、そのような契約内容に適合した目的物を引き渡す義務を負う。新品の家電製品など大量生産される既製品の売買がその典型である。

このことは、売買の目的物がその物の個性に着目して決められた場合（このような物を特定物という）も同じである。特定物売買でも、契約により売主が一定の品質・性能を備えた特定物を引き渡す義務を負うことがありうる。このことは、かりにそのような品質・性能を備えた特定物がこの世の中に存在しなくても変わらない。ある事柄が契約内容となり当事者がそれを実現する義務を負うかどうかは、それを実現することが可能かどうかとは関係なく判定されるのである。

ところで、483条は、契約その他の債権の発生原因および取引上の社会通念に照らしてその引渡しをすべき時の品質を定めることができないときは、弁済者はその引渡しをすべき時の現状でその物を引き渡せばよいと定めている。しかし、売買契約上の目的物引渡債務の場合、契約の解釈によってもなお引き渡すべき時の品質を定めることができないことは、ほとんどないはずである。したがって、売買契約上の目的物引渡債務に483条が適用されることはほぼないと考えてよい。

このように、契約不適合に基づく売主の担保責任は、目的物が特定物であるか種類物（不特定物）であるかを問わず問題となる。

2　契約不適合の態様

契約不適合の態様について、562条1項は、「種類、品質または数量」の3つを挙げる。また、565条は、売主が買主に移転した権利に関する契約不適合を挙げる。このように、契約不適合には、物に関する契約不適合と、権利に関する不適合に分けることができる。民法は、契約不適合の態様について限定列挙の形をとっているが、これらの文言それ自体が包括的であるため、実際には、ほとんどすべての契約不適合がこのいずれかに該当する。

(1) 種類に関する契約不適合

種類に関する契約不適合とは、種類物売買において異種物が引き渡されたことをいう。たとえば、コシヒカリ500キロの売買において、あきたこまち500キロが引き渡されることである。

(2) 品質に関する契約不適合

品質に関する契約不適合とは、引き渡された目的物が、契約で予定された品質・性能を有しないことをいう。たとえば、目的物とされた機械が作動しなかったり、契約で予定された性能を発揮しなかったりすること、目的物とされた果物の品質が劣っていることなどである。その他にも、たとえば、目的物とされた建物の眺望・通風・日照が悪いことも、契約不適合に含まれうる。さらに、ここでの品質には、その物の物質的な観点からの性能や属性だけでなく、心理的な観点からの属性も含まれる。このため、たとえば、目的物とされた建物内で自殺者が出たことがあることも、契約不適合に含まれうる。

(3) 数量に関する契約不適合

数量に関する契約不適合とは、引き渡された目的物の数量が、契約で予定された数量と異なっていることをいう。典型的には、目的物が一定の数量を有することが合意され、かつ、この数量を基礎として代金額が合意された売買において、その数量が不足している場合がこれに当たる。

数量不足が問題となる典型例として、土地の売買における面積不足がよく挙げられる。たとえば、契約書に「1坪あたり50万円。100坪として総額5000万円」と記載されていたが、引き渡された土地の面積が98坪だった場合、これは数量に関する契約不適合といえるだろうか。

これを判断する際のポイントは契約内容、すなわち、当該契約において何が合意されたのかである。言い換えれば、坪単価や数量がどのような趣旨で契約書に記載されたのかである。50万円の坪単価を基礎として100坪という面積に応じて代金額を5000万円とすることが合意されたのだとすると、その売買契約によって、売主は100坪の土地を引き渡す義務を負ったものと解され、したがって、98坪の土地を引き渡したことはこの義務に違反する。つまり、数量に関

する契約不適合物の引渡しと評価される。これに対し、その土地の所在地、地目（宅地、畑など）、面積に関する記載が目的物を特定するためのものであり、その代金額が5000万円と合意された上で、便宜上、当該土地が100坪であることを前提に1坪あたり50万円と契約書に記載されたにすぎない場合は、面積と代金額とはリンクしていない。当事者は、面積にかかわらずその土地を売買の目的物とし代金額を5000万円と合意したのだと解することができる。この場合、当該土地の実際の面積が98坪だったとしても、数量に関する契約不適合とは評価されない。

(4) 権利に関する契約不適合

　権利に関する契約不適合とは、売買の目的物が、その物それ自体ではなく、権利の観点からみて契約に適合していないことをいう。

　たとえば、家を建てて住もうと思い土地を購入したところ、その土地に他人の地役権（280条）が設定されていたとしよう。地役権に関する詳細は物権法の本で勉強してもらいたいが、地役権があっても土地の買主は自らその土地を使用・収益することができる。しかし、地役権者のために土地を使用させなければならないことに変わりはなく、自己のための使用・収益に支障が生じる。また、購入した土地に抵当権（369条1項）が設定されていたとしよう。この場合、当面は買主による土地の使用・収益に支障がないが、抵当権が実行されれば買主は土地の所有権を失うおそれがある。

　他方、付随しているべき権利がないことで困ることもある。借地の上に建っている建物を購入したが、敷地の借地権がなかったという場合が典型例である。買主は、敷地の所有権者から建物収去・土地明渡しを請求されると応じざるをえないため、このような建物を購入しても居住することができない。これも権利に関する契約不適合である。

　ところで、行政法令などによって土地の利用に制限が設けられていることがある。たとえば、都市計画法は、市街化を抑制し自然環境を守る区域を市街化調整区域として指定し、そこには原則として建物を建てることができないこととしている（都市計画法29条1項2号参照）。このような土地を購入しても、宅地として使用することができない。このような法令上の制限がないものとして土

地を購入したが、実は制限が付いていたという場合、これは権利に関する契約不適合なのだろうか。それとも目的物の品質に関する契約不適合なのだろうか。どちらにも見えなくはないが、これら2つの間には法律効果の点で違いがある。すなわち、①買主の権利の期間制限に関する特別ルールが適用されるのか否か、②競売によってこのような目的物を取得した場合に契約不適合に関するルールが適用されるのか、という点である。具体的な違いはそれぞれのところで述べるので（4(2)、Ⅵ1(2)）、さしあたりここでは、このような解釈上の問題があることを頭に留めておいてほしい。

(5) 一部他人物売買

売買の目的物とされた権利の一部が他人に属する場合を、一部他人物売買という。たとえば、甲土地の売買において、目的物とされた甲土地の一部（この部分を乙土地とする）が実は隣地に含まれており売主の所有物ではなかったような場合である。この売買契約では、売主が乙土地を含めた甲土地の全体について所有権を買主に移転することが契約内容となっており、売主はそうする義務を負う。ところが、この場合、売買契約を結んでも、それだけで当然に乙土地の所有権が買主に移転されるわけではない。買主に所有権が移転されるのは、甲土地のうち乙土地を除いた部分だけである。

このように、一部他人物売買では、買主は、財産権の移転を受けたものの、それが契約内容に適合したものではなかったこととなる。これも権利に関する契約不適合の一種と見ることができる。そこで、前記(4)の場合と同じ取扱いがされている（565条参照）。本書でも、権利に関する契約不適合という場合、この一部他人物売買を含むものとして扱うこととする。

3 契約不適合の効果

引き渡された目的物や移転された権利が契約内容に適合していない場合、買主は、どのような法的権利を取得するだろうか。前述のとおり、契約不適合は、債務不履行である。したがって、契約不適合を理由として買主に認められるのは、基本的に債務不履行に基づく法的権利と同様である。すなわち、契約解除権、損害賠償請求権が、各要件を満たすかぎりにおいて認められる。これ

らに加えて、通常の債務不履行に基づく法的権利と異なるものとして、追完請求権と代金減額請求権が認められている。

これらの法的権利は、いくつかの例外を除き、通常の場合よりも短い期間制限に服する（後述4参照）。これらの点を指して、契約不適合に関する規定は、債務不履行規定の特則であるといわれている。

なお、これらの効果は、物に関する契約不適合と権利に関する契約不適合にほぼ共通している（565条参照）。このため、以下では、両者を区別しないで説明を行う。

(1) 追完請求権

買主は、売主に対し、目的物の修補、代替物の引渡しまたは不足分の引渡しによる履行の追完を請求することができる（562条1項）。このような買主の権利を、追完請求権という。追完の方法は、目的物の性質や不適合の態様によってさまざまである。たとえば、複合プリンターの売買において部品の破損が原因でスキャナーが作動しない場合、破損した部品の交換、破損した部品を含むスキャナーのユニット全体の交換、複合プリンターそのものの交換など複数の追完方法がありうる。また、付属しているはずのケーブルが付属していなかった場合は、ケーブルが一緒の箱に入った別の複合プリンターと交換する方法もあれば、不足していたケーブルだけを引き渡すという方法もある。買主は、追完を請求する際、どの方法を選んでもよい。

もっとも、目的物そのものの交換（代替物の引渡し）という方法での追完を請求できるのは、売買の目的物が種類物である場合に限られる。なぜなら、売買の目的物が特定物の場合は、売主は当該特定物を引き渡す義務を負うのみであり、別の物を引き渡す義務を負わないからである。たとえば、中古車の売買において、引き渡された中古車が故障していたとしても、買主は、同程度の別の中古車を引き渡すよう求めることができない。ただし、売買の目的物とはまったく別の物が引き渡された場合のように、契約内容に適合した物が他に存在するときは、代替物としてその物の引渡しを請求することができる。

　契約不適合の効果として買主に認められる追完請求権の法的性質をどのように理解するかは、解釈上の問題として残されている。

　一方では、売主の帰責事由を要件としないことから、本来の履行請求権の一種と捉えることができる。しかし、他方では、本来の履行請求権とは異なり、契約不適合につき買主に帰責事由がある場合には追完請求が認められないし（562条2項）、本文で後述するように、短期の期間制限に服する（566条本文。ただし、数量・権利に関する契約不適合を除く。後述4参照）。さらに、562条1項が定める追完の方法は、目的物によっては本来の履行とは異なる要素を含むことがありうる。たとえば、新築建物の売買において、水道の蛇口の位置が違っていた場合にこれを追完（修補）するには、いったん完成させた建物の内壁の一部をはがして配管をやり直し、蛇口を設置した上で再び内壁とクロスの張り替えを行うことになる。このような追完作業は、最初から契約どおりの位置に蛇口を設置する場合と異なる債務の履行にも見える。このように見ると、追完請求権は、本来の履行請求権とは異なる特別な救済手段と捉えることもできる。

(2) 売主による追完方法の選択

　買主がある方法での追完を請求したのに対して、売主がこれとは別の方法で追完することを望む場合、買主に不相当な負担を課すものでないかぎりにおいて、買主が請求した方法と異なる方法による履行の追完をすることができる（562条1項ただし書）。

　たとえば、前述の複合プリンターに関する売買の例で、スキャナーが作動しない原因究明を含めると追完に丸1日を要すると見込まれるときに、買主が当該複合プリンターを持ち帰って修理するよう求めたのに対して、売主が、買主の下で当該複合プリンターを分解して部品の交換をしたいと述べたとする。複合プリンターの設置場所が大規模な法律事務所であって、売主が事務所内で修理作業をしても業務に大きな支障が生じないときは、売主が主張する方法での追完が認められてよい。他方、この法律事務所が買主の個人経営による小規模

なものである場合は、手狭な事務所で１日じゅう当該複合プリンターを分解して修理作業をされると、事務所内で依頼人と秘密を保持した状態で打合せができなかったり、事務所を留守にして出かけることができなかったりするなど買主の業務に大きな支障を来すことがある。このように、買主に不相当な負担を課する場合には、売主が主張する方法での追完は認められない。

(3) 損害賠償請求権

　買主は、売主に対し、契約不適合によって被った損害の賠償を請求することができる（564条・415条）。たとえば、買主が契約不適合を追完するのに要した費用、契約不適合が追完されるまでの間、当該目的物を使用できなかったことによって買主に生じた逸失利益（休業損害など）や代替品の賃料などがこれに当たる。このように、追完請求によって契約不適合が追完された場合でも、買主に損害が生じていれば、損害賠償請求権が認められうる。後述する代金減額や契約解除がされた場合も、なお買主に損害があれば、やはり損害賠償請求権が認められうる。損害賠償請求権の要件、損害賠償の範囲の確定基準、損害額の算定方法、買主にも過失があった場合における過失相殺などについては、債務不履行による損害賠償に関する一般的な規律が妥当する（内容の詳細は NBS 債権総論参照）。なぜなら、契約不適合に基づく売主の責任は、債務不履行責任の一種だからである。

(4) 契約解除権

　買主は、契約総則の解除に関する規律に従い（第６章Ⅱ参照）、売買契約を解除することができる（564条）。具体的にみていこう。

　まず、①契約不適合の追完が可能な場合、買主は、相当期間を定めて売主に追完を求め、この期間内に追完がされないときは、契約を解除することができる（541条本文）。ただし、相当期間経過時における契約不適合が、契約および取引上の社会通念に照らして「軽微」である場合には、契約の解除は認められない（同条ただし書）。

　他方、②追完が不可能な場合または追完が可能であるが売主が追完を拒絶する意思を明確に表示した場合において、当該契約不適合ゆえに契約をした目的

を達することができないとき（542条1項3号）、③追完が可能であるが、定期行為のため追完を待っていては契約をした目的を達することができないとき（同項4号）、④催告をしても相当期間内に契約をした目的を達成できる程度に追完される見込みがないことが明らかなときは（同項5号）、買主は、ただちに契約を解除することができる。

追完が可能であるか否かは、不能の判断と同様、取引上の社会通念をふまえた契約解釈を通じて判断される（412条の2第1項参照）。たとえば、新規開店するスーパーマーケットの冷凍食品売り場で使用する業務用冷凍庫の売買において、温度がマイナス5度までしか下がらない冷凍庫が引き渡され、この契約不適合を追完するために1か月を要し、1週間後のスーパーマーケットの開店に間に合わない場合は、この契約不適合は追完不可能と判断されよう。

また、売買代金や契約不適合の程度に比して追完に過大な費用を要することは、追完が不可能であるとの結論に傾く。たとえば、さきの業務用冷凍庫の売買において、契約不適合を追完するために売買代金より多額の費用を要するときは、この契約不適合は追完不可能と判断されよう。

これと同様に、契約不適合が軽微であるか否かも、取引上の社会通念をふまえた契約解釈を通じて判断される（541条ただし書参照）。その際、契約不適合の客観的な程度のみならず、追完に要する費用・時間・労力も考慮される。たとえば、業務用冷凍庫の売買において、その冷凍庫が電源の入らない状態は、契約不適合の程度が客観的にみて大きいといえるが、この場合でも、僅かな費用と時間で簡単に修理することができるときは、契約不適合は軽微と判断されることがある。

(5) 代金減額請求権

契約不適合の追完が可能な場合、買主は、相当期間を定めて売主に履行の追完を催告し、その期間内に追完がないときは、契約不適合の程度に応じて代金の減額を請求することができる（563条1項）。他方、追完が不可能な場合は、催告をせずに代金の減額を請求することができる（同条2項）。ただし、契約不適合が買主の責めに帰すべき事由によるものであるときは、代金減額請求権は認められない（同条3項）。

いくら減額されるのかについて、563条１項は、「不適合の程度に応じて」と定めている。この「程度」の解釈は複数ありうるが、わが国も加盟している国際物品売買契約に関する国連条約（CISG）では、次のように解釈されており、参考になる。たとえば、複合プリンターの売買において、売買代金が10万円で、契約に適合していたと仮定した場合の複合プリンターの価値が12万円とする。ところが、故障のため印刷機能の一部が作動しないため、その価値が９万円しかなかったとする。この場合、この複合プリンターの代金は、実際に合意した10万円の9/12である７万5000円が相当だったことになり、当初合意された売買代金10万円との差額である２万5000円の減額を請求することができる。つまり、買主は、10万円を支払っていれば２万5000円の返還を請求することができるし、全額未払であれば７万5000円を支払えばよいことになる。

代金減額請求権の性質

　代金減額請求権には、これを契約の一部解除に引きつけて把握する考えと、契約内容の改訂に引きつけて把握する考えとがある。たとえば、甲土地の面積が100m^{2}あることを前提に１m^{2}当たり50万円として代金額を5000万円と定めて締結された売買において、引き渡された土地が95m^{2}しかなかったとしよう。この場合、買主は、代金を250万円減額するよう請求することができる。これを一部解除に引きつけて把握すると、５m^{2}分の土地について売買契約を解除したとみることになる。他方、契約内容の改訂に引きつけて把握すると、95m^{2}の土地を4750万円で売買したというものに契約内容を改訂したとみることになる。

　両者の違いは、買主が代金減額とともに損害賠償を請求する場面で表れる。

　代金減額を一部解除に引きつけて把握する場合は、甲土地の面積が５m^{2}不足していたことによる履行利益（面積が不足していなければ得られたはずの賃料収入など）の賠償を請求することは妨げられない。このことは、契約の全部解除の場合にも履行利益の賠償が認められることを考えると分かりやすい。

　これに対し、代金減額を契約内容の改訂に引きつけて把握する場合は、このような履行利益の賠償請求は認められない。なぜなら、代金減額によってこの売買契約は95m^{2}の甲土地を4750万円で売買する内容に改訂され、この契約どおり95m^{2}の甲土地が引き渡された以上、契約どおりの履行がされないことを

前提とする履行利益を損害として観念することができないからである。

引き渡された目的物が数量を超過していた場合

　引き渡された目的物が合意された数量を超過していることも、契約内容に適合していないと見ることができる（これに対し、単価を定め引き渡された数量に応じて代金を支払うことが合意された場合は、実際に引き渡された物の数量が一応合意された数量を超過していたとしても契約内容に適合しないことにはならず、買主は引き渡された数量に応じた代金を支払う義務を負う）。しかし、563条は、数量の不足を前提に、買主の法的救済手段として代金減額請求権を定めているにとどまる。したがって、数量超過の場合に、同条を類推適用して売主の法的救済手段である代金増額請求権を導くことはできない。とはいえ、買主が合意された数量分の代金しか支払わずに合意された数量より多くの物を取得できるという結論は不公平である。

　学説では、このような場合には損害賠償請求権と解除権のみが認められるとの見解や、売主の錯誤を理由とした契約内容の改訂を模索する見解などがみられる。このほか、この利益調整を契約の外に求め、数量超過分については買主が「法律上の原因なく」（703条）取得したと捉えて不当利得返還請求を認める見解もある。目的物が可分な物であれば、買主は数量超過分を現物で返還すべきであろうが、土地のように目的物が（事実上）不可分な物の場合は、数量超過分を価額で返還すべきと解するのである。これによれば、結果的には、代金増額に類似する効果がもたらされることになろう。

---

(6)　担保権などがある場合の買主による費用償還請求権

　契約不適合の効果のうち、やや特殊なものとして、費用償還請求権がある。不動産売買において、目的物に契約内容に適合しない先取特権、質権または抵当権が存していた場合において、買主が費用を支出してこれらの担保権を除去するなどし、当該不動産の所有権を保存したときは、買主は、その保存のための費用を償還すべきことを売主に請求することができる（570条）。

4 買主の権利の期間制限

(1) 1年の期間制限

　繰り返し述べているとおり、契約不適合に基づく売主の責任は、本質的には債務不履行責任である。したがって、買主に認められるさまざまな権利は、一般の消滅時効規定（166条）に服する。しかし、契約不適合が問題となる場面では、買主は契約不適合な目的物を受け取っており、これにより売主は自らの債務の履行が終了したと期待するであろう。この売主の期待は合理的なものであり、法的保護に値する。また、種類・品質の契約不適合については、時間の経過によって目的物の状態が変化すると、不適合の有無や程度などがわかりにくくなることがある。これらの点は、まったく履行されていない債権の消滅時効にはない特別な事情である。

　このため、種類・品質に関する契約不適合に関しては、買主の権利行使は短期間に制限されている。すなわち、買主が契約不適合を知った時から1年以内にその旨を売主に通知しないときは、原則として、契約不適合に基づく買主の権利（追完請求権、代金減額請求権、損害賠償請求権、契約解除権）は失われる（566条本文）。この1年以内に、買主が契約不適合を売主に通知すれば、買主の権利は確保される。その際、たとえば、不適合の態様を具体的に指摘して損害賠償を請求する旨を表明し、損害額の算定根拠を示すなど、責任追及の意思を明確にすることまでは必要ない。

　こうしていったん確保された買主の権利も、前述のとおり、一般消滅時効規定に服する。すなわち、買主が契約不適合を知った時から5年間、契約不適合の目的物が引き渡された時から10年間、権利を行使しなければ、これらの権利は時効消滅する（166条1項）。契約に適合しない目的物の引渡しを受けたのに、そのことを知らないまま10年をすぎた場合も同様である。なぜなら、一般消滅時効の期間が満了するまでに買主に権利を行使するよう期待することは不合理でないし、かりに一般消滅時効規定が適用されないとすると、買主が566条本文に基づき通知を行いさえすれば、または買主が契約不適合に気づかないかぎりは、買主の権利が永久に存続することになるが、これは売主に過大な負担を課することになるからである（最判平成13・11・27民集55巻6号1311頁）。

(2) 期間制限の適用除外

　この１年の期間制限は、売主が引渡しの時にその契約不適合を知っていたとき、または重過失によって知らなかったときは、適用されない（566条ただし書）。なぜなら、前者の場合には、売主は、契約に適合しない目的物を引き渡すことによって自らの債務の履行を終了したと期待することがないはずであるし、後者の場合には、かりに売主がそのような期待をしたとしても法的保護に値しないと解されるからである。

　また、数量に関する契約不適合、権利に関する契約不適合については、買主の権利は１年の期間制限に服しない。なぜなら、これらの契約不適合は、売主において比較的容易に契約不適合を判断できるので、履行の終了に対する売主の期待を保護する必要がないからである。また、権利に関する契約不適合については、これに加えて、時間の経過によっても契約不適合の有無や程度がわかりにくくならないからである。しかし、一般消滅時効規定が適用されるので、買主が契約不適合を知った時から５年、引渡しの時から10年で買主の権利は時効消滅する（166条１項）。なお、このことは、一部他人物売買についても同様である。

　さきに、法令上の制限が権利に関する契約不適合なのか、それとも品質に関する契約不適合なのかによって法律効果に違いが生じる点を２つ挙げたが、そのうちの１つがこの点である（2(4)）。

5　契約不適合と錯誤との関係

　契約内容と引き渡された物との間に食い違いがある場合、買主の主張として考えられるのは、次の２つである。

　１つは、契約内容を所与のものとして、現実に引き渡された物が契約内容に適合していないという主張である。もう１つは、現実に引き渡された物を所与のものとして、契約締結の際に目的物の品質などについて錯誤（95条）に陥っていたという主張である。この双方の要件を満たす場合、どちらが優先されるのかが問題となる。

　改正前民法の下での判例は、売買ではないが、和解契約に基づき金銭債務の代物弁済として引き渡されたジャムが粗悪品だったという事案において、ジャ

ムの引渡しを受けた当事者がジャムの品質につき錯誤に陥っていた場合には瑕疵担保の規定（現在の契約不適合の規定に相当）は排除されると判示した。一見すると、この判例は、錯誤規定の適用を優先させたかに見えるし、そのような理解をする学説もある（錯誤優先説）。しかし、この事案では、当事者が錯誤の主張を行い、その要件を満たすので裁判所がその主張を認めたにすぎず、当事者が瑕疵担保の規定に基づく主張をしたのに対して錯誤規定の適用が優先するとの理由でこの主張を退けたのではない。このため、学説の多くは、判例が錯誤優先説を採用したとは評価していない。むしろ、当事者の主張に応じて要件を審査し、これを満たすかぎりにおいてその主張を認めるというのが判例の立場ではないかという理解が、近時の学説では多数を占める。そして、学説の多くは、このような判例の立場を支持している（選択可能説）。

　他方、瑕疵担保の規定を優先的に適用すべきことを主張する見解もある。錯誤規定は民法総則の中に置かれているのに対して、瑕疵担保に関する規定は契約の中の売買の章に置かれており、一般規定と特別規定の関係に立つところ、両者の間では後者が優先するからだという（瑕疵担保優先説）。しかし、錯誤は意思表示の問題であるのに対して、改正前民法における瑕疵担保は引き渡された目的物の品質の問題であって、両者は異なる問題である。これらを規律する条文は、一般規定と特別規定の関係に立つものではない。

　このことは、平成29年（2017年）の民法改正により契約不適合が債務不履行の一種と位置づけられるようになっても同じである。意思表示の問題と債務不履行の問題は別個のものであり、要件・効果がまったく異なるのであるから、論理的にどちらかが優先するという関係にはない。前述の例では、粗悪なジャムの引渡しを受けた当事者は、それぞれの要件を満たすかぎりにおいて、ジャムの品質に関する錯誤を理由に意思表示を取り消すこともできるし、引き渡されたジャムが合意された品質のものでなかったことを主張して契約不適合に基づく権利を行使することもできると解すべきではないだろうか。

　また、平成29年（2017年）の民法改正前には、錯誤は契約の無効を導くものであったのに対し、瑕疵担保は契約が有効であることを前提として引き渡された目的物の品質・性能を問題にするものであるから、前者が優先的に検討されるべきとの指摘もあった。しかし、平成29年（2017年）の民法改正により錯誤

が取消原因となったことで（95条1項）、このような指摘も妥当しなくなったといってよい。

V　権利移転義務違反（全部他人物売買）

　売主Aが買主Bとの間でC所有の物を売るという契約を結んだが、AはCから所有権を取得してBに移転することができなかったとしよう。この場合、BはAに対して、債務不履行に関する一般的規律にしたがい、次のような法的権利を行使することができる。

　第1に、履行請求権である。Bは、Aに対して、Cから所有権を取得して自己に移転するよう求めることができる（561条参照）。しかし、CがAに対して所有権を移転する義務を負わないときは、BはAに履行を強制することができない。

　第2に、契約解除権である。Bは、Aに対して、相当期間を定めて所有権者から所有権を取得して移転するよう求め、この期間内にこれが実現されないときは、契約を解除することができる（541条）。CがAに所有権を移転しないことが最初から明らかな場合や、AがCから所有権を取得することを明確に拒絶した場合は、催告をしても無意味なので、Bは、ただちに契約を解除することができる（542条1項1号・2号）。

　第3に、損害賠償請求権である（415条）。Bが他人物売買であることを知っていたかどうかを問わない。損害賠償請求権の要件、損害賠償の範囲の確定基準、損害額の算定方法、買主にも過失があった場合における過失相殺などについては、損害賠償に関する一般的な規律が妥当する（詳しくはNBS債権総論参照）。履行請求によって最終的に所有権を取得できた場合や、逆に契約を解除した場合でも、なお買主に損害があればこの賠償請求をすることができる。

VI　担保責任に関するその他の規律

1　競売における担保責任

(1)　競売の特殊性

　民事執行法などに基づく競売（一般債権者による強制執行としての不動産競売、担保権の実行としての競売、滞納処分での公売）では、二当事者間に財産権の移転とその代金の支払があり、双方が対価関係に立つため、この点において売買と類似する。しかし、競売には、通常の売買と異なる側面もある。

　第1に、競売は当事者間の合意によって成立するものではないので、当該契約において予定されていた品質・性能を観念することが難しい。このため、当該契約において予定された品質・性能の目的物を引き渡すべき義務を債務者（売主）に課し、その義務違反として責任を負わせるという考えには馴染みにくい。

　第2に、競売は債権の満足をもたらすための手続であるため、かりに予定された品質・性能（これが何であるのかを措くとして）を欠いていたとしても、競売の効力を安易に覆すことは、配当を受けた債権者の地位を危うくし、競売手続の安定性を害するため、慎重さが求められる。

　競売のこのような特殊性のため、競売の目的物の不適合に基づく買受人の権利には、いくつかの制限が設けられている。

(2)　買受人の権利の制限

(a)　不適合の態様に関する制限

　競売の目的物の種類または品質に関する不適合については、買受人は何ら権利を有しない。競売においては、種類または品質に関して当該目的物が通常有すべき状態でないことがありうることを買受人は覚悟していると解されるからである。もっとも、このようなことが常態化すると、競売の目的物に対する信頼が失われ、競売制度の根幹が揺らぎかねない。そこで、民事執行法は、競売物件の現況調査の実施（民執57条）、物件明細書の作成（同62条）、買受希望者への内覧の実施（同64条の2）といった制度を設け、買受希望者に目的物の状態

を周知させようとしている。

さらに、種類または品質に関する不適合を理由に買受人に何らかの権利を認めると、競売の効力が覆されるおそれが高まるため、①配当を受けた債権者の地位が不安定になること、②執行裁判所としては手続を慎重に進めざるをえなくなり、競売手続の迅速円滑な進行が妨げられること、③前記①②の結果として競売制度が利用しづらくなることなどの弊害が予想される。このため、種類・品質に関する不適合について債務者は担保責任を負わないこととされている（568条4項）。結局、競売の目的物の不適合を理由に買受人が債務者に対して権利を取得するのは、権利・数量に関する不適合に限られる。

そうすると、法令上の制限を品質に関する不適合と見るか、それとも権利に関する不適合と見るかによって、競売の場合に債務者の担保責任が生じうるかどうかが違ってくる。さきに指摘した違いのもう1つが、この点である（2(4)）。改正前民法の下での判例は、法令上の制限を物の瑕疵であると捉えることから（最判昭和41・4・14民集20巻4号649頁）、競売の場合には担保責任が否定されることになりそうだが、学説の多くは、これを権利の瑕疵であると捉え担保責任を肯定している。

(b) 不適合の効果に関する制限

債務者が目的物の所有権を有していなかったために買受人に所有権が移転されなかったり、目的物に他人の権利が付着しているなど権利に関する不適合があったり、想定されていた数量が不足していたりしても、買受人は、追完請求をすることができない。なぜなら、そもそも債務者は、定められた権利や数量の物を移転する義務を負っていないからである。ただし、このために買い受けた目的を達することができない場合には、買受人は、買受けの解除をすることができる（568条1項・542条）。また、目的物の一部について所有権が移転されなかった場合、他人の権利が付着しているなど権利に関する不適合があった場合、および想定されていた数量が不足していた場合には、買受人は、代金減額を請求することができる（568条1項・563条）。その際、買受人は、買受けの解除または代金減額請求に先立って追完の催告をしなくてよい。なぜなら、前述のように、債務者はそのような追完をする義務を負っていないからである。条文を注意深く読むと、追完請求権に関する562条が568条に含まれていないこと

に気づくはずである。

なお、568条が催告解除に関する541条を挙げているのは、542条が541条を受けた規定だからにすぎない。催告解除ができるという意味ではない。

買受人が買受けの解除または代金減額請求をする場合、買受代金は納付済みであるから、解除の場合は代金全額の返還、代金減額の場合は減額相当分の返還を請求することになるが、債務者には資力がないし、納付された買受代金は債権者への配当の原資となっている。そこで、買受人は、配当を受けた債権者に対して代金の全部または一部の返還を請求することができる（568条2項）。

また、買受人は、原則として、損害賠償請求をすることができない。これも、債務者が契約に適合した目的物を引き渡す義務を負わないことの帰結である。ただし、買受人は、債務者が目的物または権利の不存在、権利・数量に関する不適合を知りながら申し出なかった場合は債務者に対し、債権者がこれらを知りながら競売を申し立てた場合は債権者に対し、損害賠償を請求することができる（568条3項）。

(c) 期間制限規定の不適用

数量・権利に関する不適合に基づく買受人の権利は、一般の消滅時効に服する。これらの不適合にはもともと短期の期間制限（566条）が適用されない。

また、種類・品質に関する不適合について買受人は何ら権利を有しないので、権利行使の期間制限は問題にならない。

2 債権の売主の担保責任

売買の対象となりうるのは、有体物だけではない。債権も売買の対象となりうる。この場合において、売買の対象たる債権が存在しなかったときは、売主（譲渡人）は、債務不履行（履行不能）の責任を負う。他方、売主（譲渡人）の義務は、売買の対象たる債権を買主（譲受人）に移転し対抗要件を備えさせることに尽きるのであって（555条・560条）、買主（譲受人）が債務者から債権を完全に回収できることを保証するものではない。債務者に十分な資力がなく買主（譲受人）が債権をまったく回収できなかったとしても、売主（譲渡人）は、売買契約上の責任を負わないのが原則である。

しかし、当事者間において、売主（譲渡人）が債務者の資力を担保する旨の

合意をすることは可能である。たとえば、AがBに対して有する100万円の貸金債権をCに売り渡し、AがBの資力を担保したとする。売買契約の際、この貸金債権の弁済期が到来していた場合は、Aは売買契約時におけるBの資力を担保したものと推定される（569条1項）。売買契約の締結時すでにBの資力が不足しておりCが60万円しか弁済を受けられなかったときは、AはCに不足額40万円を支払わなければならない。他方、この貸金債権の弁済期が未到来だった場合は、Aは弁済期におけるBの資力を担保したものと推定される（同条2項）。もっとも、569条は推定規定であるから、いつの時点における債務者の資力を担保するかについて、当事者はこれと異なる合意をすることができる。

3　免責特約の効力とその制限

契約不適合に基づく売主の責任に関する規定は、任意規定である。このため、当事者は、契約不適合に基づく売主の責任を免除・軽減する旨の特約を定めることができる。しかし、この場合でも、①売主が契約不適合を知りながらこれを買主に告げなかったとき、②売主が自ら第三者のために制限物権や担保権などの権利を設定したり、目的物の全部または一部を第三者に譲渡したりしたときは、売主は契約不適合に基づく責任を免れることができない（572条）。これらの場合にまで売主の責任を免除・軽減することは信義則に反するからである。

VII　危険の移転

1　契約不適合に基づく売主の担保責任の時的限界

売買の目的物として特定された物が売主から買主に引き渡された後に、当事者双方の責めに帰することができない事由、たとえば台風や大地震といった自然災害によって、その目的物が滅失・損傷したとしよう。この場合、買主は、このことを理由に、売主に対して追完請求や代金減額請求や損害賠償請求をすることも、契約を解除することもできない（567条1項前段）。しかも、代金の

支払を拒むこともできない（同項後段）。なぜなら、引渡し後の目的物は、買主の支配下にあるからである。つまり、目的物の引渡しによって危険は売主から買主に移転するのである。このような規律の適用を受けるのは、売買の目的物が特定物の場合だけでなく、もともとは種類物や制限種類物だったが特定（401条2項）が生じた場合も同じである（567条1項前段かっこ書）。

　解釈上問題となるのは、種類物売買において、契約に適合しない物が引き渡された後に、当事者双方の責めに帰することができない事由によってその物が滅失した場合、どちらが危険を負担するのかである。一方では、契約に適合しない物でも特定が生じることがありうるとの考えを前提に、物の引渡しが済んでいるので買主が危険を負担するとの立場がある。しかし、他方では、契約に適合しない物を提供しても適法な弁済提供にならないので（493条本文参照）特定が生じないとの考えを前提に、引渡し後もなお売主が危険を負担するとの立場もある。

2　受領遅滞の例外

　目的物の引渡しによって買主に危険が移転するという原則には、重要な例外がある。買主が目的物の受領を遅滞している間に、当事者双方の責めに帰することができない事由によって目的物が滅失した場合は、目的物の引渡しはまだ終わっていないが、その危険を買主が負担する（567条2項）。受領遅滞の効果として、危険が売主から買主に移転するのである。

VIII　買戻し

1　意義と機能

　不動産の売買契約を結ぶ際に、将来その目的不動産を買い戻す権利を売主に与えることを合意することがある。このような合意を、買戻特約といい、これによって売主に与えられる権利を買戻権という。売主は、売買契約に基づいて買主が支払った代金または合意により定めた金額、および契約費用を提供して、買戻期間内に買戻権を行使することによって、目的不動産を取り戻すこと

ができる。たとえば、土地の売買であらかじめ用途を決めておき、買主がこれを守らないときは売主がこの土地を買い戻すことができるようにしておくといった形で用いられる。

　この買戻権は、契約解除権である（579条前段参照）。「買戻し」という表現からイメージされるのは、当初の売主と買主を逆にした新たな売買契約が締結されるというものであるが、そうではない。以前に結んだ売買契約が解除され目的物が売主の元に戻ってくるのである。買戻しまでの間に生じた不動産の果実と代金の利息とは、別段の合意がないかぎり、相殺したものとみなされ、どちらも返還することを要しない（同条後段）。

　不動産売買において合意された買戻特約は、登記することができる。ただし、この登記は、売買契約を原因とする所有権移転登記と同時にしなければならない。こうして登記された買戻特約は、第三者に対してもその効力を生じる（581条1項）。買戻権を譲渡することもでき、その旨の登記をすることにより、譲受人はその買戻権につき対抗力を取得することができる。

　このような買戻特約付きの売買は、しばしば資金調達を目的として行われる。たとえば、AがBから3000万円の融資を受けるとしよう。このとき、通常ならばAはBと金銭消費貸借契約を結び、この貸金債務を担保するためにA所有の甲不動産に抵当権を設定する。しかし、抵当権の実行手続は煩雑であるし、競売価格が市場価格よりも低くなってしまうのが通常である。そこで、Aは甲不動産をBに3000万円で売り、その売買契約に買戻特約を付ける。その際、利息込みの返還額という意味で、支払った金額とは異なる金額の返還を合意してもよい（579条前段かっこ書）。この売買に基づく代金としてAがBから受け取る3000万円が、実質的な融資となる。所定の期限までにAが3000万円（または合意により定めた金額）および契約費用を返済できる状況になれば、買戻権を行使すればよい。買戻しによりAはBにその金額を支払うことになるが、これが実質的には融資を受けた金銭の弁済となり、甲不動産の所有権はAに戻る。逆に、Aがその金額を返済できなければ買戻権を失い、甲不動産は終局的にBに帰属する。これにより、Bは、貸金債務の弁済を受ける代わりに甲不動産を取得した形になる。

　なお、579条は買戻しの対象となる目的物を不動産に限定しているが、動産

についての買戻特約も、契約自由の原則により有効である。

　このような買戻しと似たものとして、再売買の予約がある。これは、売買契約締結時に、将来において売主が売買の目的物を買主から買い受けることに関する売買の一方の予約をするというものである。売主が予約完結権を行使すれば、買主から売主への売買契約が成立する。このように再売買の予約は、契約の解除という構成をとらない点において買戻しと異なる。再売買の予約は、買戻しと同じく債権担保の手段として利用され、それにもかかわらず買戻しに関する民法の規定が適用されないため、実務では再売買の予約のほうがよく用いられるといわれている。

2　買戻しの実行

　買戻しは、売主による一方的な意思表示のみによって効力を生じ、買主の承諾は不要である。もっとも、買戻しが効力を生じるためには、①その意思表示が買戻期間内にされたこと、②代金または合意により定めた金額、および契約費用が提供されたことが必要である（583条1項）。買主が目的不動産について費用を支出したときは、売主は、196条に従いその償還をしなければならない。ただし、有益費については、裁判所は、売主の請求により、その償還について相当の期限を許与することができる（583条2項）。

　買戻期間は、最長10年であり、これを超えることはできない。特約でこれより長い期間を定めたときは、10年に短縮される（580条1項）。いったん買戻期間を定めたときは、その後にこれを伸長することはできない（同条2項）。逆に、買戻期間を短縮することはできる。また、買戻期間を定めないこともできるが、この場合は、5年以内に買戻しをしなければならない（同条3項）。

IX　交換

　交換とは、当事者が互いに金銭の所有権以外の財産権を移転することを内容とする契約である（586条1項）。ある財産権の移転の対価が金銭であれば売買となり、金銭の所有権以外の財産権であれば交換となる。貨幣のない大昔とは違い、現代において、モノとモノとを交換するという取引は多くない。しか

し、たとえば、隣り合う土地の所有権者が、お互いに土地を利用しやすくするためにそれぞれの所有地の一部ずつを交換するといったことは現在でも行われる。

　なお、わたしたちの身の回りで行われる交換の例として、両替を思い浮かべる読者諸君がいるかもしれない。たしかに、両替は、たとえば1万円札1枚と1000円札10枚を「交換」するものだが、586条1項をもう一度よく読んでほしい。民法上の交換は、金銭の所有権以外の財産権を移転する契約と定められている。このため、金銭同士を「交換」する両替は、民法上の交換に当たらず、非典型契約と解されている。

　交換は、売買と同様、合意のみによってその効力を生じる諾成契約であり、当事者双方が対価的な給付を行う義務を負うので、双務・有償契約である。このため、売買に関する規定が、原則として、交換にも準用される（559条）。交換の中には、Aが動産甲をBに給付し、これに対してBが動産乙と10万円をAに給付するというものもある。この場合、金銭の支払に関しては、売買代金に関する規定（代金減額請求権に関する563条、代金支払時期および場所に関する573条・574条、代金支払拒絶権に関する576条・577条）が準用される（586条2項）。

第8章

贈与

　タダでモノをあげる、もらうという行為は、わたしたちの日常生活の中でよく見られる。たとえば、海外旅行のお土産を友達にあげる、親戚の家を訪問する際に手土産としてお菓子を持っていく、クリスマスや誕生日にプレゼントを贈るといったものがすぐに思い浮かぶだろう。これが贈与である。このように、贈与は、わたしたちの身近なところにあって頻繁に行われているが、法的な関係を形作るしくみというよりも、むしろ慣習的または儀礼的なものとして理解されがちである。

　しかし、親族間の贈与の中にも、もう少し法的な行為の側面を持つ贈与がある。たとえば、高齢の父が子どもに自分の財産を贈与する場合、それは遺産の生前処分のような意味合いを有することがある。また、いつか自分が寝たきりになったときに介護をしてもらうことを条件に自分の財産を家族に贈与することもある。これは、後述する負担付贈与の一例であるが、純然たる好意から出たものというよりも、対価をともなう取引という側面を持つ。

　いずれにせよ、贈与が合意されれば、もらう側の当事者（受贈者）はその目的物を自分のものにできるという正当な期待を抱くし、目的物を受け取った場合はそれを自分のものとして使用・収益することに正当な利益を有する。このような合意に対する当事者の期待や利益を保護するため、贈与は法的拘束力を有する契約と位置づけられている。

I　贈与の意義

　贈与とは、当事者の一方（贈与者）がある財産を無償で相手方（受贈者）に与えることを内容とする契約である（549条）。この贈与契約は、当事者の合意のみによって成立する。つまり、贈与は諾成契約である。この契約に基づき、贈与者は財産権を移転する義務を負うが、受贈者は何らの義務も負わない。つまり、贈与は片務契約であり、無償契約である。ここが、売買や交換との大きな違いである。

　このような贈与の無償性ゆえに、贈与では、売買や交換と比べて、契約の拘束力が弱く、当事者の責任が限定的となっている。このことを意識しながら以下の記述を読み進めてほしい。

II　贈与の効力

1　財産を与える義務

　贈与契約では、受贈者は義務を負わない。贈与者のみが義務を負う。その中心的な義務は、贈与の目的である財産を受贈者に与える義務である（549条）。しかも、贈与の無償性ゆえに、売買における売主の義務と比べて、この義務は実質的に軽減されている。

　たとえば、Aが5年間使ったノートパソコンをBがAから無償で譲り受けたが、キーボードの反応が悪く、キーを押しても入力できないことがしばしば起こったとする。このような不具合が贈与契約の時点ですでに存在していたとしても、Bは、Aに対して修理を求めたり、修理費用相当額の支払を求めたりすることが常にできるとは限らない。たしかに、一般論として、贈与者は、契約内容に適合した目的物を受贈者に引き渡す義務を負う。この点は、売買と同じである。したがって、贈与契約において、その目的物とされたノートパソコンにそのような不具合がないことが合意されていた場合は、Aは、不具合のないノートパソコンをBに引き渡す義務を負う。

　しかし、売買とは異なり、無償契約である贈与において、そのようなことが

合意されることはむしろ例外であろう。このようなことから、贈与者は、贈与の目的物である物または権利を、贈与の目的として特定した時の状態で引き渡し、または移転することを約したものと推定される（551条1項）。さきの例では、中古のノートパソコンは特定物であるから、「贈与の目的として特定した時」は、契約成立時である。この時点でキーボードに不具合があった場合は、その状態で引き渡すことが契約内容であると推定されるわけである。この推定をもとにすると、Aは、契約内容に適合した目的物を引き渡したことになる。BがAに対して修理や修理費用相当額の支払を求めるには、合意された贈与の目的物が不具合のないノートパソコンであったことを証明して、この推定を覆す必要がある。

　このように、民法は、契約内容に適合した目的物を引き渡す義務を課すという点において、贈与に売買と共通のルールを採用しつつも、その義務の内容を推定規定によって実質的に軽減しているのである。

2　書面によらない贈与の拘束力

　つい気持ちが大きくなり、またはその場の雰囲気に流され、軽率に自分のモノを「あげる」と言ってしまい後悔することがある。このような経験は、もしかすると読者諸君にもあるかもしれない。このように、贈与の場合、表面的には合意があっても、そこに明確な贈与の意思をともなっていないことが起こりがちである。もっとも、このようなことは売買でも起こりうる。誰でも「衝動買い」をした経験があるだろう。しかし、売買は有償契約であり、当事者は給付をするだけではなく、その対価として反対給付を取得する。それゆえ、売買は、合意のみで強力な法的拘束力を持つのである。

　これに対し、対価関係の存在しない贈与については、法的拘束力が弱められている。具体的には、民法は、書面によらない贈与については、各当事者にその契約を任意に解除することを認めている（550条本文）。書面によらない贈与は、法的に有効に成立しうるものの、その拘束力は弱いのである。売買や交換などと同等の法的拘束力を備えるためには、合意に加えて書面の作成が必要となる。このように書面を要求することで、贈与者の贈与意思を明確にし、軽率な贈与を防止している。

任意解除権のこのような趣旨からすると、たとえ書面によらない贈与であっても、履行が終わった部分については、贈与意思が明確であるし、軽率でないことも明らかであるから、もはや解除をすることはできない（550条ただし書）。

　ここで解釈上問題となるのは、①550条本文で要求されている「書面」とはどのようなものをさすのか、②同条ただし書にいう「履行の終わった」とはどのような状態をさすのか、である。

　①の問題について、贈与契約書が「書面」に含まれることは明らかであるが、それ以外のものであっても、贈与者の贈与意思が明確にされていれば「書面」とされることがある。たとえば、Aから不動産を譲り受けたBがこれをCに贈与した際、Bが、この不動産の登記名義人Aに対して、中間者である自分を省略してAから直接Cに登記を移転してほしい旨の内容証明郵便を送ったという場合、この内容証明郵便は、「書面」に当たるだろうか。たしかに、この内容証明郵便は、契約書でないばかりか、契約の相手方であるCに宛てて送付されたものですらない。しかし、この不動産をCに贈与するというBの意思が明確に表れている。したがって、この内容証明郵便は、550条本文の「書面」に当たる。

　②の問題について、履行がすべて完了した状態が「履行が終わった」にあたることは疑いないが、そこに至っていなくても贈与者の債務の主要な部分が実行されればよい。たとえば、贈与の目的物が不動産の場合、引渡しと所有権移転登記のどちらか一方が行われたときは、「履行が終わった」といえる。

3　忘恩行為

　将来に何らかの便宜や配慮をしてもらうことを前提に贈与が行われることがある。ここでは、その贈与だけを取り出せば無償の行為であるが、社会的にみれば何らかの対価が存在している。このような贈与が行われた後に、受贈者が贈与者を裏切って贈与の前提となる便宜や配慮をしない場合、贈与者は、このことを理由に贈与契約を解除することができるだろうか。

　たとえば、Aが、甥であるBを幼少期から養育し、Bが成人した後も経済的援助を行っていたとしよう。そんなAが、自らの老後の面倒を見てもらうことを前提にその所有する不動産をBに贈与した。ところが、Bが事業に成

功するや A を裏切り、A が体調を崩してもまったく面倒を見ず、まるで赤の他人であるかのように距離をおきはじめた。このような B の行為を、忘恩行為という。

　忘恩行為が問題なる場面では、贈与の履行が終わっていることが多く、550条ただし書により、贈与者は同条本文に基づく解除をすることができない。しかし、A としては、B に裏切られたと感じ、贈与を解除したいと考えるであろう。

　この贈与を、B が A の老後の面倒を見るという負担付贈与（後述Ⅲ2）と評価することができるならば、贈与者は、負担の不履行を理由に贈与契約を解除することができる（541条・542条）。また、B が A の老後の面倒を見ないことを解除条件として贈与契約が締結されたと評価することができるならば、解除条件の成就により贈与が効力を失ったと構成することができる。

　どちらにも該当しない贈与についても、学説は、一定の要件の下で解除を認めようとしているが、その法律構成はさまざまである。たとえば、贈与者を裏切った受贈者が贈与の効力を主張することが、贈与者との情誼関係ないし身分関係に根ざす信義則に違反するという見解、事情変更法理による見解、受遺欠格事由に関する規定（965条・891条）を類推適用する見解などがある。

Ⅲ　特殊な贈与

民法には、やや特殊な3種類の贈与が規定されている。

1　定期贈与

AがBに対して毎月5万円を贈与するというように、定期の給付を目的とする贈与を、定期贈与という。このような贈与は、当事者間に特別な一身上の関係に基づくものと解されるので、当事者の一方が死亡すれば効力を失う（552条）。このように定められているのは、それが当事者の通常の意思に合致すると推定されるからである。このため、当事者間にこれと異なる合意があれば、これに従う。

2　負担付贈与

高齢のAがその所有する不動産を親戚のBに贈与する代わりに、BがAの身の回りの世話をする義務を負うというように、贈与者だけでなく受贈者も給付義務を負う贈与を、負担付贈与という。受贈者の負担は、贈与者がする給付の対価ではない。負担は、贈与者の財産的支出を減少させる意味を持つにとどまる。このため、負担付贈与は、通常の贈与と同じく無償契約である。譲渡の目的である物または権利の対価として何らかの給付が合意されている契約は、その給付に応じ売買や交換などになる。しかし、負担付贈与においては、当事者双方が義務を負うことから、その性質に反しないかぎり、双務契約に関する規定が準用される（553条）。また、贈与者は、その負担の限度において、売主と同じく担保責任を負う（551条2項）。

3　死因贈与

Aが死亡したらその所有する不動産を友人Bに贈与するという契約のように、贈与者の死亡によって効力を生じる贈与を、死因贈与という。これと類似するのが、遺贈（964条）である。たとえば、Aが、その所有する不動産を友人Bに与えるといった内容の遺言をするというものである。遺贈は、遺贈者の一方的な意思表示によって効力を生じる単独行為であるのに対して、死因贈

与は、贈与者と受贈者の合意によって成立する契約である。しかし、当事者の死亡を原因として財産を第三者に贈与するという点において、死因贈与は遺贈と類似する。そこで、その性質に反しないかぎり、遺贈に関する規定が準用される（554条）。

第9章

消費貸借

　前章までの物を与えるタイプの契約に代わって、本章からは物を貸すタイプの契約をみていく。たとえば、ラーメン屋が2号店をオープンするために銀行からお金を借りる、また、隣の定食屋から醤油や塩、味噌を借りるといった契約があるが、本章ではこうした消費貸借契約を扱う。友人との間でのお金の貸し借りも含む消費貸借は、読者諸君にとっても身近な契約である。その一方で、ときに、悪質な業者が借主の窮状に付け込んで法外な利息をとり、借主が自殺にまで追い込まれるなど、社会問題にもなる消費貸借は、怖い契約でもある。

　ところで、銀行や消費者金融からお金を借りる場合には、通常、利息を支払わなくてはならないであろう。この利息を規制する法律が利息制限法である。また、クレジットカードを使用して分割払いで商品を購入することは、お金を借りて商品を購入することに近い。こうした取引を規制するのが割賦販売法である。本章では、消費貸借に関わるこれらの特別法についても解説する。

I　消費貸借の意義

1　消費貸借とは何か

　消費貸借とは、当事者の一方が金銭その他の物を借り、これを消費したうえで、後にこれと種類、品質および数量の同じ物を返還する契約である（587条）。

消費貸借は、賃貸借や使用貸借とともに、借主に目的物を引き渡してこれを一定期間利用させるという経済的な利益を与えることを本質とする財産権利用型の契約であるが、賃貸借や使用貸借とは次の点で異なる。すなわち、レンタルDVDや友人の自転車のように、賃貸借や使用貸借では、借りた物そのものを返還する必要がある。そのため、返還まで、とくに、貸主の目的物を利用させる義務と借主のこれを適切に利用し保管する義務という権利義務関係が生じる。これに対し、消費貸借では、消費とあるように、借りた物を消費し、これと同種・同等・同量の物を返還する。そのため、この消費貸借の目的物は、同種・同等の物の返還が可能な金銭をはじめとする代替物である。

2　金銭消費貸借の社会的機能

　たとえば、企業が新しい事業の資金調達のために、銀行との間で巨額の融資を受けるという合意は、金銭の消費貸借である。この金銭消費貸借は、経済活動の中心をなす金融を担う契約である。このように、金銭消費貸借に代表される消費貸借は、売買や賃貸借と並んで、取引社会において最重要の契約類型の1つである。

　ところで、民法は、この消費貸借の原則型として無償（無利息）の消費貸借を想定しているが、もちろん、これを有償（利息付き）とすることも可能である（589条1項）。むしろ、今日において圧倒的に重要なのは、利息付きの金銭消費貸借である。以下の記述でもこれを念頭に置く。

　この利息付金銭消費貸借は、消費者への少額の貸付けから企業への巨額の融資まで、現代社会のさまざまな場面で利用されている。にもかかわらず、民法典の消費貸借に関する規定はわずかである。実際には、多くの場合、あとで見る利息制限法などの各種の特別法が、ここで生じるさまざまな問題の解決を行っている。この消費貸借に顕著なように、今日契約に関するルールにおいて、特別法が占める比重はますます大きくなっているのである。

II 消費貸借の成立

1 成立の態様

消費貸借が成立するには、当事者間の合意が必要であることは当然である。消費貸借には、この合意に加えて、①目的物を引き渡してはじめて契約が成立する要物契約としての消費貸借と、②合意を示す書面が作成されれば物を引き渡さなくても契約が成立する書面でする消費貸借とがある。

2 要物契約としての消費貸借

587条によれば、消費貸借は、合意に書面がない場合、相手方から目的物を受け取ることによって効力を生じる（要物契約）。たとえば、知人にお金を貸してくれと頼まれて、つい、「はい」と、即答してしまった場合を考えてみよう。合意が書面によらない場合には、消費貸借の約束が、軽率に、あるいは、相手方の返済能力に確信が持てない段階でなされた可能性が残る。そこで、目的物が引き渡されるまでは、合意は拘束力を生じず、当事者はこれを撤回することができることにした。これにより、安易な口約束によって、貸すことを義務づけられないことになる。この要物契約としての消費貸借では、貸主が借主に目的物を引き渡して初めて契約が成立するため、契約成立後、貸主は借主に引渡義務を負わない。したがって、この契約は、借主のみが返還義務などの義務を負う片務契約である。無利息であれば、片務、無償契約である。これに対し、利息付きであれば、片務契約ではあっても、物の引渡しと利息の支払という対価関係のある経済的損失を当事者双方が負担することになるため、有償契約となる。

要物契約といっても、とくに金銭については、借主自身へ金銭そのものが引き渡されたことまで必要とされているわけではなく、借主に現実の授受と同一の経済的利益を得させればよい。たとえば、借主ではなく、借主の指示に従って借主の債権者に交付されることでもよいし、金銭ではなく、預金通帳と印章が交付されることでもよい。

3　書面でする消費貸借

(1)　要式契約としての書面でする消費貸借

　消費貸借は、書面でする場合には、物の引渡しを必要としないで成立する（587条の2第1項）。たとえば、融資の約束をしたのに、お金を受け取るまでは、融資が受けられるかわからないようでは、借主が困る場合もあるだろう。実務には、合意をしたら確実に融資がなされるタイプの消費貸借への需要があり、物の引渡しを必要とせず、合意だけで成立する消費貸借が規定されているのである。しかし、合意のみによると、貸主が安易な口約束で貸す義務を負い、また借主が軽率に債務を負ってしまう欠点もある。そこで、この合意だけで成立する消費貸借の成立には、書面が必要とされているのである。この書面でする消費貸借においては、契約の成立により、貸主は貸す義務を負い、反対に借主は引渡された物と同種・同等・同量の物の返還義務を負うが、これと貸主の貸す義務とは対価的な関係にないため、同契約は片務契約である。

　この書面には、借主の借りる意思だけでなく、貸主は貸す義務を負うことになるのだから、貸主の貸す意思も現れている必要がある。具体的には、金銭の消費貸借であることやその当事者、貸し付ける金額など、消費貸借の合意の内容が書かれていなければならない。なお、たとえば、メール本文に書いた場合のように、インターネットを利用した電子商取引等において、消費貸借がその内容を記録した電磁的記録によってされた場合には、書面によってされたものとみなされ、別途書面を作成する必要はない（587条の2第4項）。

(2)　目的物受取前の当事者の権利義務

　書面により金銭消費貸借の合意をした後に、借入れの目的であった物品の購入をやめたことなどにより、借入れが不要となることもありうる。そこで、借主は、書面でする消費貸借が成立しても、目的物の受取前は、解除権を行使することができる（587条の2第2項前段）。また、貸主は借主が金銭を受け取ってから利息を請求することができる（589条2項）。そのため、利息付きの消費貸借においては、借主は受取前に解除権を行使することで、利息の支払も免れることができる。

とはいえ、借主は、消費貸借を解除したことによって貸主に生じた損害の賠償義務を負う（587条の2第2項後段）。この損害の有無およびその額については、因果関係も含めて貸主が主張立証責任を負う。この損害としては、債権者が得そこなったという消極的損害である利息は含まれず、債権者が現に受けた損害である積極的損害が考えられる。たとえば、貸主である銀行が要した契約書作成や担保調査のための費用などの経費や、貸付金を他の金融機関から調達するためにかかった費用が考えられる。貸付けがなくなってしまったため、こうしたコストが無駄になってしまうからである。ただし、貸付金の調達費用については、借主が受け取らなかった金銭をすぐに他の顧客への貸付けに振り向けることで、貸主にこの損害が生じない場合もありうる。なお、これと同様の規定はあとで見る寄託にもある（657条の2第1項）。

　また、書面でする消費貸借が成立しても、目的物の引渡前に当事者の一方が破産手続開始決定を受けた場合には、消費貸借は失効する（587条の2第3項）。というのも、借主が破産手続開始の決定を受けた場合には、書面でする消費貸借がそのまま存続すると、借主に返済の資力がないのに、貸主に貸す義務を負わせることになって不公平である。また、貸主が破産手続開始の決定を受けた場合には、借主は目的物引渡債権の破産債権者として配当を受ける権利を有するにとどまり、借主が配当を受けると、今度は、借主がこの配当を受けた金額について返還債務を負う。借主がこれを返還すると、破産管財人はこれについてまたもう一度配当をすることになるというように、手続が煩雑になるからである。

4　消費貸借の一方の予約

　将来資金が必要になることに備えて、その際にはお金を貸してくれるように合意することがある。これを消費貸借の予約という。

　利息付きの消費貸借は有償契約であり、有償契約には売買の規定がその契約の性質に反しない限り準用される（559条）。そのため、前に見た売買の一方の予約の規定が準用される（559条・556条。第7章Ⅱ1参照）。この消費貸借の一方の予約は、一方的な意思表示によって消費貸借を成立させる権利（予約完結権）を主として借主に与えることを合意することによって行われる。ここでは、借主は、この予約完結権を行使して消費貸借を成立させるか否かを自由に選択す

ることができる。そのため、借主は、予約完結権を行使しないで予約が効力を
失っても責任を負うことはない。この点で、借主の解除権行使により貸主の被
った損害の賠償を認める書面でする消費貸借とは異なる。また、予約完結権を
行使して消費貸借が効力を生じるには、書面が必要である（587条の2第1項）。
予約について書面が作成されていれば、あらためて本契約について書面を作成
する必要はない。

　消費貸借の一方の予約の1つがコミットメント・ライン契約である。コミッ
トメント・ライン契約とは、企業が金融機関との間で、手数料を支払って、期
間中は限度額内であれば金銭を借り入れることができる融資枠を設定する契約
である。企業が求めれば（予約完結権を行使すれば）、金融機関は融資をする（貸
す）義務を負うことになる。企業にとっては、融資枠の範囲内では、迅速かつ
確実に融資を受けられるというメリットがある。

5　準消費貸借

(1)　準消費貸借の意義

　準消費貸借とは耳なれないが、次のようなものである。A宝石店がBに30
万円の指輪を、その1か月後に50万円のネックレスを、さらにその2か月後に
20万円のブレスレットを販売し、代金の支払はそれぞれの購入時から半年後と
したとする。しかし、このままだと支払時期が異なる売買代金債権が3つ存在
することになる。そこで、債権を管理する債権者のAがこれを1つにまとめ
るほうが便利だと考え、また、債務者のBも返済をもう少し待ってほしいと
思い、3つの代金債権に代えて、AがBに100万円を年利10％、返済期を1年
後として貸し付けたことにする。この例のように、準消費貸借とは、金銭その
他の物を給付する義務を負う者がある場合に、当事者がその金銭等を消費貸借
の目的とすることを合意することである（588条）。目的物を授受せずに、もと
もと負っている債務を消費貸借の目的として消費貸借を成立させるのである。

(2)　準消費貸借の成立要件

　準消費貸借では、目的物の引渡しを必要としないで、消費貸借が成立するた
め、準消費貸借は諾成契約である。書面でする消費貸借とは異なり、書面も成

立要件ではない。準消費貸借では、貸主は契約に基づいて目的物を引き渡す義務、つまり貸す義務を負わないので、書面を要求する必要がないからである。

　他方で、準消費貸借が成立するためには、もともと負っている債務（旧債務）が存在することが必要である。なお、旧債務は、さきの例のように、消費貸借によらない債務はもちろん、消費貸借による債務でもよい。

(3)　旧債務と新債務との関係

　準消費貸借は、旧債務が存在しないと効力が生じない。さきの例でいえば、それぞれの売買が無効であったり取り消されたりした場合には、準消費貸借は無効となる。他方で、準消費貸借が成立すると、もともと負っていた各債務は消滅するが、準消費貸借が無効であったり取り消されたりした場合には、これら債務は消滅しなかったことになる。こうして、旧債務の消滅と準消費貸借の債務の発生とは互いに条件になっている。

　このように、旧債務を基に新債務が成立するため、旧債務について存在していた同時履行の抗弁権や担保などが新債務でも存続するかが問題となる。たとえば、先の例で、売主Aがまだ商品を引き渡していない場合に、準消費貸借契約締結後も、AはBの引渡請求に対して同時履行の抗弁権を行使することができるか。これは、旧債務の下で存在していた同時履行の抗弁権を新債務に受け継ぐ意思を当事者が有しているかによって決まる。そして、当事者の意思の解釈によるとすると、旧債務にともなう同時履行の抗弁権や担保は、原則として新債務の下でも存続することになる。というのも、たとえば、売主Aの買主Bに対する同時履行の抗弁権はAの代金債権を担保する機能を有していたところ、Aがこの自己の債権の担保を放棄する意思を持っていたとは通常考えられないからである。もちろん、AとBの間で特約があればこれによる。

Ⅲ　消費貸借の効力

1　貸主の義務

消費貸借が成立すると、書面でする消費貸借の場合、貸主には貸す義務が生

じる。これに対し、要物契約としての消費貸借の場合、目的物の引渡しが成立の要件であるため、契約の効力としての貸す義務は生じない。

それでは、白ワインを借りる約束をしたが、状態が悪く、料理用にしか使えなかったというように、目的物が契約内容に適合していない場合には、貸主はどのような責任を負うのか。

利息付きの消費貸借は、有償契約であるため、前に見た売主の担保責任に関する規定が準用される（第7章IV参照）。具体的には、借主は追完請求として契約に適合した代替物の引渡しを請求することができる（559条・562条）。さらに、借主は損害があれば貸主にその賠償を請求でき、541条、542条の要件の下で解除をすることができる（559条・564条）。

これに対し、無利息の消費貸借は無償契約であり、貸主の義務について、前に見た贈与者の義務の規定が準用される（第8章II1参照）。具体的には、貸主は目的物である種類物が特定した時の状態で引き渡すことを約束したものと推定される（590条1項・551条1項）。そのため、不具合が特定以後に生じた場合には、これを契約不適合として責任を負う。なお、551条1項は推定規定であるので、別段の合意がある場合にはそれによる。

2 借主の義務

(1) 返還債務

借主は目的物と同種・同等・同量の物を返還する義務を負う。目的物に契約不適合がある場合にも、これを超える物を返還する必要はないため、引き渡された物と同種・同等・同量の物を返還すればよい。しかし、品質の悪い物のように、契約内容に適合しない物が引き渡された場合には、同程度の物を調達することは困難である。そのため、貸主から引き渡された物が種類または品質に関して契約の内容に適合しないものである場合、借主は契約に適合しない物の価額を返還することができる（590条2項）。また、目的物と同種・同等・同量の物がなくなったり、その取引が禁止されたりすることによって、借主が目的物を返還できなくなることがある。この場合、借主は不能時の目的物の価額を償還すればよい（592条本文）。もっとも、消費貸借の目的物は種類物であるため、現実に適用されることはあまり考えられない規定である。なお、金銭消費

貸借において特定の種類の通貨で返還することが合意されていたが、返還時にその通貨が強制通用力を失っている場合には、借主はその市場価格を償還するのではなく、他の通貨で返還しなければならない（592条但書・402条2項）。

(2) 返還の時期

(a) 返還時期の定めがない場合

返還時期をとくに決めずに、友人から1000円を借りた場合、いつこれを返さなければならないか。このように、返還の時期の定めがない場合、貸主が相当の期間を定めて返還を催告し、この期間が経過すると、返還の時期が到来する（591条1項）。本来、期限の定めのない債務では、債務者は履行の請求を受けた時から履行遅滞になるが（412条3項）、そうすると、借主は、いつ貸主からの請求があってもいいように、借りるとすぐに返還すべき物を準備しておかなければならず、目的物をある期間利用することができるという消費貸借の性質に反するからである。これに対し、借主はいつでも返還をすることができる（591条2項）。

(b) 返還時期の定めがある場合

返還時期の定めがある場合、この期限の到来により履行期が到来して、借主は遅滞に陥る（412条1項）。しかし、返還期限の定めは借主にとって利益となるものであるから、借主は、期限までは返さなくてもよいという期限の利益を放棄して、期限前に弁済をすることもできる（591条2項）。ただ、借主の期限前弁済によって貸主に損害が生じた場合、借主はこの損害を賠償する義務を負う（591条3項）。この場合、貸主は、期限前弁済を受けたうえで、これによる損害を主張立証して賠償を請求することになる。

では、貸主は、この591条3項に基づいて、どのような損害の賠償を求めることができるか。貸主は、利息の約束をしていたのであれば、この期限前弁済により満期まで得られなくなった利息を損害として賠償を請求することができるかにみえる。しかし、利息は元本使用の対価であり、元本を返済してしまって以降は、これを使用していないのだから、利息は発生しないはずである。したがって、貸主は、この返済後の期間の利息を得ることができたはずの利益として、賠償を求めることはできないと考えられる。このように、利息が含まれ

ないということになると、目的物受取前の借主の解除の場合（587条の2第2項。Ⅱ3(2)）と同様に、貸主が賠償を求めることができる損害は積極的損害である。たとえば、貸付けをするに当たって、銀行には、事務的な経費や、他の金融機関から貸付金を調達するための費用などのコストがかかっている。そこで、期限前弁済により予定された利息を取れない結果、回収できないこれらの費用が損害と考えられる。もちろん、貸付金の調達費用については、すぐに他の貸付けにあてるなど、受取前の解除と同様、とくに損害が生じない場合もありうる。なお、同様の規定は寄託にもある（662条）。

(3) 利息債務

　利息付きの消費貸借においては、借主は、目的物の返還義務に加えて、利息の支払義務を負う。民法の消費貸借においては、無利息の消費貸借が原則であり、貸主は特約がなければ利息を請求することができない（589条1項）。これに対し、商人間の消費貸借においては利息付きが原則である（商513条1項）。また、利率について特約がない場合には法定利率による（404条1項）。利息付きの場合、貸主は借主が目的物を受け取った日以後の利息を請求することができる（589条2項）。利息は元本使用の対価であることから、元本を受け取った日から利息が生じるのである。

Ⅳ　利息の規制

1　利息制限法による利息規制

(1)　利息規制の必要性

　急な出費のために消費者金融からお金を借りる、あるいは、住宅ローンで銀行からお金を借りるといった場合、借主は利息の支払を義務づけられることになるだろう。利息がどれほどかは担保の有無など当事者の信用を考慮して決められ、消費者金融では、一般的にその利率は低くない。利息付きとすることや、その利率をいくらとするかは、当事者の自由である。しかし、これを放任すれば、往々にして、貸主は借主の弱みにつけ込んで法外な利息を要求し、暴

利をむさぼりかねない。そのため、古くから利息の規制が行われてきた。紀元前6世紀にはじまる共和政期のローマにおいても利息制限法は存在したのである。もちろん、日本においても、利息制限法を中心に、利息の規制は行われている。

(2) 利息制限法

利息制限法は、制限利率を定め、これを超える利息の約定を制限超過部分について無効としている（利息制限1条）。すなわち、無利息になるわけではなく、この超える部分だけがなくなるのである。この制限利率は、元本が10万円未満では年20％（同条1号）、10万円以上100万円未満では年18％（同条2号）、100万円以上では年15％である（同条3号）。たとえば、1万円を1年間借りる場合において、年30％の利率が合意されたとしても制限利率は年20％であるから、年20％の利率が合意されたものとみなされる。つまり、借主は2000円の利息を支払えばよいことになる。

しかし、貸主は、たとえば、手数料という名目で別に1000円の支払を受けるなど、あの手この手でこの制限をかいくぐろうとする。そこで、同法は、手数料、調査料その他どのような名目でも、債権者が現実に受け取る元本以外の金銭を利息とみなしている（同3条）。さらに、あらかじめ利息を引いて元本を交付する、利息の天引きに対処する規定（同2条）や、借主が期限に支払をできなかった場合に法外な損害賠償額を予定するといった賠償額の予定を制限する規定（同4条）も設けている。本法は強行法規であり、これに反する合意は無効とされているので、当事者間の合意でこれらの利息制限を免れることはできない。

2 出資法および貸金業法による規制

利息制限法は利息に関する当事者間の合意の効力も制限するものであり、民事法規に分類されるが、利息に関わる規制は、刑罰法規である出資法によっても行われている。同法によれば、消費者金融業者などの貸金業者が年20％を超える利息の契約をした場合には、5年以下の懲役や1000万円以下の罰金という刑罰が科されることになる（出資5条2項→【図表3-9-1】）。

また、利息に対する制限は、貸金業法によっても行われている。貸金業法は、この出資法の利率をはるかに超える利率（年数百％〜数千％）で貸付けを行うヤミ金融業者を念頭に（もちろん出資法違反の犯罪である）、年利109.5％を超える貸金業者の貸金契約を全部無効としている（貸金業42条）。

利息規制の今昔

今日の利息規制に至るまでの経緯をまとめておこう。

実は、平成18年（2006年）の利息制限法の改正以前、その1条には、制限利率を定める第1項に加えて、借主がこれら制限利率を超えて任意に利息を支払った場合にはその返還を請求することはできないとする第2項が存在していた。しかし、これを文字どおりに解すると、少なからぬ場合に貸主は制限利率を超える利息を受け取れることになってしまい、制限利率を定めた意味がなくなってしまう。そこで、判例は、制限利率を超えた利息の支払が元本へ充当されるとし、さらに、その結果、元本が完済され、なお生じた超過支払については借主への返還を認めた。このように、判例は、借主保護のために、利息制限法1条2項を事実上空文化したのである。

その後、昭和50年代に消費者金融（サラ金）による高金利や過酷な取立が社会問題化した。これを受けて、昭和58年（1983年）に貸金業規制法が成立した。同法は貸金業者に対する行政的規制を強化するものであったが、問題は、その見返りとして、43条にいわゆるみなし弁済規定が置かれたことである。この規定によれば、貸金業者が登録業者であり、契約時に書面を、弁済のたびに受取証書を交付し、債務者が利息等を任意に支払った場合には、超過利息の支払も

有効な利息の債務の弁済とみなされることになった。これらの要件を満たした弁済には、超過利息の元本への充当は行えなくなってしまったのである。他方で、出資法は、貸金業者がなす貸付けの金利が一定の利率を超える場合に、刑事罰を科している（出資5条2項）。この利率は貸金業者が問題を起こすたびに引き下げられていったものの（平成18年（2006年）改正前は年29.2％）、これが事実上の利息の上限になっていた。そこで、この出資法の刑罰利率以下であり、本来、利息制限法上は無効であるにもかかわらず、みなし弁済規定により有効な利息の債務の弁済とみなされる金利である（黒ではないが白でもない）グレーゾーン金利が生じた。そして、貸金業者はその上限に近い利率で貸付けを行っていたのである（→【図表3-9-2】）。

【図表3-9-2】

〔平成18年（2006年）改正前〕

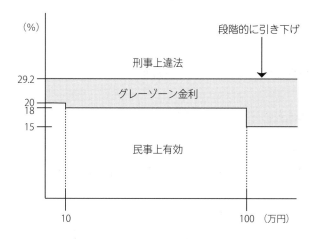

しかし、この高金利での貸付けは平成2年（1990年）から平成15年（2003年）までの13年間で自己破産者が20倍以上に急増する大きな原因となった。そのため、このみなし弁済規定の廃止を含む改正が主張されるようになった。こうした中で、判例は、みなし弁済規定のとくに任意性の要件について、次のような非常に厳格な解釈を打ち出した。すなわち、当時、貸金業者の契約書には、制限利率を超過する部分も含めた利息の支払が遅れると期限の利益を喪失すると

いう条項があった。この条項があることで、借主は、即一括払いとなることをおそれて、事実上、制限超過利息の支払を強いられていた。そこで、判例は、この特約の存在を理由に、超過利息の支払の任意性を否定したのである（最判平成18・1・13民集60巻1号1頁）。消費者金融業者との間の契約では、通常、こうした特約がなされていた。そのため、みなし弁済規定が適用できる場面はほとんどなかったことが明らかになったのである。これにより、その後、数多くの過払金返還請求訴訟が提起されることになった。そして、かつて空前の利益をあげた消費者金融業者は、多額の過払金の返還により一転して苦境に陥ることになったのである。以上の経緯を経て、平成18年（2006年）12月に、貸金業規制法（貸金業法と改められた）が大幅に改正され、あわせて、利息制限法と出資法も同時に改正された。この改正により、改正前貸金業規制法43条のみなし弁済規定が廃止され、出資法5条2項の上限金利が年20％に引き下げられ、さらに、改正前利息制限法1条2項が廃止されて、グレーゾーン金利は撤廃された。こうして、利息規制は今日の姿になったのである。

V　割賦販売法による抗弁の接続

1　信用購入あっせんとは何か

(1)　販売信用

相手方に直接お金を貸し付ける金銭の消費貸借は、信用取引の1つである。信用取引とは、おおよそ、相手を信頼してその債務の履行を後日に行うことを認める取引をいう。この信用取引には、もう1つの形態として、売買代金を分割払にする割賦販売も含まれる。たとえば、友人から車を購入する際にその代金を分割払にしてもらうことは、その友人からお金を借りてこれを代金に充て、毎月この借金を返していくことと同じことなのである。こうした割賦販売を販売信用という。この販売信用には、クレジットカードによる分割払での商品購入なども含まれる。これらは、身近な取引であり、今日ますます利用しやすくなっている。反面、安易に契約を締結することによって、後日において返済に困り、生活を脅かす危険性もはらんでいる。そこで、こうした危険性に対

処するために、販売信用については、割賦販売法がさまざまな規制を行っている。

(2) 信用購入あっせん

　販売信用には、売主が買主からの月々の支払を待つ割賦販売に加えて、売主と買主の他にさらに当事者が加わる信用購入あっせんという取引も含まれている。たとえば、高額な最新型のテレビを分割払で購入するとしよう。この場合、販売店との間で割賦販売契約を結ぶこともできるが、これによると、販売店はすぐに代金の全額の支払を受けられないし、買主から未払金を回収する手間もかかる。そこで、販売店は、信用取引のプロである信販会社と組み、その加盟店になることにする。信販会社が取引に加わり、具体的には、信販会社が買主に代わって代金を販売会社に一括払し（立替払）、その後、買主から手数料と合わせた金額の支払を分割払で受けるのである（→【図表3-9-3】）。この場合、買主は、実質的には、信販会社から代金相当額を借りて、後日、利息付きで分割返済していることになる。

【図表3-9-3】

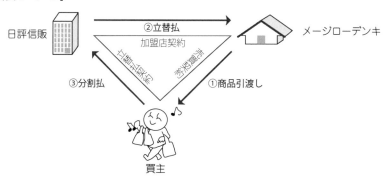

　この信用購入あっせんには、①訪問販売などにおいて、買い物の際にそのつど買主が信販会社との間で立替払の契約を結ぶ場合と、②買主があらかじめ信販会社との間でクレジットカードの会員契約を結んで、カードの交付を受け、その後、通信販売などで、顧客がこのカードを使用して分割払で買い物をする場合とがある。

2 割賦販売法による抗弁の接続

　購入した商品の品質が契約どおりではなかったという場合、買主は信販会社への支払を止めることができるだろうか。本来、売買契約と立替払契約とは別個の契約であり、売買契約の事情は立替払契約へ影響しないはずである。たとえば、友人にお金を貸し、友人がそのお金でバイクを購入したところ、買ったバイクに欠陥があったからといって、返済を拒絶されても困るだろう。しかし、さきに見たように、信用購入あっせんでは、販売店と信販会社とは、販売店が加盟店になるという形で結びつき、この取引を作り出していた。他方で、買主は、商品に契約不適合がある場合、割賦販売であれば代金の支払を拒絶できるのに、信用購入あっせんでは支払を拒絶できないという不利益な立場におかれる。そして、通常この割賦販売と信用購入あっせんとの違いを知らない買主は、この場合でも同様に支払を拒絶したいと考えるだろう。

　そこで、割賦販売法は、30条の4および35条の3の19において、この信用購入あっせんについて、買主が、売買契約で生じた抗弁をもって、立替払契約で支払を請求する信販会社に対抗することを認めている（抗弁の接続）。これにより、たとえば、買主は、販売店から契約に適合した商品の引渡しがないことを理由に、信販会社に対する支払を拒絶することができる。実質的には、買主は借りたお金の返済を止めることができるのである（→【図表3-9-4】）。

【図表3-9-4】

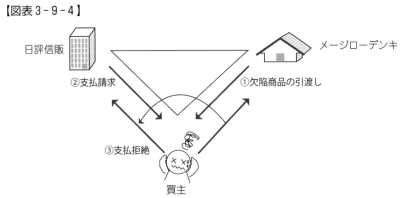

第10章

賃貸借・使用貸借

　本章では、財産権利用型契約のうち、賃貸借契約と使用貸借契約を検討する。たとえば、レンタル DVD を借りる。レンタカーを借りる。一人暮らしのためにマンションの一室を借りる。これらはすべて賃貸借である。この賃貸借は、社会において売買とならび重要な機能を果たしてきた契約であり、安価な動産から高価な不動産までさまざまな物を対象とし、ときにリースやレンタルなどともよばれる。とくに重要なのは土地や建物の賃貸借である。マイホームを建てるために土地を借りる、結婚をして家を借りるというような不動産の賃貸借契約は普通の賃貸借以上の保護を必要とする。

　これに対して、息子が父親の土地を借り、家を建てて住むというように、使用貸借はただで物を借りる契約である。無償で物を使用収益させる契約であるため、贈与契約に類似する。そのため、贈与と同じように、その拘束力は弱められている。

I　賃貸借の意義

1　賃貸借とは何か

　賃貸借は、当事者の一方（賃貸人）が相手方（賃借人）に物を使用収益させることを約束し、相手方がこれに賃料を支払うことおよび引渡しを受けた物を契約が終了したときに返還することを約束する契約である（601条）。有償、双務、諾成の契約である。

賃貸借は、消費貸借や使用貸借とともに、一定期間物を利用した後で返還するという財産権利用型の契約であるが、3つの契約の間には次のような似ている点と異なる点とがある。

　まず、返還すべき目的物に着目してみよう。賃貸借と使用貸借では、借主は、借りた物そのものを返還しなければならないのに対して、消費貸借では、借主は借りた物を消費してしまっているので、借りた物そのものを返還することはできない。このため、これと同種・同等・同量の物を返還すべきことになる。

　次に、借りたことに対する対価に着目すると、賃貸借では、借主がその対価である賃料を支払う義務を負う。これは賃貸借の本質的な要素である。これに対して、借主が賃料の支払義務を負わなければ、それは使用貸借となる。他方、消費貸借では、借りたことに対する対価は利息であるが、さきに見たとおり、利息付きにするかどうかは当事者の自由である。

2　不動産賃貸借法の発展

(1)　不動産賃借権の強化

(a)　不動産賃貸借に固有のルールの必要性

　賃貸借の規定は、賃貸借であれば、対象が動産でも不動産でも、一部の規定を除いて適用される。しかし、動産賃貸借と不動産賃貸借とは社会において果たす役割が異なる。不動産賃貸借は、家を建てるために土地を借りるにしろ、事業を営むために建物を借りるにしろ、その場所で生活し事業を営むための基盤となるものである。安定した生活や事業を保障するためには、いろいろな物の賃貸借を対象とする一般的な民法の賃貸借のルールでは不十分である。これに対し、とくに安価な動産の賃貸借での物を借り続ける（使い続ける）利益は、その場所を借り続ける（そこに住み続ける）利益ほどの保護を必要としない（レンタルDVDを思い浮かべてみよう）。そこで、とくに賃借人の保護が必要となる不動産賃貸借については、民法のルールの相当部分が借地借家法などの特別法だけでなく判例によっても修正されてきた。こうして、不動産賃貸借に固有のルールが作られてきたのである。

(b)　弱い賃借権

　家を建てるために土地を借りるとする。この場合、通常は、賃貸借契約が結

ばれる。賃貸借契約に基づいて生じる賃借人の権利を賃借権という。賃借権は債権であり、民法の規定だけでは、次の点で弱かった。①不動産が譲渡された場合、賃借権を登記していないと、新所有者に賃借権の効力を主張（対抗）できないが（605条）、あとで見るように、賃借人には登記請求権が認められていないこともあって、この登記は実際にはほとんど利用されていない。②以前は、民法が定める賃貸借の期間の上限が20年（旧604条1項）と短かったなど、存続保障が弱い。③他人に自由に賃借権を譲渡したり、又貸し（転貸借）をすることができない（612条）。そのため、たとえば、高い権利金を支払って土地を借りたが、すぐに借りる必要がなくなったという場合に、土地の賃借権の譲渡や転貸借によって投下資本を回収できないことがありうる。④賃借権は物権ではないので、土地の不法占拠者等に対して、物権的請求権である妨害排除請求権を行使することができない。

　不動産賃借権を物権とする制度もありえたが、現行民法典はこれを債権とした。賃借権の効力がこのように弱いのは、起草者においては、土地を借りる際には、建物所有目的であれば地上権、耕作目的であれば永小作権という用益物権が用いられると考えていたためである。とはいえ、地主と土地利用者との間の社会的、経済的な力の差から、実際には、用益物権はほとんど設定されず、より弱い賃貸借が一般に用いられてきた。また、家を借りる借家についてはこうした用益物権が存在しないため、賃貸借によるしかないのである。

(c) 不動産賃借権の物権化

　この不動産賃借権を強化するために、借地と借家について、特別法の制定と改正が繰り返されてきた。かつて、とくに日露戦争後の都市への人口集中とこれによる地価の急騰を背景に、いわゆる地震売買が社会問題になった。地主が賃料の値上げを図って、土地を売却すると脅し、これに応じないと本当に土地を第三者に売却してしまうのである。この場合に賃借権の登記をしていると賃借権を新所有者に対抗することができるが（605条）、賃借人には登記請求権がないため登記には地主の協力が必要であり、この登記をすることは困難だった（本章Ⅳ1(1)(a)参照）。そして、賃借権に対抗力がないと、借地人は建物を収去して土地を明け渡さざるをえなくなる。こうして、建物が地震にあったように存立基盤を失って壊されてしまうことから、このようによばれた。そこで、借地

人の賃借権をこうした第三者に主張するための要件（対抗要件）を、建物の所有権の登記という借地人だけで備えられるものとする「建物保護ニ関スル法律」（建物保護法）が明治42年（1909年）に制定された。これはさきに挙げた①〜④の民法の問題のうち①への対応に当たる。

次いで、借地法および借家法が制定された。これにより、借地については、民法よりも契約期間を長期とすることに加えて、期間が終わっても賃貸人が更新を拒絶するには正当事由を要求することで存続保障がなされた（②）。また、賃借権の譲渡と転貸借には本来賃貸人の承諾が必要であるが（612条1項）、この承諾に代えて裁判所の許可を得ることでもよいとされた（③）。他方で、借家についても、対抗要件に建物の引渡しという建物賃借人だけで備えられるものが認められ（①）、また、更新の拒絶に正当事由を必要とすることにより存続保障がなされた（②）。

もともと、民法は不動産賃借権に不十分ながら対抗力を認めており（605条）、その意味ですでに物権化していた。その上で、以上の点について不動産賃借権は民法の規定に比べて著しく強化され、物権に接近している。これを賃借権の物権化という。さらに、判例法によってもこうした不動産賃借権の強化は行われた。すなわち、無断の賃借権の譲渡・転貸借を理由に賃貸人は契約を解除できるところ（612条2項）、これを信頼関係の破壊があった場合に制限する法理や（③）、対抗力のある賃借権に妨害排除請求権を認めることである（④）。なお、この賃借権に基づく妨害排除請求権は、平成29年（2017年）の民法改正により明文化されるに至っている（605条の4）。

(d) 不動産賃借権の合理化

こうして、借地権者、建物賃借人は手厚く保護されることになった。その反面、いったん貸すと、土地や建物が相当長期にわたり戻ってこない可能性が高いため、所有者は貸すことを躊躇するようになった。また、それほど長期でなくても安価に不動産を利用したいとの需要に応えられていなかった。こうした批判を受けて、平成3年（1991年）にさきの3つの法律を統合する借地借家法が制定された。同法においては、借地権の存続期間の変更や正当事由の明確化という存続保障の合理化がなされたことに加えて、さまざまな借地のニーズに応えて、更新のない定期借地権が導入されたことが重要である。さらに、平成

11年（1999年）には、借地借家法が改正されて、定期借家権が導入された。

(2) 借地借家法の適用対象

(a) 借地

借地借家法は、「建物の所有」を目的とする「地上権および土地の賃借権」に適用される（1条）。同法はこれらをまとめて借地権としている（同2条1号）。居住用か事業用かを問わないが、建物であることが必要であるため、広告塔や電柱など建物以外の工作物を設置するための土地の賃貸借には同法は適用されない。なお、同法は使用貸借には適用されない。使用貸借は無償で物を借りる契約であり、借主に民法以上の保護を与える必要はないからである。

(b) 借家

借地借家法が適用される建物の賃貸借（借家）におけるここでの建物は、居住用でも事業用でもよく、建物の規模の大小も問わない。また、マンションの一室のように建物の一部でもよい。使用関係は賃貸借でなければならず、使用貸借には適用されない。公営住宅の使用関係も基本的には私人間の賃貸借関係と異ならないため、公営住宅法に特別の定めがないかぎり、この関係にも借地借家法が適用される。

片面的強行規定

借地借家法は、基本的には借地権者・建物賃借人を保護するための法律である。このため、借地借家法の規定を借地権設定者・建物賃貸人に有利な内容に変更する当事者間の合意をすべて有効とすると、法の趣旨に反することになる。これを防ぐため、契約自由を制限し、借地権者・建物賃借人に不利益な変更をすることを禁じる必要がある。他方で、借地権者・建物賃借人をもっと有利にする合意は、借地借家法の趣旨に反しないので、これを禁じる必要はない。

このような趣旨から、借地借家法には、法の規定よりも借地権者・建物賃借人に不利に変更する合意だけを無効とするルールがあちこちに見られる。あとで見る、存続期間および更新等（3条〜8条、26条〜29条）、借地権・借家権の対抗力（10条・31条）、建物買取請求権（13条・14条）、借地条件の変更等（17条〜19条）、建物賃貸借終了の場合の転借人および借地上の建物賃借人の保護（34条・35条）に関する諸規定がそうである（9条・16条・21条・30条・37条）。この

ような規定を片面的強行規定という。

Ⅱ　賃貸借の成立

1　賃貸借契約の締結

賃貸借は、賃貸人が物を使用収益させることを約束し、賃借人が賃料を支払うことおよび契約終了時にその物を返還することを約束することで、成立する諾成契約である（601条）。そのため、書面の作成は契約成立の要件ではない。とはいえ、たとえば、マンションの一室のような高額な物の賃貸借の場合、契約の締結に際して書面が作成されることが多い。

2　敷金

(1)　敷金の意義

通常、不動産賃貸借契約の締結の際には、敷金、権利金、保証金などの名称で賃借人から賃貸人に金銭が交付される。このうち、敷金とは、賃料など賃貸借から生じる賃借人の賃貸人に対する金銭債務を担保するために、賃借人が賃貸人に交付する金銭をいう（622条の2第1項柱書かっこ書）。つまり、賃料の不払などに備えて、賃借人が担保として賃貸人に差し入れる金銭である。主に借家契約で交付される。また、地域によっては、これを保証金とよぶこともある。敷金は、賃貸借契約とは別個の敷金契約に基づいて交付される。

敷金が実際にどのように機能するのかを具体的に見てみよう。大学入学を機にマンションの一室を賃借し、敷金を差し入れた読者が、大学卒業を間近にして、このマンションから退去することになったとしよう。敷金は、契約が終了してマンションの明渡しが終わった後、それまでの未払賃料や部屋を傷つけたり壊してしまったりした部分の修理費用等が差し引かれた上で、その残額が返還される。賃料をきちんと支払い、部屋を大切に使っていれば、特約がないかぎり、敷金は全額が返還される。

この修理費用というのは、賃借人が賃借物を損傷させたことによって賃貸人

に対して負う損害賠償債務のことを指す。したがって、ここに含まれるのは、賃借人の責めに帰すべき事由によって生じた損傷のみである。通常の使用収益によって生じた賃借物の損耗（通常損耗）および賃借物の経年による劣化（経年変化）の修繕費用は含まれない。そもそも、あとで見るように、このような通常損耗および経年変化については、賃借人は元に戻す義務（原状回復義務）を負わないのである（621条本文かっこ書。Ⅲ1⑵(c)）。本来、通常損耗および経年変化の発生は賃貸借契約において当然に予定されており、賃料はこれによって生じる価値の減少の対価でもあるからである。

敷引特約の有効性

　借家契約においては、敷金のうちから一定額または一定割合の額を差し引いた額を返還するという敷引特約がされることがある。これによって、通常損耗および経年変化の原状回復をするための費用を賃借人に負担させるのである。この特約は、賃借人は通常損耗および経年変化について原状回復義務を負わないという621条よりも、賃借人の義務を加重するものである。では、この敷引特約は、民法などの任意規定を適用する場合に比べて賃借人である消費者の義務を加重する条項であり、かつ、信義則に反して消費者の利益を一方的に害するものとして、消費者契約法10条により無効とされるか。

　原状回復費用に充てるお金を敷引金として賃借人が支払う合意が成立している場合には、通常、原状回復費用が含まれない賃料の額が合意されていると考えられる。この場合には、賃借人は原状回復費用を敷引金としてのみ負担しており、敷引特約によって敷引金と原状回復費用が含まれた賃料とで二重に負担するということはできない。したがって、原状回復費用に比して敷引金が高すぎるなど、敷引金の額が高額に過ぎると評価される場合を除き、この特約は信義則に反して賃借人の利益を一方的に害するということにはならない（最判平成23・3・24民集65巻2号903頁）。

---

(2)　敷金返還請求権の発生時期

　敷金は、賃料債権の他、賃借人が賃貸借終了後も使用し続けている場合に、終了時から明け渡した時までに生じる賃料相当の損害金の債権も担保する。そ

のため、賃貸借が終了し、かつ、家屋の明渡しがなされた時に、これらを引いた残額について、敷金返還請求権は発生し、賃貸人は、これを返還しなければならない（622条の2第1項1号）。このように、敷金返還請求権の発生時期は、賃貸借契約終了時ではなく、建物等の明渡し時なのである。そのため、賃借人は、敷金の返還を請求するには、まず建物を明け渡さなければならず、賃借人の明渡義務と賃貸人の敷金返還義務とは同時履行の関係にないことになる。

(3) 敷金の充当

賃貸借契約の継続中において、賃借人が賃料債務等を履行しない場合に、賃貸人は敷金をその債務に充てることができるが、賃借人は賃貸人に対しこの充当を請求することはできない（622条の2第2項）。これを認めると、敷金の担保としての機能を損なうからである。

3 権利金

不動産の賃貸借において交付される金銭で、原則として返還されないものを権利金（礼金とよばれることもある）という。権利金は借地でも借家でも授受されるが、借地において交付される権利金は高額である。この借地の権利金は、一般的には、賃料の前払いの意味を持つといわれる。これに加えて、商業地の場合には、営業上の利益の対価の意味を持つといわれる。また、本来、借地権を譲渡するには借地権設定者の合意等が必要であるところ、これを譲渡できるようにすることの対価といった意味を持つこともある。

Ⅲ　賃貸借の効力

1　当事者の権利関係

(1) 賃貸人の義務

(a) 使用収益させる義務

賃貸借は有償であるため、賃貸人は目的物を使用収益に適した状態におく積極的な義務を負う（601条）。この義務の一環として、賃貸人は、目的物を賃借

人に引き渡す義務、目的物を修繕する義務、第三者による使用収益の妨害を排除する義務などを負う。これに対し、使用貸借は無償であるため、貸主の義務は借主が使用収益するのを妨げない消極的な義務であり、これには修繕義務は含まれていない。

(b) 修繕義務

(ⅰ) 修繕義務に関わる権利義務関係

修繕義務は、賃貸人の使用収益させる義務の具体的な現れである（606条1項本文）。ただし、賃借人の責めに帰すべき事由によってその修繕が必要になった場合には、賃貸人はこの修繕義務を負わない（同条1項ただし書）。また、たとえば、借りたアパートの電球の交換等は賃借人が行うこととするというように、特約によりこの義務が免除、制限されている場合も、賃貸人は修繕義務を負わない。

他方で、賃借人は賃貸人が賃借物の保存に必要な行為をするのを拒むことはできない（同条2項）。マンションの補修のために部屋に立ち入られるように、賃貸人の保存行為が賃借人の意思に反し、賃借人が賃借をした目的を達することができなくなる場合には、賃借人は契約の解除をすることができる（607条）。また、賃借人は、賃借物が修繕を要する場合には、賃貸人が知らずに損傷等が拡大しないように、遅滞なく賃貸人に通知する義務を負う（615条）。

(ⅱ) 修繕義務と賃料支払義務

雨漏りなどがあっても賃貸人が修繕をしない場合、債務不履行になるため、賃借人は、履行請求や損害賠償請求ができるが、賃料支払義務は変わらず負い続けるか。賃借物の一部が滅失などにより使用収益をすることができなくなっている場合には、賃料はその部分の割合に応じて減額される（611条1項）。ただし、これが賃借人の責めに帰すべき事由による場合は除かれる。賃料は賃借物の使用収益の対価として日々発生するものであるため、その一部が使用収益することができなくなれば、対価である賃料もその割合に応じて当然に発生しないという考え方に基づくものである。したがって、賃料は賃借人の請求によらずに当然に減額される。また、残っている部分だけでは賃借人が賃借をした目的を達成することができないときは、賃借人は賃貸借契約を解除できる（同条2項）。賃借人は帰責事由があってもこの解除をすることができる。

(c) 賃貸人の担保責任と他人物賃貸借における責任

　賃貸借も有償契約であるため、賃借目的物に契約不適合がある場合には、前に見た売主の担保責任に関する規定（562条以下）が準用される（559条）（第7章IV参照）。このうち、引き渡された物の品質が契約に適合しない場合、賃借人は、修補を請求し、または、目的物が種類物であれば、代替物の引渡しを請求することができる。加えて、賃料の減額の請求や、損害賠償の請求、契約の解除をすることもできる。

　また、他人の物を賃貸する場合、売買において他人物売買が有効であるのと同様に（第7章III 1(1)(a)参照）、この賃貸借契約も有効である（559条・561条）。そのため、賃貸人は使用収益させる義務を負い、賃借人は賃料支払義務を負う。他方で、所有者は、目的物を使用している賃借人に対して、所有権に基づいて返還を請求することができる。賃貸人と貸借人との間では賃貸借契約が有効であっても、所有者との関係では目的物を権限なく利用しているからである。そして、所有者から目的物の返還請求があれば、賃借人は賃貸人に対して賃料の支払を拒むことができる（559条・576条）。また、使用収益ができなくなれば、賃貸借契約は終了する（616条の2）。

(d) 費用償還義務

　たとえば、賃貸マンションのトイレが壊れたので賃借人がこれを修繕し、費用を支出したという場合には、賃借人は賃貸人に対してただちにこの目的物を使用収益に適した状態にするための費用（必要費）の償還を請求することができる（608条1項）。賃貸人が修繕する義務を負っていたのに、代わりに賃借人が修繕をしたからである。ただ、本来は所有者だけが賃借物に手を加えることができるはずであるので、賃借人が修繕をすることができるのは、①賃貸人に修繕が必要である旨を通知し、または、賃貸人がその旨を知ったにもかかわらず、相当な期間内に修繕をしないとき、②急迫の事情があるときのいずれかである（607条の2）。なお、賃借人が修繕義務を負うなど、賃貸人の必要費の負担を制限、免除する特約がある場合には、賃貸人は必要費を負担しない。

　壁や天井のクロスを張りかえるなど賃借人が賃借物の改良のための費用である有益費を支出したときは、賃貸人はその償還をしなければならない（608条2項本文）。有益費は賃借物の客観的価値を増加させたものである必要がある。

有益費は、契約終了時に、196条2項に従い、つまり、その価格の増加が現存する場合に限り、賃貸人の選択により、支出した金額または現存する増価額を償還する。ただし、賃貸人の申立てに基づいて相当の期限が猶予されることがある（608条2項ただし書）。

賃借人は、必要費の償還および有益費の償還を、賃貸人が賃借物の返還を受けた時から1年以内に請求しなければならない（622条・600条1項）。

(2) 賃借人の義務

(a) 賃料支払義務

賃借人は賃料を支払わなければならない（601条）。これが賃借人の中心的な債務である。賃料は後払が原則であり、動産、建物および宅地については毎月末に、その他の土地については毎年末に、収穫の季節があるものについてはその季節の後に、遅滞なく支払わなければならない（614条）。しかし、実際には、特約により前払とされていることが多い。

賃借人は約束した額の賃料を支払わなければならない。しかし、民法は、非常に例外的な場合について、賃借人が賃料の減額を請求することを認めている。すなわち、耕作または牧畜を目的とする土地の賃借人は、不可抗力によって収益が賃料より少なかったときは、その収益の額まで、賃料の減額を請求することができる（609条）。加えて、不可抗力によって引き続き2年以上収益が賃料より少なかったときは、契約を解除することができる（610条）。

(b) 用法遵守義務、目的物保管義務、通知義務

賃借人は、契約またはその目的物の性質によって定まった用法に従い、その物の使用および収益をする義務を負う（616条・594条1項）。たとえば、借家において無断で建物の増改築をすること、特約により禁止されているペットの飼育をすること、住宅用の借家で営業をすることなどが、この用法遵守義務違反に当たる。また、賃借人は賃借物の返還までその保存について善管注意義務を負う（400条）。さらに、賃借物が修繕を要する場合だけでなく、賃借物について権利を主張する者がある場合にも、賃借人は遅滞なく賃貸人に通知をする義務を負う（615条）。同様の規定が寄託のところにもある（660条1項）。

賃借人による契約の趣旨に反する使用収益によって生じた損害についての賃

貸人の賠償請求権にも、賃借物の返還を受けてから1年以内の期間制限がある（622条・600条1項）。

(c) 目的物返還義務と原状回復義務

賃貸借契約が終了すると、賃借人は賃借物を返還する義務を負う（601条）。その際、賃借人は、賃借物を受け取った後に生じた通常損耗および経年変化については、元に戻す義務、つまり原状回復義務を負わないのに対して、これらを超える損傷については、原状回復義務を負う（621条本文）。ただし、この損傷が地震など賃借人の責めに帰することができない事由によるものであるときは、この限りでない（同条ただし書）。このような事由による損傷についてまで賃借人は原状回復義務を負わない。もともと賃貸人が修繕すべきであったからである。

(d) 収去義務

賃借人が持ち込んだ家具や設置した花壇など、賃借物を受け取った後に付属させた物がある場合には、賃貸借が終了すれば、賃借人は、原状回復義務の1つとしてこれを収去する義務を負う。そのため、この収去に必要な費用は賃借人が負担する。ただし、その限界として、賃借人が塗ったペンキや増築した部分など、この物を賃借物から分離することができない場合および分離するのに過分の費用を要する場合には、これを履行するのが不能であるため、賃借人はこの収去義務を免れる（622条・599条1項）。また、この規定は任意規定であるため、付属物を収去せずに賃借物を返還する特約がある場合にはこれによる。これらの場合において、この物を付属させるための費用が有益費になるときは、賃借人は賃貸人に対しその償還を請求することができる（608条2項）。

反面、自身の財産を付属させているため、賃借人は権利としてこれを収去することができる（622条・599条2項）。とはいえ、さきに見たとおり、もともと賃貸人に求められれば収去しなければならないという収去義務を負っているため、収去に要する費用は賃借人が負担する。

(3) 借地借家法による権利義務関係の調整

賃貸人と賃借人は契約に基づいて以上の義務を負っているわけであるが、不動産賃貸借について、借地借家法はこれらを修正する規定を置いている。賃貸

借契約は代表的な継続的契約であり、不動産賃貸借、なかでも、借地の期間は数十年に及ぶ。その間に、事情の変更があれば、当初の合意に当事者を拘束するのは不都合になり、契約内容を修正する必要が生じる。しかし、修正について当事者が合意に至ることは、とりわけ、これが賃借人の要請に基づく場合は、容易ではない。そこで、借地借家法は、裁判所を介して当事者の権利義務を調整する以下の規定を置いている。

(a) 賃料等増減請求権

（ⅰ）賃料等増減請求権の意義

たとえば、昔から土地を貸しているが、賃料はそのままだとする。地価が相当に上昇しているにもかかわらず、賃料の増額に借地権者が応じない場合、これを調整する必要がある。民法にも賃料額の減額を認める規定（609条～611条）が置かれているが、増額を認める規定はない。他方、借地借家法は、借地についても借家についても、比較的柔軟に賃料および地上権の地代（以下賃料で代表する）の減額のみならず増額も認める。賃料が、税金などの増減や、地価や建物価格の変動などの経済事情の変動、近隣の賃料の相場との比較から不相当となったときは、当事者は、合意が成立しなくても、賃料の増減を請求することができる。賃料の増減額を主張する当事者は、裁判所に訴えを提起する前に、まずは調停の申立てをしなければならない（民事調停法24条の2第1項）（調停前置主義）。継続中の契約の一部変更であるため、当事者の話合いによる円満な解決を図ることが適切であるからである。ただし、一定の期間は賃料を増額しない特約がある場合には、増額を請求できない（借地借家11条1項・32条1項）。これに対し、一定期間は減額しない特約は無効である。

（ⅱ）相当な賃料

賃料等増減請求権は形成権であり、当事者の一方的意思表示により、相手方への到達の時から賃料の相当額への増額または減額の効果が生じる。とはいえ、相当額がいくらかは最終的には裁判により確定される。そうすると、賃料増額請求がされ、裁判が確定するまで賃借人が相当額に満たない賃料を支払っていた場合に、これが債務不履行になり、賃貸借契約が解除されるということになると、いくら払うべきかわからなかった賃借人にとって酷であろう。そこで、借地借家法は、裁判が確定するまでは賃借人が相当と認める額の賃料を支

払うことで足りるとし、不足があっても債務不履行を理由とする解除を認めていない。不足額は、年1割による支払期後の利息を付して、支払えばよいとする（借地借家11条2項・32条2項）。

　減額請求については、裁判が確定するまでは、賃貸人が相当と認める額の賃料の支払を請求することができ、相当額を超過していた分は、受領時から年1割の利息を付して返還すればよい（同11条3項・32条3項）。

サブリース

　サブリースとは、一般に、不動産業者がビル等の建物の所有者から建物を一括して借り受けて、これをテナントに転貸し、建物の賃料と転貸料との差額を得るという取引をいう。このサブリースにおいて、賃借人である不動産業者が賃料減額請求権を行使できるかが、大きな問題になった。

　土地の所有者が不動産業者の提案を受けてビルを建て、これを一括して業者に賃貸し、業者はテナントを募って転貸する。所有者にとっては、土地を売却せずに安定した収入を得ることができ、業者にとっては、土地取得費用および建物建築費用をかけずに収益を上げることができる。とくに問題になったサブリースはこうしたものであった。これはバブル経済期に盛んに行われた。

　この転貸借を予定した建物の賃貸借であるサブリース契約においては、通常、賃貸人である所有者と賃借人である不動産業者との間で、たとえば、2年ごとに8％値上げするというように、賃料の自動増額特約がなされていた。バブル経済当時、不動産価格および賃料相場は右肩上がりで、賃料を固定されるのは賃貸人にとって不利であった。そこで、賃借人は、賃料相場が上昇していくとの予測を前提に、このような賃料の自動増額特約を入れることで土地を貸すよう勧誘したのである。反対に、賃料相場が上昇しなかった場合、賃借人は転借人であるテナントから、この賃料相場に従った安い転貸料しか受け取れない。にもかかわらず、賃貸人に対しては、この自動増額特約によって増額されていく高い賃料を支払わなければならない。このように、賃借人にとってこの特約は当然に不利なものとなる。したがって、賃借人である不動産業者はこの賃料相場が上昇しない可能性（リスク）を引き受けていたと評価することもできた。

　その後、バブル経済が崩壊して賃料相場が大幅に下落し、安い転貸料でしかテナントが集まらなくなった結果、この賃貸借契約のままでは賃料が転貸料を上回るなどの事態が生じた。とはいえ、賃貸人も多くの場合、多額のビル建築

費用を借り入れており、賃料を減額するとその返済が滞ることになるため、賃料の減額に応じなかった。そこで、不動産業者は、借地借家法32条に基づく賃料減額請求権を行使した。この減額請求権を認めれば、プロの業者による予測の誤りを相手方の賃貸人に押し付けることにもなる。しかし、サブリース契約も建物の賃貸借契約であるうえ、同条1項の規定は強行法規であり、賃料自動増額特約によっても、その適用を排除することはできないため、結局、減額請求権は認められている（最判平成15・10・21民集57巻9号1213頁）。

(b) 借地条件の変更

借地権を設定する際に、建築される建物を居住用に制限するというように、建物の種類や用途などを制限する借地条件が合意されることがある。しかし、この借地条件も、土地の規制の変更や、付近の土地の利用状況の変化などの事情の変更により、これを変更するのが相当になることもある。にもかかわらず、当事者間で合意に至らないときは、裁判所は、当事者の申立てにより、これを変更することができる（借地借家17条1項）。また、借地においては、しばしば地上建物の増改築を禁止し、または制限する特約がされる（増改築禁止特約）。あとで見る契約終了の際に借地権者が建物の買取りを求めることができる建物買取請求権（Ⅵ1⑵）によって、借地権設定者（土地の賃貸人または地上権設定者）が高額な建物の買取りを強いられることなどを防ぐためである。しかし、建物の老朽化などにより、この増改築が必要になることがある。そこで、土地の通常の利用上相当な増改築についても、裁判所は借地権設定者の承諾に代わる許可を与えることができる（同条2項）。

2　賃貸借の存続期間

(1) 民法の規定

(a) 期間

（ⅰ）期間の長期化

平成29年（2017年）の改正まで、賃貸借の存続期間は20年を超えることができず、更新してもその時から20年を超えることができなかった（旧604条）。このような上限を設けたのは、とくに土地の賃貸借については、これを超える期

間利用したいのであれば、地上権や永小作権が設定されるであろうと、起草者が考えたためである。しかし、実際には、地上権や永小作権はそれほど用いられなかった。そのため、借地借家法はあとで見るような存続保障を行っている。それでも、この借地借家法の適用のない土地（ゴルフ場の敷地など）や動産（重機やプラントなど）について、20年を超える賃貸借のニーズがある。そこで、今日において、民法上の賃貸借の存続期間は最大で50年とされるに至っている（604条1項）。本条は強行規定であり、50年を超える期間を合意した場合、50年に短縮される。

（ⅱ）短期賃貸借

不在者の財産管理人（28条）、権限の定めのない代理人（103条）、共有物の管理者（252条の2第1項）、後見監督人がいる場合の後見人（864条）、相続財産の管理人（897条の2第2項）、相続財産の清算人（953条）などのように、財産の性質や現状を変更する処分行為をする権限のない者がする賃貸借は、次の期間を超えることができない（602条前段）。樹木の栽植または伐採を目的とする山林の賃貸借では10年、これ以外の土地の賃貸借では5年、建物の賃貸借では3年、動産の賃貸借では6か月である（短期賃貸借）。長期にわたる賃貸借は、処分行為に当たると考えるからである。602条は、強行規定であり、契約でこれより長い期間を定めたときであっても、これらの期間に短縮される（同条後段）。

（b）更新

期間の定めのある賃貸借において、当事者が合意により契約の更新を行うことができるのはもちろんである。さらに、更新の合意を推定する黙示の更新が認められている（619条1項）。これによると、賃貸借の期間が満了した後で、賃借人が賃借物の使用収益を継続しているのに、賃貸人が知りながら異議を述べない場合は、これまでと同一の条件でさらに賃貸借をしたものと推定される。この黙示の更新は、後でみる借地借家法の法律によって強制される更新（法定更新）とは次の点が異なる。①更新の合意が推定されるだけで、賃貸人がこれと異なる合意があることを証明すれば、この合意が優先する。②土地の賃貸借でも黙示の更新により期間の定めのない賃貸借となる。このため、賃貸人は解約申入れにより契約を終了させることができる。③異議は、遅滞なく述べ

ることも、正当事由があることも必要でない。④黙示の更新がなされても、当事者が提供していた担保は、敷金を除いて、更新された賃貸借には引き継がれない（同条2項）。

(2) 借地

(a) 存続期間

604条1項は最低何年と賃貸借の期間の下限を定めていない。とはいえ、建物の所有を目的とする土地の賃貸借の期間があまりに短いのも、不合理である。当事者の自由な合意によると、力の強い借地権設定者の意向から、期間は短くなりがちである。そこで、借地借家法には以下のような期間の下限が定められている。

（ⅰ）普通借地権

通常の借地権（普通借地権）が設定される場合、その存続期間は30年であり、契約でこれより長い期間を定めたときは、その期間となる（借地借家3条）。契約で期間を定めなかった、または、これより短い期間を定めた場合には、期間はこの法定期間である30年となる。したがって、期間の定めのない借地権は存在しない。

（ⅱ）定期借地権

たとえば、遊技業の社長が新規出店のために土地を借りようとする場合において、それほど長期間借りられなくてもよいので、更新はいらないが、その代わりに権利金を安くしてほしいと考えているとしよう。このような需要に応えるため、借地借家法には、普通借地権に加えて、更新が認められない借地権である定期借地権が定められている。定期借地権は、一定の要件の下で、存続期間や更新、建物買取請求権などに関する借地借家法の強行規定を、特約によって排除することを認めるものである。これらの点では普通借地権と異なるが、その他はこれと同一の効力を有する。定期借地権には次の3つのタイプがある。

第1に、一般定期借地権は、存続期間を50年以上として、更新や建物買取請求権などを特約により排除するものである。この特約は、借地権者が定期借地権であることを十分に理解して契約するため、公正証書等の書面でしなければ

ならない（借地借家22条）。なお、この公正証書は単なる例示であり、他の書面でもよい。当初の期間が満了すると、借地権者は土地を更地にして返還しなければならない。

　第2に、事業用建物を建てるために設定される事業用定期借地権がある。郊外型レストランやコンビニエンス・ストア、ショッピングセンター、遊技場などの用地としての利用が想定される。事業用定期借地権には、①存続期間を30年以上50年未満とする長期のもの（借地借家23条1項）と、②存続期間を10年以上30年未満とする短期のものとがある（同条2項）。存続期間が30年未満の借地権は原則として認められていないはずであるが、事業用の建物のための借地の場合に限って認められているのである。この定期借地権を設定する契約は公正証書でしなければならない（同条3項）。そして、当初の期間が満了すると、借地権者は土地を更地にして返還しなければならない。

　第3に、建物譲渡特約付借地権は、設定から30年以上経過後に建物を敷地の所有者などの借地権設定者に相当の対価で譲渡することを特約して、設定されるものである（借地借家24条1項）。期間が満了すると、建物の所有権が借地権設定者に移転して、同人が建物の所有者となる。これにより、借地権者には期間満了時に建物がないことになるため、法定更新が生じず、借地権は消滅する。土地活用のノウハウや資金を持たない借地権設定者からディベロッパーが土地を借りて、賃貸マンションや賃貸オフィスビルを建てるという用いられ方が想定されている。借地権設定者には、一定期間経過後に確実に土地が返却されるというメリットがあり、借地権者には、譲渡の対価を得ることで投下資本を回収できるというメリットがある。なお、借地権が消滅する際に、建物を使用している借地権者や建物賃借人が請求したときは、その建物につき新たに所有者となった借地権設定者とこれらの者との間で期間の定めのない建物の賃貸借が成立したものとみなされる（同条2項）。

(b)　更新

　借地の期間満了が近づいているところ、せっかく建てた自宅なので更新したいと思っているが、借地権設定者が応じてくれるかわからないとする。こうした場合について、借地借家法は、更新の制度を設けることでも、借地の存続保障を図っている。同法は、民法よりも強力な更新を規定し、次のように3とお

【図表3-10-1】

〔借地の更新〕

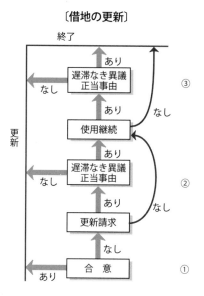

りの更新の可能性を認めている（→【図表3-10-1】）。

（ⅰ）合意による更新

　当事者間において更新の合意がなされる場合には、もちろん、契約は更新される。この場合、建物がすでに滅失していてもよい。更新後の存続期間は、最初の更新の場合には20年、2回目以降は10年が下限となっている（借地借家4条本文）。当事者が期間を定めなかった、または、これらより短い期間を定めた場合、更新後の存続期間は20年または10年となる。これに対し、当事者がこれらよりも長い期間を定めたときは、その期間になる（同条ただし書）。

（ⅱ）更新請求による法定更新

　次に、こうした合意がなくても、借地借家法は法律によって更新が強制される法定更新を認めている。借地契約の期間が満了する際に、借地権者が契約の更新を請求したときは、建物があれば、これまでの契約と同一の条件で契約を更新したものとみなされる（借地借家5条1項本文）。借地権設定者が遅滞なく異議を述べれば、更新を拒絶することができるが（同条ただし書）、この異議には正当事由がなければならない（同6条）。この正当事由はあとで見る。更新後

の存続期間は、最初の更新では20年、2回目以降は10年となる。

（ⅲ）使用継続による法定更新

さらに、この更新請求による法定更新がなされなくても、借地権者が期間満了後も土地の使用を継続する場合には、同様に、建物があれば、借地権設定者がこれに遅滞なく正当事由のある異議を述べないかぎり、契約を更新したものとみなされる（借地借家5条2項・6条）。借地権者が土地の使用を継続する場合には、①当事者双方がなにもせずに期間が満了し、借地権者が使用を継続する場合と、②借地権者の更新請求に対して借地権設定者が正当事由のある異議を遅滞なく述べたが、借地権者が期間満了後も使用を継続する場合とがある。

（c）　正当事由

正当事由は以下の要素を考慮して判断される（借地借家6条）。まずは、①借地権設定者と借地権者が土地の使用を必要とする事情である。これに加えて、②借地に関するこれまでの経過（権利金の支払や土地を借りた経緯などの契約締結時の事情および使用期間や借地人の履行状況などの契約存続中の事情）、および、③土地の利用状況（建物の種類・用途・構造・規模、借地権者の建物の利用状況など）、ならびに、④借地権設定者が、土地の明渡しの条件に借地権者に対して申し出た立退料である。

この中で、中心的な役割を果たすのが、当事者双方の自己使用の必要性（①）である。借地権者に土地を使用する必要があるのに対して、借地権設定者には自ら土地を使用する必要がまったくないのであれば、すでに長期間の借地がなされていても、借地権設定者が高額な立退料を提供しても、借地契約の更新を拒絶する正当事由は認められない。たしかに、借地権者がいなければ土地を高値で売却できるが、この場合には、正当事由は認められないのである。

正当事由の判断においては、借地権者からさらに土地を借りて建物を建てた転借地人の事情も考慮される（借地借家6条かっこ書）。これと類似しているのが、Aから土地を借りてBが建てた建物をCが借りている場合である。しかし、この建物賃借人Cの事情は、原則として、AB間の借地契約の正当事由の判断において、借地権者Bの側の事情として考慮されない。あとで見るように、Bが土地を転貸するには、賃貸人である借地権設定者Aの承諾が必要になる（612条1項。本章Ⅴ2参照）。これに対して、Bが借地上の自身の建物をC

に賃貸する場合には、この建物の賃貸人ではないAの承諾は不要である。そのため、Cの事情によって借地契約の存続が左右されると、Cの出現について何の関わりもないAが不測の不利益を被るからである。ただ、たとえば、賃貸マンション建設のための借地のように、借地契約が当初からCの存在を容認しているなど、特段の事情がある場合には、これを考慮することができる（最判昭和58・1・20民集37巻1号1頁）。

(d) 建物の再築による期間の延長

借地契約が残り10年のところで建物が火事でなくなってしまい、建物を再築したとする。このような場合に、借地契約はどれくらいの期間認められるか。建物が滅失し、これを再築すると、この新しい建物の耐用年数は、通常なら、借地契約の残りの期間を上回る。借地権者としては、その分の契約期間が確保されることを望むであろう。他方で、借地権設定者としては、勝手に建物を建てられて一方的に期間を延長されるのは困る。そこで、借地借家法は、次のように、更新前の滅失の場合と更新後の滅失の場合とで分けて、期間延長を認め、借地権者と借地権設定者の利害を調整している。

（ⅰ）更新前の建物の滅失

借地契約を更新する前に建物が滅失した場合、借地権者が建物を再築し、この再築について借地権設定者が承諾をしたときは、借地権は承諾があった日または再築された日のいずれか早い日から20年間存続する（借地借家7条1項）。借地権設定者が、借地権者から再築の通知を受けた後、2か月以内に異議を述べなかったときは、この承諾をしたものとみなされる（同7条2項）。借地権設定者が異議を述べれば、借地契約は当初の期間で満了する。この異議に正当事由は不要である。ただし、当初の期間満了時の借地権設定者による更新拒絶の異議には、正当事由は必要である。さらに、更新が拒絶できても、借地権者は、あとで見る、借地契約終了の際に建物の買取を借地権設定者に求める、建物買取請求権を行使することができる（同13条1項。本章Ⅵ1(2)参照）。ただ、新しい建物を買い取られる借地権設定者の不利益を考慮して、代金支払について相当の期限が猶予されることがある（同条2項）。

（ⅱ）更新後の建物の滅失

借地契約を更新した後に建物が滅失した場合、当初の期間が満了しているた

め、借地の目的も達成されていることが多いであろう。そこで、借地権者が借地契約を解消することが認められている（借地借家8条1項）。もちろん、借地権者が借地権設定者の承諾を得て建物を再築すれば、同様に契約期間は20年間延長される（同7条1項）。これに対し、借地権者がこの承諾を得ずに再築をしたときは、借地権設定者は借地関係を解消することができる（同8条2項）。そして、借地権は、借地権者または借地権設定者の解約の申入れから3か月後に消滅する（同条3項）。借地権設定者からの解約に正当事由は不要である。なお、再築につきやむを得ない事情があるときは、裁判所は借地権設定者の承諾に代わる許可を与えることができる（同18条1項）。

(3) 借家

(a) 存続期間

借家については借地借家法は借地のように期間の下限を設けることによる存続保障を行っておらず、当事者が定めた期間に従う。ただし、①1年未満の期間の借家は、期間の定めのないものとみなされる（借地借家29条1項）。また、②604条は借家には適用されず、期間の上限がないため（同条2項）、50年を超える期間の借家契約が可能である。このように、短期の約定期間を規制し、また、期間に上限を設けないことで、借家の存続保障を図っているのである。

(b) 期間の定めのある借家の更新

（ⅰ）合意による更新

借家の期間が満了する際に当事者が合意により更新すれば、もちろん、借家契約は更新される。

（ⅱ）自動の法定更新

借家契約の期間の満了に際して、建物の賃貸人ととくに更新について合意していない場合、借家契約はこのまま終了してしまうのだろうか。借地借家法は借家についても、建物賃借人を保護するために、法定更新を認めている。これによると、建物賃貸人は、借家契約の更新を阻止するためには、契約期間満了の1年前から6か月前までの間に、建物賃借人に対して更新をしない旨の通知をするか、または、条件を変更しなければ更新をしない旨の通知をしなければならない。これをしないと、契約を更新したものとみなされ、いわば自動的に

更新がなされる（借地借家26条1項）。また、この更新拒絶の通知には正当事由が必要である（同28条）。

（ⅲ）使用継続による法定更新

　この通知がなされても、契約期間満了後も建物賃借人が使用を継続する場合には、建物賃貸人が遅滞なく異議を述べないと、契約を更新したものとみなされる（借地借家26条2項）。ただし、借地の場合とは異なり、この建物賃貸人の異議には正当事由は不要である。というのも、借家では、必ずこれ以前に建物賃貸人から正当事由のある更新拒絶の通知がなされており（さもないと契約が更新される）、再度この異議に正当事由を要求する意味がないからである。

　以上の自動の法定更新または使用継続による法定更新によって、契約は従前と同一の条件で更新され、その期間は定めのないものとなる（同26条1項）。

　（c）　期間の定めのない借家

（ⅰ）解約申入れによる終了の制約

　期間を定めていない賃貸借では、当事者は、いつでも解約の申入れをすることができる（617条1項）。ただし、借地借家法は、建物賃借人保護のために、期間を定めていない借家契約の解約申入れによる終了について、次の特則を置いている。建物賃貸人が解約申入れをした場合に、建物賃借人は建物の明渡しを猶予されるが民法ではその期間が3か月となっているところ（617条1項2号）、借地借家法では6か月に延長されている（借地借家27条1項）。ただし、建物賃借人から解約申入れがあった場合は、借家契約は3か月後に終了する。さらに、この建物賃貸人による解約申入れには、正当事由が必要である（同28条）。

（ⅱ）使用継続による契約の存続

　期間を定めていない建物の賃貸借で、自身が建物を使用する必要が生じた建物賃貸人が正当事由のある解約申入れを行った場合でも、建物賃借人が使用を継続し、建物賃貸人がこれに遅滞なく異議を述べなかったときは、解約は認められない（借地借家27条2項・26条2項）。建物賃借人が解約を申し入れたが、使用を継続した場合も同様である。なお、この異議に正当事由は求められない。すでに建物賃貸人からの解約申入れに正当事由が必要とされているからである。

(d) 正当事由

　建物賃貸人からなされる解約申入れおよび更新拒絶に必要とされる借地借家法28条の正当事由の判断も、借地の場合と同様である。すなわち、建物賃貸人および建物賃借人（転借人を含む）の自己使用の必要性を中心に、借家に関するこれまでの経過や建物の利用状況、建物の現在の状況、立退料の申出を補完的な要素として比較衡量するのである。

(e) 定期借家権

（ⅰ）成立要件

　マンションを購入した直後に転勤が決まってしまったので、マンションを賃貸したいが、いずれ帰ってくるつもりなので、更新のない借家契約を結ぶことを考えているとしよう。しかし、普通借家権では、更新をなしとする特約は、さきに見た更新に関する諸規定を建物賃借人に不利に変更することになるので、無効になってしまう（借地借家30条）。このように、賃貸人からは更新のない借家契約を結びたいというニーズがある一方で、賃借人からも、更新がなくてもよいから分譲マンションのような質のよいマンションを賃借したいというニーズがある。そこで、これらのニーズに応えるために、更新のない借家権を設定することが認められている。これを定期借家権という。

　定期借家契約とは、更新をしない特約をして契約期間満了により終了する借家契約である。これは次の要件を満たす必要がある。すなわち、①期間を定め、②契約の更新がないとの特約をし、③これを含めた契約を公正証書等の書面（公正証書は例示）によってする（同38条1項）。契約書面が要求されているのは、慎重に契約を結ばせるためである。さらに、④建物賃貸人は建物賃借人に対し、この契約の前に、更新がなく期間の満了により終了することを、契約書とは別に書面を交付して、説明しなければならない（同条3項）。建物賃借人になろうとする者に十分な情報を提供し、かつ紛争を未然に防止するためである。これをしないと、この更新を排除する特約は無効となる（同条5項）。

（ⅱ）効果

　この定期借家契約が成立すると、その効果として、法定更新がなく、期間の満了により借家契約は終了する。ただ、存続期間が1年以上である場合、建物賃借人に終了について注意を喚起するため、建物賃貸人は建物賃借人に対し、

期間満了の1年前から6か月前までの間に、期間満了による借家契約の終了の通知をしなければ、期間満了による終了を建物賃借人に対抗することができない。ただし、この通知期間経過後に通知した場合でも、その日から6か月が経過すれば、終了を建物賃借人に対抗することができる（借地借家38条6項）。これに対して、存続期間が1年未満の場合には、通知は必要ない。

ところで、賃貸借は、期間を定めた以上は、中途で解約できる権利を認めたのでないかぎり、期間満了前に一方的に解約できないはずである（618条）。しかし、更新がない代わりに期間を長期としたような場合、とくに居住用の建物については、建物賃借人が不要になったにもかかわらず、長期間の定期借家契約に拘束し、賃料を負担させ続けることが、酷なこともあろう。そこで、床面積が200平方メートル未満の居住用の建物の賃貸借において、建物賃借人は、転勤、療養、親族の介護その他のやむを得ない事情により、建物を生活の本拠として使用することが困難になったときは、解約の申入れをすることが認められている。これにより、借家契約はその日から1か月で終了する（借地借家38条7項）。

(f) 取壊し予定の建物の賃貸借

以上の定期借家の他にも、法令または契約により一定の期間が経過した後に取り壊すことが明らかな建物について賃貸借をした場合においても、この建物の取壊時に賃貸借が終了するという特約をすることが認められている（借地借家39条1項）。契約を確実に終了させることができるようにすることで、短い間でも安心して貸すことができ、建物を効率的に利用することができるのである。ここでは一般定期借地権が設定されている土地上の建物の賃貸借などが想定されている。

IV　賃借権の第三者に対する効力

1　不動産賃貸借の対抗力

(1) 不動産賃貸借の対抗力の拡充

賃借権は賃貸借契約に基づいて生じる債権であるため、債務者である賃貸人

以外の第三者に対して主張することはできないはずである。以下では、この民法の原則に対して、不動産賃借権についてどのような例外が認められるに至っているのかをみていこう。

(a) 民法による対抗力

　土地を借りていたところ、その所有者がこの土地を売却したとする。この場合に、賃借人はこの土地を借り続けることができるだろうか。賃借権は債権であって、債務者以外の第三者には対抗することができないのが原則である。したがって、賃貸借の目的物が譲渡された場合、賃借人は、新所有者に対して賃借権を対抗することができないため、新所有者の所有権に基づく返還請求を拒否することはできないはずである。これを「売買は賃貸借を破る」という。しかし、不動産の賃貸借については、賃貸借を登記することにより、新所有者を含む物権取得者などの第三者に対して、不動産賃貸借を対抗することができる（不動産賃貸借の登記、605条）。この点では、民法は、不動産の賃借権について、物権と同様の効力を不十分ながら認めていたことになる。

　しかし、賃借人にとってこの賃借権の登記は次のように容易ではない。すなわち、この登記の申請は当事者が共同で行わなければならないが（不登60条）、賃貸人が自主的に協力することはまず考えられない。登記がなされると、対抗力が備わって賃借権が強化される分、所有権が弱くなってしまうからである。そうすると、賃借人が賃貸人に対してこの登記に協力するよう請求し、確定判決により単独で登記申請をすることができればよい。しかし、賃借人はこの登記請求権を有しないと考えられてきた。物権である所有権の移転を受ける買主が登記請求権を有するのとは異なり（560条）、賃借人が有するのは債権である賃借権にすぎず、このような効力は備わっていないからである。

(b) 特別法による対抗力

　このように、実際には賃借権の登記がなされないなかで、こうした状況は賃貸人により悪用された。かつて、地主が賃料の値上げの手段として土地を売却し、借地人が建物を取り壊して土地を明け渡すことを迫られる「地震売買」が社会問題になった（本章Ⅰ2(1)(c)参照）。

　そこで、こうした事態に対処するために、明治42年（1909年）に「建物保護ニ関スル法律」（建物保護法）が制定された。同法によれば、借地人は土地の上

に登記した建物を有する場合には、賃借権の登記がなくても、これを第三者に対抗することができる（建物保護1条）。これにより、借地人は、地主の協力を必要とすることなく、建物の所有と登記という自分の行為だけで、借地権の対抗力を得ることができるようになったのである。このルールは、現在では、借地借家法10条1項に規定されている（→【図表3-10-2】）。

【図表3-10-2】

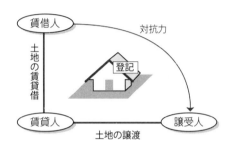

続いて、借家についても、大正10年（1921年）に制定された借家法は、建物賃借人が建物の引渡しを受けることで建物賃借権にこの対抗力が備わるとし（借家1条1項）、これは借地借家法31条に規定されている。

(2) 借地借家法10条による借地権の対抗力

(a) 現地主義と公示主義

借地借家法10条1項によれば、借地権が対抗力を得るには、借地権者が所有する建物が存在し、かつ登記がなされていることが必要である。では、これらの要件はどこまで厳格に求められるのか。この問題は、次の2つの考え方のいずれをとるかによって、大きく影響を受ける。以下、BがAから土地を借り、建物を建てたが、この建物の登記簿上の名義人がCになっているところ、この土地をDが購入しようとしているという設例をもとに、2つの考え方の違いを検討しよう。

一方で、土地の取引に入ろうとする者は登記簿を調べるだけでなく、現地も調査すべきとするのが、現地主義の考え方である。設例では、実際の建物の所有者がBのところ、登記簿上の名義人がCとなっており、登記が実態と異な

っている。しかし、調査によって土地所有者であるA以外の者の登記された建物の存在がわかれば、いずれにせよDは借地権の存在を推知することができる。そこで、現地を調べれば借地権の存在を認識できた以上は、Dが借地権を対抗されても、取引の安全を害することにならないと考えるのである。

他方で、登記簿により借地権の存在を認識できてはじめて、借地権を対抗されても仕方がないと考えるのが、公示主義である。もともと、賃借権の登記が要求されていたのは、公示により第三者の取引の安全を守るためであり、この公示の原則からすれば、この登記がなされていなければ、第三者は賃借権が存在しないものとしてよい。建物の登記はこの賃借権の登記の代用であるから、設例のように、実際の建物の所有者（B）と登記簿上の名義人（C）とが異なる場合、Dは、建物の登記（C）を見ても、この所有者（B）が借地権を有することを推測することはできないため、この借地権がないものと扱ってよいと考えるのである。

(b) 建物の登記

借地借家法10条1項の要件である、建物の登記の存在について、この登記が実態と違っている場合に、どのような場合にまで、この要件が満たされていることを認めるかが問題となる。ここでは、借地権者の対抗力が容易に認められる利益と、土地の譲受人の取引の安全の利益が対立している。そして、この問題への回答は、さきに見た考え方のうち現地主義をとるか公示主義をとるかによって大きく異なりうる。判例は次のように場面に応じて使い分けている。

（ i ）建物登記の地番の誤り

Aの土地上に建っているAの建物をBが購入して、移転登記を経由し、Aからその敷地を借りていた。この建物の登記簿上敷地の番地は80番地となっていたが、実際には79番地であったため、この79番地の土地を購入したCに対する借地権の対抗力が争われたというケースがある（→【図表3-10-3】）。これについては、建物の登記簿上の地番が実際とは多少違っていたとしても、登記簿の建物の種類、構造、床面積等の記載をあわせて見れば、その登記の表示全体において、登記簿では80番地にあるはずの建物と実際には79番地にある建物とが同一のものであることを認識することができる程度のささいな誤りであり、とくに簡単に更正登記ができるような場合には、借地権は対抗力を有する

としている。Ｃは現地を調査してＢの登記された建物がその地（79番地）にあることを知り、Ｂの賃借権の存在を推測することができるのが普通であるから、この者の取引の安全を損なうわけではないことを理由とする（最判昭和40・3・17民集19巻2号453頁）。

【図表3-10-3】

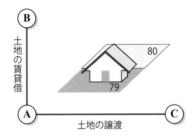

公示主義からは、Ｃが登記簿を見ただけでは本件土地（79番地）に借地権があることを認識できないのであるから、借地権の対抗力は否定されることになる。このように、現地調査を前提としている本判決には、現地主義の考え方を見ることができる。

（ⅱ）他人名義の建物登記

ＢがＡから土地を借り、その上に建物を建築したが、息子Ｃ名義で建物の保存登記をしたところ、Ａから土地を譲り受けたＤが土地の明渡しを請求したというケースがある（→【図表3-10-4】）。この場合には、Ｂの借地権の対抗力は否定されている。賃借権の登記の代わりに賃借人が登記した建物を所有し

【図表3-10-4】

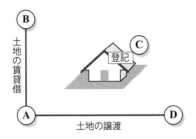

ていることに対抗力を認めているのは、土地の取引をする者が、建物の登記を見ると、その建物の名義人がその土地で建物を所有できる借地権を有していることを推測できるためである。本件のように、C名義の登記簿の記載では、Dは、このC名義の建物の登記を見ても、Bが建物を所有できる借地権を有することを認識できない。にもかかわらず、これをB名義の登記と同視して借地権の対抗力を認めることは、取引上の第三者Dの利益を害することになるからである（最判昭和41・4・27民集20巻4号870頁）。したがって、DはBの借地権を存在しないものと扱ってよい。本判決には、このような公示主義の考え方を見出すことができる。

学説の多くは現地主義に立って本判決に反対する。現地を調査すれば、建物の存在を知り、その建物の登記簿を見れば、その名義が、建物の所有者であろうがなかろうが、土地の所有者と異なっているため、借地権の存在を推測することができ、第三者の取引の安全を害することはない。そのため、この場合にも対抗力を認めることができると考えるのである。

（ⅲ）表示に関する登記

建物の登記は、権利（所有権）に関する登記はもちろん、その前になされる建物の種類、構造、床面積などを記録する、表示に関する登記でもよい。所有者の名前などが公示されているからである。

(c) 借地権者が所有する建物の存在

借地上の建物に登記がされると、借地借家法10条1項により、借地権は対抗力を得ることになるわけであるが、そのためにはそもそも借地権者が所有する建物が存在していなければならない。登記された建物が火災などにより滅失してしまった場合、この要件を欠くので、原則として、これにより借地権の対抗力も失われてしまう。しかし、この場合でも、借地権者が、建物の種類、構造、床面積など、その建物を特定するために必要な事項、滅失した日および建物を新たに築造する旨を、借地上の見やすい場所に掲示することにより、この掲示以降は例外的に借地権の対抗力が生じることが認められている（同条2項）。この掲示は、借地上に看板を立てることなどによって行う。借地権の存在を第三者に明認させる方法により対抗力が維持されるのは、建物の滅失後2年間に限られる。そのため、この間に建物を建てて登記をしないと、滅失した

日から２年後に対抗力は失われてしまう。

　注意すべきは、この看板を見るためには、買主となる者は登記簿を調べるだけでは足らず、現地に赴いて調査することが求められていることである。本項は、限定的であれ、この借地上での掲示という明認方法に対抗力を認めている。これは、現地を調査すれば、借地権の存在を認識できた以上は、借地権を対抗されても仕方がないという、現地主義への一歩を踏み出したものと評価することができる。

(d)　対抗力が認められない場合の救済

　借地権の対抗力が認められなくても、譲受人の明渡請求が権利濫用とされて、借地権者が救済される場合がある。

　たとえば、次のような場合である。ＢはＡから土地を借りて建物を所有していたが、賃借権にも建物にも登記がなかったところ、ＡからＣ、ＣからＤ会社へと土地が売却され、Ｄにより明渡請求がなされた。ただし、本件には次のような事情があった。まず、ＣはＡの実子、Ｄ会社はＡの経営する会社で、社員はＡＣを含む３名の同族会社、というようにＡＣＤは実質上同一人である。次に、ＣもＤも、Ｂの借地権を知りながら、Ｂに土地の明渡しをさせるためにあえて土地を買い求めた。さらに、ＡはＢによる建物の保存登記を妨げるような行為をしていた。このような場合において、Ｄの請求は、権利濫用として退けられている（最判昭和38・5・24民集17巻5号639頁）（→【図表3-10-5】）。

【図表3-10-5】

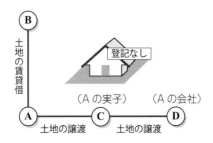

(3) 借地借家法31条による建物賃貸借の対抗力

借地借家法によれば、建物の賃貸借では、賃借権の登記がなくても建物の引渡しがあれば、譲受人等の第三者に対抗できる（31条）。建物の購入希望者はその建物を調べれば建物賃借人がいることがわかるから、借家権の公示としてはこれで十分であり、対抗力を認めてよいとの趣旨からである。

動産賃貸借の対抗力

不動産賃貸借には、以上のように対抗力が認められていたが、動産賃貸借はどうか。動産賃貸借には不動産賃貸借に対抗力を認める605条のような規定がない。そのため、「売買は賃貸借を破る」の原則に戻って、賃借人は債権である動産賃借権を目的物の新所有者などに対して対抗することができないといわざるをえない。しかし、それでは、とくに高価な動産の長期間の賃貸借において実際上の不都合が大きいことも事実である。

---

2 不法占拠者等に対する賃借権の効力

土地を借りて家を建てて住んでいたところ、知らない人がその一区画に駐車場を作り出したとする。こうした者には、①占有権原を有しない不法占拠者と、②賃貸人が別の者にも貸す約束をしていた場合のように、二重に賃借権の設定を受けた者がある。後者の二重賃貸借の場合には、借地であれば、605条や借地借家法10条1項の対抗要件を先に備えた者が優先するので、これに劣後する者である。とはいえ、賃借権は債権であり、賃借人は賃貸人以外に対してはこれを主張することはできないはずである。それでは、賃借人は自らどのような手段でこうした第三者の妨害を排除することができるだろうか。

(1) 占有の訴えと債権者代位権

まず、賃借人が建物を建てて土地をすでに占有している場合には、賃借人は占有権に基づいて占有の訴えにより妨害を排除することができる（197条以下）。しかし、占有を得ていない場合や、占有の訴えの提起期間（201条）経過後には、占有の訴えを提起することができない。

次に、賃借人には、債権者代位権によって、賃貸人の妨害排除請求権を代位行使する方法がある。債権者代位権とは、債権者が債権を保全するために債務者の権利を債務者に代わって行使できる権利である（423条1項）。第三者が不法占拠者である場合、賃貸人は土地の所有者として、所有権に基づいて物権的請求権である妨害排除請求権を行使することができる。他方で、使用収益を妨げられた賃借人は、賃貸人に対して賃貸借契約に基づいて自らに使用収益をさせるよう求めることができる。そこで、賃借人は、この債権者代位権を使い、自身の使用収益させるよう求める債権を保全するために、賃貸人の妨害排除請求権を代位行使するのである。しかし、第三者が賃貸人から二重に賃借権の設定を受け、占有権原を有する場合には、そもそも、賃貸人はこの第三者に対しても使用収益させる義務を負っており、妨害排除請求権を有しないため、この手段は使えない。なお、債権者代位権については、NBS債権総論を読んで学習してもらいたい。

(2) 賃借権に基づく妨害排除請求権

さらに、賃借人には自身の賃借権に基づいて妨害排除請求権を行使する方法がある。不動産の賃借人が対抗要件を備えた場合には、土地の一区画を無断で駐車場として使用しているというように、第三者がその賃借不動産の占有を妨害しているときは、賃借人は妨害の停止を請求することができる。第三者が土地をすべて占拠している（占有している）ときは、土地の返還を請求することができる（605条の4）。不動産賃借権は債権であるが、対抗力を備えた場合には、物権と同様の効力を有し、賃貸借契約の当事者ではない新しい所有者に対して対抗することができる。ましてや不法占拠者や劣後する賃借人に対して妨害を排除することができるのである。

V 賃貸借契約当事者の変動

1 賃貸人の地位の移転

(1) 合意による不動産の賃貸人の地位の移転

　Bが借りていた不動産を貸主のAがCに譲渡した場合、Cは賃貸人の地位を承継するか。Bの賃借権が対抗力を有する場合には、あとで見るように、賃貸人の地位は法律上当然にAからCに移転する。他方で、借地ではBの登記した建物が存在しない、借家ではBがまだ建物の引渡しを受けていなかったというように、Bの賃借権に対抗力がない場合はどうか。この場合に賃貸人の地位が移転するには、まずは譲渡の当事者であるAとCの間の合意が必要である。これに加えて、賃借人であるBの承諾も必要であるかが問題となる。

(a) 契約上の地位の移転の原則

　契約の一方の当事者について、債権や債務だけでなく、取消権や解除権という契約上の地位そのものにともなう権利も含めて、契約当事者としての地位を全体として移転することを契約上の地位の移転という。たとえば、AB間の契約において、Aが契約上の地位をCに譲渡すると、譲渡人Aは契約関係から離脱し、新たに譲受人Cが契約当事者となる。相手方BのAに対する債権に着目すると、債務者がAからCに交代し、元の債務者Aが債権関係から離脱するという免責的債務引受が行われているのと同様である（免責的債務引受については、NBS債権総論の解説を参照）。あとで見る、賃貸借における賃貸人の債務は別として、通常は、債務者が交代することで債務が確実に履行されるかが変わってきてしまう。そのため、この交代には原則としてBの同意が必要である（472条3項）。そこで、この契約上の地位の移転は、①ABCの三者が合意した場合か、②AとCが合意して、Bがこの移転に承諾した場合に、認められている（539条の2）（→【図表3-10-6】）。売買契約の買主の交代の場面を想定すれば、買主に支払能力があると判断して土地を売る契約をしたのだから、買主が交代するには、売主の承諾を必要とすることはうなずけるであろう。

【図表3-10-6】

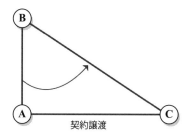

(b)　不動産賃貸人の地位の移転の特則

　これに対し、不動産賃貸人の地位は、賃借人Bの賃借権に対抗力がない場合であっても、不動産の譲渡に際して、Bの承諾を要することなく、譲渡人Aと譲受人Cの合意によって、移転する（605条の3前段）。賃貸人の義務は賃貸人が誰であるかによって履行の仕方が大きく異なるようなものではないし、賃借人にとっても、新しい所有者にその義務の承継を認めることのほうがむしろ有利であるからである。

(2)　不動産賃貸人の地位の法律上当然の移転

(a)　賃貸人の地位の移転

　すでに見たように、605条等により賃借権が対抗力を備えると、賃借人Bはこれを賃貸不動産の譲受人Cに対抗することができる。その上で、不動産の譲渡にともない、賃貸人たる地位は法律上当然にこのCに移転する（605条の2第1項）。この場合に、AC間において賃貸人の地位の移転を合意することは必要でない。そして、賃貸人の地位がCに移転する結果、旧所有者Aは賃貸借関係から離脱することになる。

(b)　賃貸人の地位の留保

　他方で、賃貸不動産を譲渡した場合においても、譲渡人Aが賃借人Bに対する賃貸人であり続ける需要も存在する。Aが引き続き不動産賃貸の事業を続けたい場合や、譲受人Cが、賃貸管理のノウハウをもつAを引き続きBの賃貸人とすることで、自身はBに対する賃貸人としての義務を負うことなく、管理を委ねたい場合に、この賃貸人の地位の留保のニーズがある。しかし、A

がBに対する賃貸人としてとどまると、新たに所有者になったCとAとの間で賃貸借などの利用権限を設定することが必要になる。そして、CとAの間にCを賃貸人とする賃貸借契約が成立すると、Bは、Aを転貸人、Bを転借人とする転貸借関係におかれることになる。ここでは、Aの債務不履行によりAC間の賃貸借契約が解除されると、Aの転貸する権限が消滅するため、BはCに転借権を対抗できなくなり、Cからの明渡請求に応じざるをえないなど不安定な地位におかれることになる（本章V3(2)(a)参照）。

　そこで、賃借人の不利益に配慮しながら賃貸人の地位の留保を認める次の仕組みがとられている（605条の2第2項）。不動産の譲渡人Aと譲受人Cが賃貸人の地位をAに留保するとの合意をし、かつ、新しく所有者になったCが不動産をAに賃貸するとの合意をしたときは、Bに対する賃貸人の地位はAに留保される。こうして、CとAの間にCを賃貸人とする賃貸借契約が成立すると、AとBの間はAを転貸人、Bを転借人とする転貸借契約ということになる。そして、CとAの間の賃貸借が終了すると、Bに対する関係で賃貸人の地位がAからCに移転することが認められている。AC間の賃貸借が消滅しても、Bに対する賃貸人の地位がCに移転して、直接BC間に賃貸借関係が成立することで、Bの地位がAC間の関係に左右されることが回避されているのである（→【図表3-10-7】）。

【図表3-10-7】

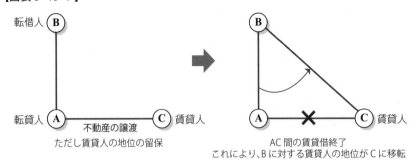

転借人 B　　　　　　　　　　　　B

転貸人 A　不動産の譲渡　C 賃貸人　　　A　×　C 賃貸人
　　　　ただし賃貸人の地位の留保　　　　AC間の賃貸借終了
　　　　　　　　　　　　　　　　これにより、Bに対する賃貸人の地位がCに移転

(3) 新しい不動産賃貸人の権利義務

(a) 新しい賃貸人の権利行使の要件

不動産の譲渡にともない賃貸人の地位が移転する場合において、新たに賃貸人になった者Cが賃借人Bに対して賃料請求など賃貸人としての権利を行使するためには、不動産の移転登記をしなければならない（605条の2第3項）。登記がなされることで、Bにとって賃料債務等の履行の相手方である賃貸人がCであることが明らかになり、二重払の危険を免れることができるからである。

(b) 権利義務の承継

新しい不動産賃貸人Cに承継される権利義務関係は、旧賃貸人Aにあったそれと内容的に同一のものである。その上で、一方で、新しい賃貸人Cは、賃貸人の地位の移転について賃借人Bに対抗できるようになって以降、つまり、不動産の移転登記後に発生する賃料債権を請求することができる。他方で、Cは必要費および有益費の償還債務を承継する（605条の2第4項）。必要費および有益費は、賃貸人が交替した後に支出したものだけでなく、それ以前に支出したものについても、BはCに償還を請求できる。賃借人Bにより必要費および有益費が不動産の譲渡前に支出されていても、これによって利益を得るのは、新しい賃貸人Cだからである。

これまで(a)(b)で述べたことは、不動産賃貸人の地位が合意により移転した場合に準用される（605条の3後段）。

(c) 敷金の承継

部屋を借りているマンションが譲渡された場合に、賃借人は新旧どちらの賃貸人に敷金の返還を求めることができるだろうか。建物の賃貸借契約の継続中に建物が譲渡され、新しい所有者が賃貸人になった場合、この新しい賃貸人は賃借人が差し入れていた敷金を返還する債務を承継する（605条の2第4項）。したがって、賃借人は新賃貸人に対して敷金の返還を請求できる（→【図表3-10-8】）。というのも、敷金契約は、賃貸借契約とは別個の契約であるとしても、賃貸人の債権を担保するものとして、賃貸人の交代による賃貸借契約の移転にともない新賃貸人に移転するべきだからである。また、新賃貸人も、購入において敷金返還債務を考慮して、購入代金を決定することができたことも、その理由を後押しする。ただし、賃借人が旧賃貸人に対して負っていた債務が

あれば、敷金はこれに当然に充当され、敷金返還債務は、その残額について、新賃貸人に承継されることになる。

【図表 3 -10- 8 】

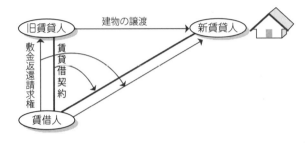

　これに対し、賃貸借契約終了後、明渡し前に、建物が譲渡された場合には、新所有者は敷金返還債務を承継しない。賃貸借契約が終了すると、賃貸人の地位は譲受人に移転しない。そうすると、賃貸人の債権を担保し、賃貸借契約と離れて独立の意義を有しない敷金契約も譲受人に承継されないからである（最判昭和48・2・2民集27巻1号80頁）。

> **動産賃貸借における賃貸人の地位の移転**
> 　合意による不動産の賃貸人たる地位の移転の規定（605条の3）も、不動産賃貸人の地位の法律上当然の移転を認める規定（605条の2）も、不動産賃貸借を対象としていた。では、動産賃貸借において、賃貸人の地位はどのように移転すると考えられるか。動産の賃借権に対抗力はないと解すると、動産賃貸借において賃貸人の地位の法律上当然の移転は生じず、賃貸人の地位の移転には目的物の譲渡人と譲受人との合意が必要になる。その上で、契約上の地位の移転の原則（539条の2）からは、さらに賃借人の承諾も必要であるかにも見える。しかしながら、契約上の地位の移転には、不動産賃貸借のように、移転される契約が当事者（賃貸人）よりも目的物に着目して締結され、契約が新所有者に承継される方が相手方（賃借人）にとって有利である場合がある。このような場合には動産賃貸借における賃貸人の地位の移転も含まれ、ここでは賃借人の承諾は必要とされないとも考えられる。

2 賃借権の譲渡および転貸借

(1) 賃借権の譲渡および転貸の制限

(a) 賃貸人の承諾

賃借権の譲渡とは、賃借人Bが賃貸人Aとの間で有する賃貸借契約上の地位を第三者Cに移転することをいい、これにより、賃貸借契約はAC間に移行し、Bは賃貸借契約関係から離脱する。たとえば、BがAから借りた土地の上に建てた建物を土地の賃借権とあわせて譲渡する場合がこれに当たる。他方で、転貸借とは、賃貸人Aから建物を借りている賃借人Bがこれをさらに第三者Cに又貸しをする場合のことである。ここで、BはAとの間の賃貸借関係を維持したまま、Cとの間で転貸借契約を結ぶ（→【図表3-10-9】）。この賃借権の譲渡にも転貸借にも賃貸人Aの承諾が必要である（612条1項）。地上権や永小作権を自由に譲渡できるのとは異なり、このように、賃借権の譲渡および転貸借は制限されている。

【図表3-10-9】

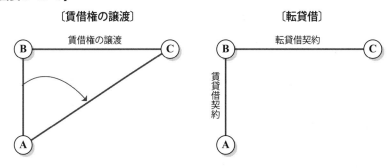

〔賃借権の譲渡〕　〔転貸借〕

(b) 無断の賃借権譲渡・転貸の場合の賃貸人の解除権

無断の賃借権の譲渡または転貸が行われた場合、賃貸人Aは賃借人Bとの間の賃貸借契約を解除することができる（612条2項）。無断の賃借権譲渡または転貸が行われたと評価されるためには、賃借権の譲渡契約または転貸借契約が締結されたことに加えて、第三者Cが実際に賃借目的物を使用収益したことが必要である。

(c) 賃貸人の承諾のない場合の法律関係

　たとえ賃貸人Ａの承諾がなされていなくても、賃借人Ｂと譲受人または転借人であるＣとの間の賃借権の譲渡契約や転貸借契約それ自体は、有効である。このうち転貸借においては、ＢはＣに対して目的物を使用収益させる義務とＡから承諾を得る義務を負い、反対に、ＣはＢに対して賃料を支払う義務を負う。これに対し、Ａとの関係では、承諾を受けていないＣは自らの賃借権をＡに対して対抗することができないため、ＡはＢとの賃貸借契約を解除してもしなくても、Ｃに対して所有権に基づき目的物を自らに明け渡すよう請求することができる。

(2) 賃借権の譲渡および転貸の制限とその緩和

(a) 612条の立法趣旨とその後の状況の変化

　このように賃借権の譲渡および転貸を制限する612条の立法趣旨はどのようなものであったか。立法当時の地主小作関係においては、土地の賃貸借は賃貸人の賃借人に対する個人的な信頼に基づく利用関係とされていた。したがって、無断の賃借権譲渡・転貸はこの信頼を裏切ることになり、同条２項の解除はこれに対する制裁と位置づけられたのである。

　しかし、第一次世界大戦以降、日本の経済が発展していくなかで、借地取引も借地上の建物の取引も増大し、借地権の譲渡、転貸借をこれまでどおり制約することは借地権の流通の要請と衝突することになった。こうした中で、不動産の賃貸借関係は、かつての地主と小作人や家主と店子のような従属的な関係から、物の経済的な利用関係へとその性質を変えていった。さらに、第二次世界大戦後、住宅事情の極端な悪化を背景に、借地・借家において、賃貸人が賃借権の無断譲渡や無断の転貸を口実に解除を主張するという紛争が増加した。こうして、賃借権譲渡・転貸の原則禁止の維持は難しくなっていった。

(b) 借地借家法19条・20条による借地権設定者の承諾に代わる裁判所の許可

　たしかに、建物の賃貸借においては、賃借人が代わると建物の使用方法が変わることなどから、賃貸人の承諾を要することも理解はできる。しかし、建物所有目的の借地では、賃借人が代わっても土地の利用方法はほとんど変わらないため、借家と同じように賃借権の譲渡および転貸を制限する必要はない。そ

こで、借地借家法は、借地権者Bが借地上の建物を譲渡しようとする場合に、借地権設定者Aが、Aの不利となるおそれがないにもかかわらず、借地権の譲渡または転貸を承諾しないとき、Aの承諾に代わる許可を裁判所に請求することを認めている（借地借家19条1項前段）。借地上の建物に設定された抵当権が実行されたというように、競売等により第三者Cがこの建物を取得した場合も同様である（同20条1項）。このような場合、あとで見るように、CにはAに建物の買取りを求めること（建物買取請求権）も認められているが（同14条→VI 1(2)）、借地権の譲渡、転貸そのものを認めてしまおうというのである。

　他方で、裁判所は、当事者間の利益の衡平を図るため、この許可をする代わりに、借地条件を変更したり、承諾料を支払わせたりすることができる（同19条1項後段・20条1項後段）。この手続では中間的な解決が可能になっており、この手続は、当事者間の利害を調整して衡平かつ柔軟な解決に導くことができるという意義を有しているのである。

(3)　信頼関係破壊の法理

(a)　信頼関係破壊の法理の出現

　無断で賃借権の譲渡や転貸が行われた場合（借地において前述の裁判所による許可がない場合を含む）、賃貸人は、賃貸借契約を解除することができる（612条2項）。しかし、たとえば、借地権者が同居の息子に借地上の建物を借地権とともに贈与したという場合、借地権が譲渡されても使用収益の実態に変化は生じないので、賃貸人はとくに不利益を被らないであろう。このような場合でも、借地権の無断譲渡として、賃貸人は賃貸借契約を解除することができるのであろうか。もともと、612条2項は、賃貸借が当事者の個人的信頼に基づく継続的法律関係であることから、賃貸人の承諾なく賃借人が目的物を第三者に使用収益させたときは、賃貸借関係を継続しがたい背信的行為があったものとして、賃貸人が解除できることを規定したものである。そうすると、無断の賃借権譲渡・転貸があった場合でも、これが賃貸人に対する背信的行為と認めるに足らない特段の事情があるときは、解除を根拠づける事由が存在しないことになる。したがって、この場合には同項に基づく解除は認められない（最判昭和28・9・25民集7巻9号979頁）。このように、612条の趣旨からこの解除権制約

のルールを導く判例は信頼関係破壊の法理とよばれている。

　この信頼関係破壊の法理は、あとで見るように、賃借人の債務不履行に基づく解除についても認められており（→Ⅵ2(1)）、賃貸借の解除全体にわたるルールである。ただし、同法理は、無断の賃借権譲渡・転貸が信頼関係を破壊しない例外的な場合もあることを認める、あくまで例外則である。したがって、賃借人がこの特段の事情について立証責任を負うことになる。

　無断の賃借権譲渡・転貸があっても解除が認められない場合、譲受人や転借人であるＣは、承諾を得た場合と同様に扱われ、譲受賃借権、転借権を賃貸人Ａに対抗することができる。このうち、賃借権譲渡の場合においては、賃貸借契約関係はＡとＣとの間に移行して、譲渡人たる前賃借人Ｂはこの契約関係から離脱することになる。

(b)　背信性の判断基準

　一般に、使用収益の実態に実質的な変更がない場合には背信性はないとされる。借地権者Ｂが同居の息子Ｃに地上建物を借地権とあわせて贈与した場合のように、賃借人Ｂと賃借権の譲受人または転借人であるＣとが同居していて利用状況に変化がない場合である。また、借地権者Ｂが借地上の建物で商店を個人経営していたところ、後にこれをＣ法人にした場合、借地権はＢからＣに譲渡される（またはＢからＣに転貸される）が、このように利用状況に変化がない場合も、背信性は否定される傾向にある。

　では、形式上は賃借人は同じ法人のままであるが、その構成員が入れ替わって実質的に主体が変更した場合はどうだろうか。たとえば、借地権者である家族経営の有限会社の全持分が譲渡され、実質的な経営者が交代したような場合がこれに当たる。このような場合、もとから会社としての活動の実態がなく法人格がまったく形骸化しているような場合はともかく、構成員や機関に変動が生じても、法人格の同一性は失われない。そのため、そもそも612条の賃借権の譲渡には当たらないとして、解除は否定されている（最判平成8・10・14民集50巻9号2431頁）。

(4)　旧賃借人の敷金返還請求権

　賃借権が賃貸人の承諾などを得て適法に譲渡されて、賃貸借契約関係が新賃

借人Ｃと賃貸人Ａとの間に移行した場合において、旧賃借人Ｂが交付していた敷金はＣの債務を担保するものとはならず、ＡはＢに敷金を返還しなければならない（622条の２第１項２号）。賃借権が譲渡され、賃貸借契約がＣに移転しても、敷金契約は移転しない。なぜなら、Ｂは自らの債務を担保するためにＡに敷金を交付したのであって、自らが賃貸借関係から離脱した後に賃借人となるＣの債務まで担保することを予定していなかったからである。したがって、Ｂは、この時までにＡに対して負っていた債務の額を控除した残額について、Ａに対し敷金返還請求権を有することになる（→【図表３-10-10】）。ただし、敷金を交付したＢが、Ａとの間で、敷金を新たに賃借人となるＣの債務不履行の担保とすることを約していた場合や、Ｃに対して敷金返還請求権を譲渡していた場合は、この限りではない（最判昭和53・12・22民集32巻９号1768頁）。

【図表３-10-10】

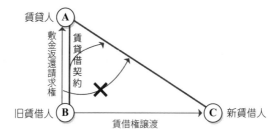

3　適法な転貸借の法律関係

⑴　賃貸人の転借人に対する直接請求権

⒜　契約の相対的効力の原則の例外としての直接請求権

　転貸借が適法になされると、賃貸人Ａと賃貸人Ｂの間の賃貸借契約（原賃貸借契約ともいう）とならんで、転貸人Ｂと転借人Ｃの間に転貸借契約が成立する。ここで、当事者は各自の契約に基づいて、つまり、ＡＢは賃貸借契約に基づいて、ＢＣは転貸借契約に基づいて、相互に権利を有し義務を負う。これに対し、直接の契約関係にないＡＣの間には契約の相対的効力から権利義務が発生しないのが原則である。

しかし、ＣがＢに転借人が支払う賃料である転貸料を支払っているのに、Ｂ
がＡに賃料を支払わない場合、Ａが通常の履行強制（414条）によってしか賃
料債権の回収をすることができないのはＡにとって酷である。そこで、賃貸
人の保護を目的として、賃貸人は、転借人に対して、転貸借に基づく債務の履
行を直接請求することが認められている（613条１項）。つまり、ＡはＣに対し
て直接、転貸料の支払を請求することができる。実際に目的物を使用するのは
Ｃであり、Ｃがまだ転貸料を支払っていないのであれば、ＡからＣへの直接
請求を認めて、Ａの利益を保護する趣旨である。

(b) 直接請求権の範囲

ＡがＣに対して支払を求めることができるのは転貸料である。したがって、
直接請求の範囲はＣのＢに対する転貸料の額に限られる。さらに、この直接
請求はＢのＡに対する賃料の額にも限られる（613条１項前段）。Ａが最終的に
受けとる賃料額がこの額なのだから、これ以上の保護を与える必要はないから
である。また、Ａが直接請求をするためには、賃料、転貸料のいずれも弁済
期になければならない。ＢおよびＣの期限の利益を奪わないためである。

Ｃが転貸料をすでにＢに支払っていた場合には、その転貸料債務は消滅し
ている以上、Ａは重ねてその転貸料の支払を求めることはできない。しかし、
ＢとＣが示し合わせて、Ｃが弁済期の前に転貸料を支払ってしまうと、弁済
期にＡがＣに直接請求しても、空振りに終わってしまう。これを避けるため、
転借人は、転貸料の弁済期よりも前に支払を済ませたことをもって賃貸人に対
抗することができない（613条１項後段）。この場合、ＣはＡの請求に応じてＡ
に対して支払をしなければならない。

以上のような直接請求は、Ａの義務ではない。ＢがＡに賃料を支払わない
場合、Ａはあくまで賃貸借契約上の権利を行使することができ、履行の強制
（414条）、損害賠償請求（415条）、契約の解除（541条以下）をそれぞれの要件の
もとで行うことができる（613条２項）。

(2) 賃貸借契約の解除と転貸借契約

(a) 賃貸借の法定解除による転貸借の終了

賃貸人Ａの承諾のある転貸借では、転借人ＣはＡに対して転借権を対抗す

ることができる。しかし、賃借人Ｂの債務不履行により賃貸借契約が解除されると、賃借人であることを前提に与えられたＢの転貸する権限は消滅すると考えられるため、ＣはＡに対して転借権を対抗できなくなる。

　それでは、転貸借契約はどうなるのか。賃貸借契約が消滅しても、転貸借契約はこれとは別個の契約であり、当然に消滅することになるわけではない。しかし、ＢはＣに対して目的物を使用収益させる債務を負っている。賃貸借契約の法定解除によりＡがＣに対して目的物の返還を請求した場合には、賃貸借契約が再度締結されるなどして、Ｃが転借権をＡに対抗できる状態が回復されることはもはや期待できず、このＢの債務は履行不能になる（最判平成９・２・25民集51巻２号398頁）。目的物の使用収益が不能になったことは賃貸借の終了事由の１つとされているので、ＡがＣに対して目的物の返還を請求した時に、転貸借契約は終了する（616条の２→【図表３-10-11】）。

【図表３-10-11】

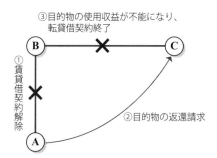

(b)　転借人への催告の要否

　Ｃは、このような事態を回避するために、利害関係を有する第三者として、Ｂの賃料債務をＢに代わって弁済することができる（第三者弁済、474条１項）。しかし、ＣがＢの履行状況を知りうるとは限らないので、常に第三者弁済ができるわけではない。そうすると、Ｃは、Ｂの債務不履行というかかわりのない事情によりその地位を覆されてしまうことになる。しかし、Ａが賃貸借契約を解除するには、Ｂに対して催告すれば足り、Ｃに通知して支払の機会を与えることは必要とされていない。これを義務づけると、Ａにとって少なから

ぬ負担となり、かえって転貸借への承諾を避けさせることになってしまうからである。これに対し、Cにこの第三者弁済の機会を確保するため、Aが解除による賃貸借契約の終了をCに対抗するには、Cに催告をしなければならないとする見解も有力である。

(c) 賃貸借の合意解除と転貸借

以上に対して、AがBとの賃貸借を合意により解除した場合には、Aはこの解除をCに対抗することはできない（613条3項本文）。Cの転借権は、Bの賃借権の上に成り立っている。AB間の賃貸借が合意解除されると、Bの賃借権は消滅するので、Cの転借権の基礎が失われてしまう。しかし、AB間の合意だけでこのようなことができてしまうのは、妥当でない。そこで、Aは、契約自由の原則から合意解除そのものはできるとしても、これをCに対抗することができないのである。これと似た発想の規定は、抵当権の目的である地上権等を放棄しても抵当権者に対抗することができないとする398条や、第三者のためにする契約により発生した第三者の権利を当事者が消滅等させることができないとする538条にも見られる。

そして、これにより、AB間の賃貸借は消滅するが、AとCの間で転貸借契約の内容で賃貸借が成立することになる。

VI　賃貸借の終了

1　通常の終了と賃借人・転借人等の保護

(1)　通常の終了

賃貸借契約は、期間を定めていれば、その期間の満了によって終了する（622条・597条1項）。これに対し、賃貸借の期間を定めなかったときは、各当事者はいつでも解約の申入れをすることができる。この解約申入れの日から、土地の賃貸借は1年、建物の賃貸借は3か月、動産の賃貸借は1日で終了する（617条1項）。期間の定めのある賃貸借で、当事者の一方または双方がその期間内に解約をする権利を留保したときも、同様に解約申入れにより、これらの期間が経過すると賃貸借は終了する（618条）。なお、不動産の賃貸借について

は、すでに見たように、借地借家法が、存続期間や法定更新などを定めて、その存続保障を行っている。

(2) 借地契約における建物買取請求権

借地契約の期間が満了すると、民法上の原則からは、借地権者は建物を収去して土地を明け渡さなければならないはずである。しかし、これでは、①借地権者がせっかく建物建築等のために借地に投下した資本を回収することができないし、②使用可能な建物を取り壊すことは社会経済上の損失である。そこで、借地借家法は、借地契約が期間満了により終了する場合に、借地権者が借地権設定者に建物を時価で買い取るよう請求することができるとする（借地借家13条1項）。しかし、借地権者の債務不履行により借地契約が解除された場合には、借地権者は建物買取請求権を有しない。この権利は誠実な借地権者を保護するものだからである。また、建物買取請求権は、借地上の建物を譲り受けたが、借地権設定者が賃借権の譲渡または転貸を承諾しない場合に、譲受人が借地権設定者に対して行使することも認められている（同14条）。

この建物買取請求権は形成権であり、借地権者がこれを行使すると、建物について借地権設定者を買主、借地権者を売主とする売買契約が成立したのと同一の効果が生じる。借地権者は、借地権設定者による建物代金の支払まで、建物引渡請求に対して同時履行の抗弁権および留置権を、土地明渡請求に対して留置権を行使して、建物の引渡しおよび土地の明渡しを拒むことができる。ただし、借地権者は借地を占有し続ける権限がないので、借地契約終了から明渡しまでの賃料相当額を不当利得として借地権設定者に返還しなければならない。

(3) 借家契約における造作買取請求権

建物買取請求権と同様の権利が建物賃借人にも認められている。借家契約が終了すると、民法の原則からは、建物賃借人は収去可能な付属物を収去する義務を負うはずである（622条・599条1項）。しかし、借地借家法は、建物の賃貸人の同意を得て建物に付加した造作がある場合には、期間満了または解約の申入れによって借家契約が終了するときに、建物賃借人はこれを収去せずに、賃

貸人に時価で買い取るよう請求することができるとする（借地借家33条1項）。これが造作（ぞうさく）買取請求権である。造作とは、建物の使用に客観的便益を与えるもので、分離が可能であるが、通常取り外すと価値が下がるものをいう。建物賃借人の特殊な用途にのみ適するものはこれにあたらない。大型の冷暖房機などが造作の例として挙げられる。この造作買取請求権は、①建物賃借人に造作の売却により借家のために投下した資本の回収を可能にすることや、②建物から撤去することにより建物と造作の価値が低下するという社会経済上の損失を防止することを趣旨としている。しかし、建物買取請求権が強行規定とされているのとは異なり（同16条）、この造作買取請求権を定める借地借家法33条は任意規定とされており（同37条）、特約でこの買取請求権を排除できる。借家において造作が標準装備されていることが多くなっており、対象が特殊な一部の物に限られるようになったことや、強行規定であるとすると、賃貸人が造作の付加に同意せず、不便が生じることなどをその理由とする。今日では、造作買取請求権はあまり意味を持たない。

(4) 転借人等の保護

さらに、借地借家法は、建物の賃貸借の終了の際に、転借人を保護する次のような規定をおいている。建物の賃貸借契約が期間の満了または解約の申入れによって終了すると、原則として、賃貸人は転借人に対し建物の明渡しを求めることができる。しかし、突然明渡しを求められると、賃貸借がいつ終了するかを知らない転借人には不意打ちとなる。そこで、建物の賃貸人が転借人にこの終了を通知しないと、これを転借人に対抗できず、転貸借は通知をしてから6か月後に終了する（借地借家34条）。

Aから土地を借りたBが建物を建て、これをCに賃貸した場合でも、借地権の存続期間が満了すると、Cは建物を退去して敷地を明け渡さなければならない。しかし、Cがこの期間満了をその1年前までに知らなかった場合、Cは、裁判所に請求すれば、これを知った日から1年を超えない相当の期間、明渡しを猶予されることがある（同35条1項）。Bが建物買取請求権を行使すると、建物の所有権がAに移転するとともに、Aが建物賃貸借の賃貸人となり、同契約はAC間で存続することになるため、一般定期借地権のようにこれを行

使できない場合や、Ｂがこれを行使しない場合に問題となる。

2　債務不履行による解除

(1)　信頼関係破壊の法理

　契約において一方の当事者に債務不履行がある場合、相手方は、相当の期間を定めて催告をし、この期間内に履行がなければ、契約を解除できる（541条）。これは、賃貸借契約において賃借人が債務不履行をした場合も同様である。しかし、借家契約において建物賃借人が１か月の賃料を１か月だけ延滞したという場合にまで解除を認めるのはいきすぎであろう。このような不動産の賃貸借契約では、解除により、賃借人は、住居や事業の拠点を失うことになり、多大な不利益を被る。かりに、これが一度だけの賃料の支払の遅れであれば、このような些細な債務不履行で解除を認めることは、バランスを欠いている。

　そこで、判例は、債務不履行があっても、賃貸人に対する信頼関係を破壊しなければ、賃貸人が解除権を行使することは信義則上許されないと解し、解除を制限している（借地権者が増改築禁止特約に違反した場合について、最判昭和41・4・21民集20巻４号720頁）。信頼関係の破壊があったかは、不履行の程度、賃借人の行為態様、賃貸人が被る不利益など個々の事案のさまざまな事情を考慮して、判断される。前に見たように、平成29年（2017年）の民法改正により、債務不履行が「軽微」な場合には契約を解除することができないことが明文で定められた（541条ただし書）。信頼関係が破壊されていないことは、この「軽微」に当たると解することができる。つまり、信頼関係の破壊は、軽微性の判断基準として機能するのである。他方で、長期間の賃料不払や賃借物の相当程度の損壊など義務違反の程度がはなはだしい場合は、債務者の履行拒絶（542条１項２号）や履行見込みの不存在（同項５号）に当たり、無催告で契約を解除することができる。ここでは信頼関係の破壊はこれらに当たるかの判断基準として機能するのである（解除については、第６章参照）。

　信頼関係の破壊は、賃貸借契約上の債務の不履行とはいえない事情によって認められることもある。たとえば、マンションの賃借人が、隣の空き部屋を勝手に占拠して使っている場合である。このような行為は、賃貸人の所有権に対

する侵害であり、信頼関係を破壊する。もちろん、賃貸人は、所有権に基づいてこれをやめさせたり、不法行為または不当利得のルールに基づいて賃料相当額を支払うよう求めたりすることはできる。しかし、問題は契約の解除ができるかである。契約の解除に関する規定によれば、債務の不履行が要件とされるが（541条・542条1項）、賃貸物以外の物の無断使用は、賃貸借契約に基づく債務の不履行とはいいにくい。このような場合に契約の解除を認めるとして、541条ないし542条1項各号のどこでそれを受け止めたらよいのかという問題は、賃貸借契約上の義務をどのように捉えるのかという問題とも絡んで、今後深める必要があろう。

また、賃借人が債務不履行をしたときは、賃貸人は催告をすることなく解除できるという特約（無催告解除特約）がなされる場合がある。そして、こうした特約は、無催告での解除を認めても不合理ではないような事情がある場合にこれができるとした約定であると、信頼関係破壊の法理に基づいて制限的に解釈される。さもないと信頼関係破壊の法理によって解除を制限した意味がなくなるからである。

(2) 解除の効力

賃貸借の解除は将来に向かってのみその効力を生じ、遡及効を持たない（620条）。これを解約告知ともいう。賃貸借は継続的な契約であり、解除に遡及効を認めて、原状回復をさせると、清算が非常に煩雑だからである。

3 使用収益の不能による終了

賃借物の全部滅失などによりその使用収益ができなくなった場合には、その原因が誰によるものであれ、賃貸借契約は終了する（616条の2）。

4 建物賃借人死亡の場合の同居人の保護

賃貸借は終了しないものの、借家契約の終了に関わる次の問題がある。たとえば、Aから家を借り、内縁の配偶者Cと長年住んでいたBが死亡した。Cとしてはこの借家に住み続けたいが、Aはこれを機に明渡しをしてもらいたいと思っているとしよう。借家契約は借主の死亡によって終了せず、財産権で

ある借家権は相続の対象となる。しかし、Cは内縁の配偶者であって、Bと婚姻関係にないため、相続権がない。では、Cは、Aからの請求に応じて、住み慣れた借家を明け渡さなければならないのだろうか。家族として共同生活を営んでいたこのCのような者の居住の利益を保護するために、居住建物の賃貸借について、以下のことが認められている。

(1) 借家権の承継

Bに相続人がいない場合、誰も借家権を承継せず、借家権は消滅し、CはAからの明渡請求に応じなければならないように見える。しかし、建物賃借人に相続人がいない場合に、事実上夫婦または養親子と同様の関係にあった同居者がいるときは、これら同居者が借家権を承継することが認められている（借地借家36条）。この場合、Cは建物賃借人となり、Aとの借家契約の当事者となる。

(2) 相続人の賃借権の援用

では、Bに離婚した配偶者との間の子Dという相続人がいた場合はどうか。この場合、借家権は相続人が承継する。その結果、建物賃借人の事実上の夫婦・養親子は借家権を承継しない。しかし、事実上の夫婦らにはこの相続人の借家権を援用して、居住する権利を主張することが認められている（最判昭和42・2・21民集21巻1号155頁）。これらの者は建物賃借人の生前に援用できたその借家権をひきつづき援用することができるのである。これによれば、内縁の配偶者CはDがBから相続した借家権を続けて援用することで、Aからの明渡請求に応じなくてもよいことになる。

とはいえ、借家権を承継するのは、Cではなく、相続人であるDであり、Cはその反射的な利益を享受するだけである。CとDの仲が悪かった場合、DがCに対して明渡しを求めることが考えられる。また、DがAに賃料を支払わなければ、Aから借家契約を解除され、Dが借家からの退去を強いられるおそれがある。前者の場合には、Dの明渡請求を権利濫用として退けることも可能であるのに対して、後者の場面への対応は、現状ではいかんともしがたく、Cの居住権を保護することは難しい。

Ⅶ　使用貸借

1　使用貸借の意義

　北海道に住んでいる親戚の子が愛知県の大学に合格したので、所有している賃貸マンションの一室を無料で貸すことにするとしよう。このように、他人の物を無償で使用収益する契約が使用貸借である（593条）。賃貸借と同様、合意により契約が成立した上で、貸主は目的物を引き渡す義務を負い、借主はこれを適切に保管・利用し、そして、返還する義務を負う。他方で、借主が賃料支払義務を負わない点で、使用貸借は賃貸借と異なる。貸主の債務と借主の債務とは対価的な関係にないため、使用貸借は片務契約であり、貸主のみが物を使用できなくなるという経済的損失を負担するため、無償契約である。また、使用貸借の借主の権利は、賃借権とは異なり、借地借家法の対象とはならない。そのため、賃貸借か使用貸借かは時に重要な問題となる。消費貸借と比べると、使用貸借では借主は借りた物そのものを返還する義務を負うことが異なる。

　使用貸借は、無償契約であるため、当事者間に親族関係など特別な関係がある場合に行われることが多い。しかし、企業間の経済取引としても行われている。

2　使用貸借の成立

　使用貸借は、当事者間の合意のみで成立する、諾成契約である（593条）。また、使用貸借は無償契約であり、無償で使用利益を与える点で、贈与に似ている。そこで、貸主が契約意思が明確でないまま軽率に使用貸借の約束をしてしまわないよう、前に見た贈与と同様に、書面によらない使用貸借では、貸主は合意をしても、借主が借用物を受け取るまでは、契約を解除することが認められており、その拘束力が弱められている（593条の2。第8章Ⅱ2参照）。なお、書面によらない無償寄託にも同様の規定がある（657条の2第2項）。書面が作成されれば、貸主の契約意思が明確になるので、貸主は借用物の受取り前でも契約を解除することはできない。

　なお、親族間においては、明示の使用貸借の合意がなくても、無償の利用関

係を認めることが適当である場合には、使用貸借の合意が推認されることがある。たとえば、子Bが父Aの許諾を得てAの不動産で同居してきた場合について、AB間に、Aの死亡による相続開始後も遺産分割終了までの間は、引き続きBにこれを無償で使用させる合意があったことが推認されている。Aを相続した他の共同相続人は、貸主の地位を引き継ぐため、この間はBに対して不動産の明渡しを求めることはできない。

3 使用貸借の効力

(1) 貸主の義務

貸主は目的物を引き渡す義務を負う。貸主が引き渡す物は契約に適合した物でなければならない。しかし、使用貸借は無償契約であるため、貸主の義務の内容は軽減されたものと考えるのが当事者の通常の意思にかなう。そこで、前に見た贈与の規定が準用されて、貸主は、使用貸借の目的として特定した時の状態で、目的物を引き渡すことを約束したものと推定される（596条・551条1項。第8章Ⅱ1参照）。冒頭の例でいえば、マンションの部屋は特定物であるため、親戚の子に約束した時点の状態で、これを引き渡せばよいということになる。

また、引き渡した後は、貸主は、その無償性から、借主がこれを使用収益するのを妨げない消極的な義務のみを負う。したがって、貸主は修繕義務を負わない。この点でも、使用貸借は賃貸借とは異なる。

(2) 借主の義務

借主は用法遵守義務を負う（594条1項）。また、借主は貸主の承諾なく第三者に目的物の使用収益をさせてはならない（同条2項）。借主がこれらの義務に違反した場合には、貸主は催告なしに契約を解除することができる（同条3項）。加えて、借主は目的物の保存について善管注意義務を負う（400条）。

また、賃借人とは異なり、借主は、マンションのトイレの修繕費のような、目的物を維持するために通常必要とされる必要費（通常の必要費）は負担しなければならない（595条1項）。貸主が修繕義務を負わないためである。ただし、台風による雨漏りの修繕費のような、特別の必要費（非常の必要費ともいう）や有益費については、196条の規定に従って、貸主に償還を請求できる（595条2

項・583条2項)。

　さらに、借主は、契約が終了したときに目的物を返還する義務を負う（593条）。その際に、借主は付属させた物を収去する義務を負い、同時に、収去する権利を有する（599条1項本文・2項）。ただし、目的物から分離することができない物または分離するのに過分な費用を要する物については、借主は収去義務を負わない（同条1項ただし書）。加えて、借主は、自らに帰責事由のない目的物の損傷を除いて、原状回復義務を負う（同条3項）。では、この原状回復義務の対象には通常損耗および経年変化も含まれるか。賃貸借では、通常損耗および経年変化の回復費用は賃料に含まれているのが一般的であるため、特約がないかぎり、賃貸人が負担することになっている（621条本文かっこ書）。これに対して、使用貸借では貸主と借主のどちらか一方が常にこれを負担するのが一般的ともいえない。そこで、使用貸借では、どちらが負担するのが原則であるとも規定されておらず、個々の契約に委ねられている。

4　使用貸借の終了

(1)　使用貸借の終了事由

　使用貸借は期間満了により終了する（597条1項）。また、期間を定めていない場合でも、使用収益の目的を定めているときは、使用貸借は、借主が目的に従った使用収益を終えることで終了する（同条2項）。冒頭の例でいえば、いつまでか決めていなくても、無事大学を卒業したとき、あるいは進路変更により中途で退学したとき、使用貸借は終了するのである。加えて、使用貸借は借主の死亡によって終了する（同条3項）。貸主は借主に対する信頼関係に基づいて無償で貸しているからである。賃貸借において賃借権が相続されるのとは異なる。

(2)　使用貸借の任意解除

　期間の定めのない使用貸借において、借主が目的に従った使用収益をするのに足りる期間が経過したときは、貸主は契約の解除をすることができる（598条1項）。また、期間も使用収益の目的も定めなかったときは、貸主は、いつでも使用貸借を解除することができる（同条2項）。他方で、借主はこれらの定めがあってもいつでも使用貸借の解除をすることができる（同条3項）。

第11章

役務提供型契約

　本章からは、サービス（役務）を提供するタイプの契約である役務提供型契約を見ていく。わたしたちは日常生活の中で多種多様なサービスの提供を受けたり、逆に提供したりしており、役務提供型契約はとても身近な契約である。たとえば、読者諸君のなかには、留学をしたいと思い、英会話学校に通っている人がいるかもしれない。英会話のレッスンはサービスであり、読者は役務提供型契約の当事者となっているのである。また、その英会話学校に通う資金を貯めるためにコンビニでアルバイトをしている読者は、反対に、労務というサービスを提供する側として役務提供型契約の当事者になっているのだ。さらには、読者諸君は宅配便に荷物の配達を依頼したことがあるだろう。ここで、宅配業者は運送というサービスの提供を行っているのである。このように、現代社会においては、財とならんでサービスが取引の対象として重要性を増してきている。

　民法には、こうした役務提供型契約として、①建築請負に代表される請負、②マンションの賃貸業務の委託のような委任、③企業との間の労働契約に代表される雇用、さらには④ホテルのクロークの手荷物預かりのような寄託の4つが規定されている。これらの契約を個別に見る前に、本章では、こうした4つの役務提供型契約を横断的に眺めてみよう。

1　役務提供型契約の分類

　請負、委任、雇用、寄託は、①サービスを提供する当事者が相手方から独立し自らの裁量でそれを行うのか（独立性）、それとも相手方の指示に従って行う

のか（従属性）、②サービスを提供する当事者が負う債務はサービスの提供それ自体なのか（手段債務）、それともサービスの提供にとどまらず一定の結果の実現まで含むのか（結果債務）という観点から、次のように分類される。

　①の観点からは、サービスを提供する当事者が独立性を有する契約は、請負、委任、寄託である。たとえば、建設工事を請け負った者（請負人）は、自らの専門的知識と技術を駆使して自律的に判断をして工事を進めることができる。他方、サービスを提供する当事者が相手方に従属し指示に従う契約は、雇用である。労働者は、使用者の指揮命令に従って労働を行わなければならない。

　②の観点からは、サービスを提供する当事者が手段債務を負う契約は、雇用、委任、寄託である。たとえば、労働者は、労働をすること自体で債務を適切に履行していることになる。他方、サービスを提供する当事者が結果債務を負う契約は、請負である。たとえば、建物の建設工事を請け負った者は、仕事をするだけではダメで、建物を完成させなければ債務を履行したことにならない。

　なお、寄託は（準）委任の一種であり、サービスを提供する当事者が独立性を有し、かつ、手段債務を負う契約に位置づけられる。しかし、寄託は、事務処理の一種とはいえ、物の保管という特定されたサービスの提供を目的とする点では、事務処理一般を対象とする（準）委任から区別される。

2　共通するルール

　請負、委任、雇用、寄託は、サービスの提供を内容とする契約であるという点で共通する。そのため、これらの契約にある程度共通するルールが民法に定められている。

　たとえば、雇用と報酬が事務処理の労務に対して支払われる履行割合型の委任（寄託も）の間（624条・624条の2・648条2項3項・665条）、請負と一定の成果が達成されたときにその成果に対して報酬が支払われる成果完成型の委任（633条・634条・648条の2）の間、それぞれにおいて報酬の支払について共通するルールが置かれている。また、自己執行義務（625条2項3項・644条の2・658条2項3項）や、緩やかな要件の下での解除権（626〜628条・641条・651条・657条

の2）について、ある程度ルールが共通している。加えて、寄託は（準）委任の一種であるため、委任者と受任者の義務に関する規定が少なからず準用される（665条）。

次章以降の個別の契約を学習する際には、こうした共通するルールを横断的に見ることも重要である。

3　特別法や約款の重要性

請負、委任、雇用、寄託に含まれるサービスにはさまざまなものがあり、その特色に応じて適切なルールの内容も異なる。民法の規定だけでこれら全てに対応するのは無理であり、各サービスの特色に応じたルールが必要になる。特に、これらのサービスの提供が業として行われる場合には、そうである。そこで重要な役割を果たすのが、特別法である。民法の特別法である商法には、請負の一種である運送取扱営業（商559条以下）、運送営業（商569条以下）および船舶による物品の運送（商737条以下）に関する規定、委任の一種である仲立営業（商543条以下）および問屋営業（商551条以下）に関する規定、寄託に関する特則（商595条以下）が設けられており、民法のルールが修正されたり、民法にないルールが定められたりしている。しかし、商法だけですべてをカバーすることはできない。そこで、業種によっては、建設業法、宅地建物取引業法、旅行業法、倉庫業法などの業法が作られている。これらの業法は、営業活動が適正に行われることを目指した行政法令であるが、その中に契約関係を規律する規定を含んでいることがある。これらによって、民法のルールは、排除されたり修正されたりしている。

それだけではない。業種によっては、標準約款が作成され、これが個々の契約の中に組み入れられる形で使用されるといったことも行われている。標準約款とは、第3章で見た定型約款やその他の約款のモデル（ひな型）である。この標準約款の作られ方、使われ方にはいろいろなバリエーションがある。その業種を監督する主務官庁付設の審議会等が作成することもあれば、業法に基づいて事業者団体等が作成することもあれば、事業者団体が任意に作成することもある。また、作成された標準約款をそのまま使用する業者もあれば、多少の変更を加えて使用する業者もある。ともあれ、このような約款によっても、民

法や商法のルールは、排除されたり修正されたりする。

　また、雇用に関しては、特別法がもっと重要な役割を果たしている。法学部で法律を勉強している読者も、そうでない読者も、「労働法」という言葉を耳にしたことがあるだろう。労働法とは、使用者と労働者との間の法律関係を規律する種々の法令の総称であり、それだけで独立した法分野を形成している。たとえば、労働基準法、労働組合法、労働関係調整法は、労働三法として高校の教科書に出てきたことと思う。このように特別法が大きく拡充されるようになった理由は、使用者と労働者との特殊な力関係にある。労働者は雇用契約によって収入を得て生計を維持しており、この意味において、雇用契約は労働者の生活の基礎をなしている。そのため、使用者の意思によって自由に契約を終了されたり、労働者にとって不利益に変更されたりすると、労働者はたちまち生活に窮することになる。この意味で、労働者は、構造的に使用者よりも圧倒的に弱い地位にある。現に、過去をさかのぼると、労働者が、安い賃金で、劣悪な労働環境のもとで過酷な労働に従事させられていた歴史がある。こうした特殊性から、労働者の権利や法的地位を保護するための特別法が強く要請されるのである。こうして、民法の雇用に関する規定は、労働法によってさまざまに修正され、この限りで適用は排除される。

　このように、役務提供型契約においては、民法の果たす役割は限られ、それと反比例して特別法や約款の重要性が増している。このように書くと、実社会でほとんど使われない民法の規定を勉強する必要はない、特別法だけ必要に応じて勉強すればよい、と思われるかもしれないが、そうではない。民法の請負、委任、雇用、寄託に関する諸規定は、各契約類型の骨格を理解するには有用である。原型がどのようなものなのか、それが特別法や約款によって、どのような理由から、どのように修正されているのかを知れば、特別法や約款の理解にも役に立つ。特に、労働法は、さきに述べたとおり、独立した法分野を形成している。民法上の雇用を理解することが、労働法の勉強の助けとなるであろう。

第12章

請負

　請負は、サービスを提供する役務提供型契約の中でも、仕事の「結果」に対して報酬が支払われる点に特徴がある。その中心となるのが建物を建築する建築請負であり、請負に関する重要判例の大部分は、建築請負に関するものである。他にも、仕事の完成が予定されているのであればこの請負に当たる。たとえば、服の仕立てや自動車の修理、物品の運送、絵画の制作、クリーニングなどわたしたちの身の回りにあるさまざまな契約がこれに含まれる。また、講演や演奏といった無形の仕事も請負である。今日の社会において、役務提供型契約が重要な役割を果たしている中で、委任とならんでその中心である請負も重要性を高めている。もっとも、第11章3で見たように、請負においても特別法や約款の重要性が大きく、民法の役割は限られている。

　また、読者諸君は下請負という言葉を聞いたことがあるだろうか。たとえば、建物の建築工事を請け負った工務店が内装を内装業者に行わせるように、請負人（元請負人という。元とあるが、かつて請負人であったという意味ではない。）が仕事の全部または一部を第三者（下請負人）に請け負わせることを下請負という。この下請負は建築請負においては日常的に行われている。

I　請負の意義

　請負契約とは、当事者の一方（請負人）が仕事を完成し、相手方（注文者）がその仕事の結果に対して報酬を支払うという契約である（632条）。有償、双務、諾成の契約である。

Ⅱ　請負の効力

1　請負の権利義務関係

(1)　請負人の義務

請負人は、契約で引き受けた仕事を完成させる仕事完成義務を負う。また、車を修理してこれを引き渡すというように、目的物の引渡しが必要である場合には、さらに、目的物引渡義務を負う。

(2)　注文者の義務

注文者は、報酬を支払う義務を負う。請負では仕事の結果に対して報酬が支払われるため、注文者は、仕事が完成するまでは、報酬を支払わなくてよい。仕事が完成してはじめて報酬債権は具体的に発生するのである。したがって、報酬の支払時期は、仕事の目的物の引渡しと同時か（成果完成型の委任の同様の規定について、第13章Ⅱ2(1)(b)参照）、引渡しを要しないときは、仕事が完成した後である（633条）。ただし、特約があればこれによる。

(3)　下請負

請負人は、講演や絵画の制作のように、契約で請負人自身が仕事を行うことが予定されている場合を除いて、原則として下請負を使うことができる。下請負がなされると、注文者と元請負人との間の元請負契約とは別に、元請負人と下請負人との間に下請負契約が成立する。注文者と下請負人との間に直接の契約関係はない。また、注文者から見て、下請負人は、元請負人が債務の履行に当たって使用する者である履行補助者である。

なお、建設業者が、注文者から書面による承諾を得ないで、工事を一括して下請負に出すことは、原則として禁止されている（建設業22条）。建設工事では、注文者は請負人の技術力等を信頼して契約を結んでいるからである。

また、自動車メーカーが部品の製造を委託する場合のような下請は、売買であることも少なくないため、請負人からの請負であるこの下請負とは厳密には区別される。

2 請負の履行において生じる問題

(1) 目的物の滅失、損傷

お金を貯めて、ローンを組んで、ようやく、マイホームの建築請負契約締結までこぎつけたとしよう。それでも、建築には時間がかかり、その間に、トラブルが生じることも考えられる。まず、建物が引き渡される前に、これが滅失し、あるいは完成を認めがたい程に損傷してしまった場合に、その負担をどうするのかが問題になる。この場合に、仕事完成義務や報酬支払義務はどうなるのか。仕事が完成可能な場合と、完成不能な場合とで分けて考えよう。

(a) 仕事の完成が可能な場合

建設途中の建物が火災により滅失し、あるいは一部焼失してしまった場合でも、建物を完成できるのであれば、なお請負人は仕事完成義務を負う。約束した期日には完成できなくても、契約の趣旨に照らして相当な期間内に完成できる場合も、完成が可能な場合に含まれる。ここで余計にかかってしまうコストを誰が負担するのかは、次のように分けられる。

①この滅失・損傷について、請負人に帰責事由がある場合、請負人は追加費用を負担して契約どおりに建物を完成させる義務を負う（632条）。加えて、請負人は、入居が遅れたことにより借りたアパートの賃料など、完成が遅延したことにより注文者に生じた損害を賠償する義務を負う（415条）。

②滅失・損傷について注文者に帰責事由がある場合には、請負人に生じた損害の賠償という形で、注文者がこの追加費用を負担する。注文者は少なくとも、請負人の仕事を妨げない義務を負っており、この義務違反は債務不履行になるからである（415条）。

③想定外の大地震のように、滅失・損傷について、いずれにも帰責事由がない場合はどうだろうか。請負人が追加費用を全部負担するということになると、建物の建築などでは、請負人の負担が大きくなりすぎて、公平ではない。そのため、建築請負の約款では、注文者が費用を負担する場合が定められている。これに対し、こうした特約がない場合、請負人はこの追加費用を注文者と分担することは原則としてできない。請負人は、仕事の完成を引き受けており、仕事を完成させてはじめて報酬の支払を受けることができる。そのため、

追加でかかった費用は請負人が負担しなければならず、報酬を増額することはできないからである（632条）。ただし、このような場合を契約締結後に事情が変更した場合として、前に見た事情変更の法理により、注文者に再交渉に応じる義務を認めたり、さらには、請負人に契約の改定、すなわち報酬の増額請求を認めることも考えられる（事情変更の法理については、第5章V参照）。

(b) 仕事の完成が不能な場合

完成間近あるいは完成後引渡し前に建物が火事で焼失してしまったというように、滅失・損傷により仕事の完成ができない場合には、履行不能により、請負人は仕事完成義務を免れる（412条の2第1項）。問題となるのは、請負人の報酬請求権である。ここでも、請負人は仕事を完成させないと報酬を請求できないことが基本になる。

④この滅失・損傷について、請負人に帰責事由がある場合、請負人は履行不能による債務不履行責任を負う。つまり、注文者は、完成すれば得られたであろう利益の賠償を請求し（415条）、さらに、契約を解除することができる（542条1項1号・3号）。これに対して、請負人は仕事が完成していない以上は原則として報酬を請求することができない。

⑤滅失・損傷について、注文者に帰責事由がある場合には、注文者は、契約を解除できず（543条）、報酬の支払を拒絶することもできない（536条2項前段）。請負人は報酬全額の支払を請求することができる。ただし、たとえば、工事中止により本来かかる費用を節約できたというように、請負人は債務を免れることで得られた利益を償還しなければならない（同項後段）。

⑥いずれにも帰責事由がない場合、注文者は報酬の支払を拒絶し（536条1項）、契約を解除することができる（542条1項1号・3号）。この場合も、請負人は報酬を請求することができない。以上については、危険負担の解説（第5章IV）と解除の解説（第6章II）を読んで確認してほしい（→【図表4-12-1】）。

(2) 注文者が受ける利益の割合に応じた報酬

繰り返し述べているように、請負においては、仕事が完成しないかぎり、請負人は報酬を請求することができないのが原則である。しかし、たとえば、スーツ2着の仕立てを依頼したところ、1着ができて2着目の仕立ての途中で作

(a) 仕事完成可能 請負人に仕事完成 義務あり	① 請負人に 帰責事由	請負人が追加費用を負担する。 さらに損害賠償責任を負うこともある。
	② 注文者に 帰責事由	注文者が損害賠償責任という形で追加費用を 負担する
	③ いずれにも 帰責事由なし	請負人が追加費用を負担する。 ただし、事情変更の法理により、注文者が費 用を負担することも考えられる。
(b) 仕事完成不能 請負人に仕事完成 義務なし (412条の 2 第 1 項)	④ 請負人に 帰責事由	請負人は報酬を請求できない。 さらに損害賠償責任を負う。
	⑤ 注文者に 帰責事由	注文者は報酬全額を支払う。ただし、節約で きた費用を除く（536条 2 項）。
	⑥ いずれにも 帰責事由なし	請負人は報酬を請求できない（536条 1 項）。

業場が火事にあい、仕立てができなくなってしまったという場合には、無傷で倉庫に保管してある 1 着については、注文者が報酬を支払って引き取るほうが、注文者にとっても請負人にとっても利益となり、合理的な解決であろう。

　そこで、注文者の責めに帰することができない事由によって仕事を完成することができなくなった場合において、①請負人がすでにした仕事の結果が可分であり、かつ、②その給付によって注文者が利益を受けるときは、その可分な部分（ 1 着目のスーツ）は仕事の完成とみなされる（634条 1 号）。これにより、注文者はこの完成したとみなされる部分については契約を解除することはできず、請負人はこの部分について報酬を請求することができるのである。なお、

仕事完成不能が注文者の責に帰すべき事由による場合には、請負人は報酬全額の支払を請求することができる（536条2項）。

　さらに、仕事の完成が可能であっても、注文者が請負人の履行遅滞を理由に契約を解除する場合や、当事者間の合意により解除をする場合等においても、同様に、注文者は完成したとみなされる部分については契約を解除することができず、請負人はこの部分について報酬を請求することができる（同条2号）。

　この完成したとみなされる部分に対応する報酬は、この部分が仕事全体に占める割合を報酬額に乗じることなどによって、算出される。また、費用を報酬に含めずに別途請求することになっていた場合には、請負人はこの部分に対応する費用を請求することができる。なお、この634条は、成果完成型の委任にも準用される（648条の2第2項）。

(3) 請負人の担保責任

　建物が完成し、引渡しがなされたが、建物が注文したとおりに建築されていないことが判明した場合、注文者は請負人に対してどのような責任を問うことができるだろうか。請負人は、契約の内容に適合するように仕事を完成させる義務を負っており、完成させた仕事の目的物が種類や品質に関して契約に適合しない場合、請負人の債務不履行となる。そして、このような請負における契約不適合にも、559条に基づいて、目的物の種類、品質に関する売主の担保責任の規定（562条～564条ほか）が包括的に準用される。その結果、この請負の担保責任のルールは、売買のそれとほとんど同じである。売主の担保責任のルールについては、第7章Ⅳの解説を読んで確認してほしい。

　具体的には、注文者は、売買のそれぞれの規定に従い、それぞれの要件の下で、次の権利を行使することができる。すなわち、建物の修理（修補）など追完を請求する（562条）。なお、契約不適合が重要でなく、その修補等（追完）に過分の費用を要する場合、追完は不能であり（412条の2第1項）、追完請求はできない。相当期間内に追完がなされない場合等には、報酬の減額を請求する（563条）。また、追完とともに、または、追完に代えて、損害賠償を請求する（564条・415条）。さらに、請負契約を催告解除または無催告解除する（564条・541条または542条）。

請負人は、これらの担保責任を負わない特約をすることができる。ただし、この特約をしても、契約不適合を知りながら注文者に告げなかった場合は、これらの責任を免れることができない（559条・572条）。

他方、請負に固有のルールもある。契約不適合が注文者の提供した材料の性質または注文者の与えた指図によって生じた場合には、この請負の担保責任は生じない（636条本文）。ただし、請負人がその材料または指図が不適当であることを知りながら告げなかったときは、注文者は担保責任を追及することができる（同条ただし書）。請負人は独立して仕事をし、専門的知識、技能を持っているため、これらを告げるべきであるからである。

請負の担保責任は、売買の場合と同様の期間制限に服する。すなわち、注文者が不適合を知った時から1年以内に請負人に通知しないと、その権利は失われる（637条1項）。ただし、目的物の引渡し時に請負人がこの不適合を知っていた場合、または、重過失で知らなかった場合には、この期間制限は適用されない（同条2項）。売買と異なるのは、請負には講演や演奏といった無形の請負のように引渡しを要しない請負もあるので、その場合に、この悪意・重過失の基準時が仕事の終了時となっていることである（同条2項かっこ書）。さらに、注文者の権利は、売買と同様に、不適合を知ってから5年、または、引渡しを受けてから10年の一般の消滅時効にも服する（166条1項）。

損害賠償請求権と報酬債権との同時履行

建物の建築請負において、引き渡された建物に障子が閉めにくいなど、こまごまとした不具合があったので、注文者が請負人に対して修補を求めることを考えているとしよう。通常、建築請負では、報酬の支払が遅れると高額の遅延損害金を支払うことが約束されている。しかし、注文者は修補（追完）請求権を有しているので（559条・562条）、同時履行の抗弁権により、修補されるまで報酬の支払を拒絶することができ（533条）、履行遅滞にならないため遅延損害金も発生しない。請負人が修補請求に応じないと、注文者はこの修補の代わりに損害賠償を請求することになる。この場合でも、この損害賠償の提供があるまで、報酬の支払を拒絶することはできる（同条かっこ書）（この同時履行の抗弁権については、第5章III 2(2)参照）。問題となるのは、たとえば、報酬の残額が

1200万円であるのに対して損害賠償額が200万円であるというように、報酬額と損害賠償額との間にひらきがある場合に、報酬の全額の支払を拒絶することができるのか、それとも、対当額のみが同時履行の関係にあるのかである。後者によると、この場合、注文者は、差額の1000万円については、同時履行の関係にないため、履行遅滞に陥ってしまう。その結果、損害賠償の金額をめぐって争っているなどして紛争が長引くと、注文者は多額の遅延損害金を支払わなければならなくなってしまう。

　そこで、原則として、損害賠償債権と報酬債権の全額とが同時履行の関係にあることが認められている。修補請求権が報酬債権の全額と同時履行関係にあるのに、修補に代わる損害賠償債権について異なる取扱いをするのは、バランスが取れないからである。ただし、契約不適合の程度や当事者の交渉態度等に鑑み、報酬の全額の支払を拒むことが信義則に反すると認められるときは、報酬債権全額との同時履行を主張することはできない（最判平成9・2・14民集51巻2号337頁）。

　こうして、損害賠償債権と報酬債権の全額との間に同時履行関係が認められると、注文者は損害賠償額の確定を待ち、その上で、両債権を対当額で相殺することができる。これにより、実質的には報酬の減額が実現されることになる。注文者は、この相殺後の報酬残債務については、相殺の意思表示をした日の翌日から履行遅滞が生じるので、注文者はこの日から遅延損害金を支払わなければならない。

　そして、以上のルールは、当事者の交渉態度を考慮する上記の判例にも現れているように、報酬の減額という落とし所に向けて、請負人と注文者の交渉を促進する機能を有しているのである。

3　目的物の所有権の帰属

(1)　請負人への所有権の帰属

　工務店が注文者の土地の上に住宅を建築することを請け負い、建物を完成させたが、注文者がお金の都合がつかないと言って報酬を支払わないとしよう。このような場合、請負人は、報酬債権を確保するために、自身に完成建物の所有権が帰属することを主張することができるか。

(a)　請負人帰属説

　判例は、この完成建物の所有権の帰属の問題を、特約がないかぎりは、請負人と注文者のいずれが材料を提供したかによって決めている。請負人が材料の主要部分を提供したのであれば、さらにその労力によって建物が完成したのだから、その所有権も請負人に帰属する。その上で、引渡しによって所有権が注文者に移転することになる。通常、建築請負においては請負人が材料を提供するため、請負人帰属説とよばれる考え方である。これに対して、注文者が材料の主要部分を提供した場合には、建物の所有権は建設工事開始の当初から原始的に注文者に帰属する。とはいえ、注文者が材料の全部を提供したとしても、請負人の労力により完成した建物の価格が材料の価格を著しく超えることが考えられる。この場合、加工の規定（246条１項ただし書）によれば、建物の所有権は請負人に帰属することになりそうである。しかし、この規定は適用されない。このほうが当事者の通常の意思に合致するからである。

(b)　注文者帰属説

　学説には、たとえ請負人が材料を提供した場合においても、建物の所有権は注文者に原始的に（たとえば建設開始から）帰属するという、注文者帰属説もある。注文者のために建物を建築し、注文者に取得させるという請負契約の趣旨からすれば、注文者が原始的に建物の所有権を取得することが当事者双方の意思にかなうとして、建物所有権帰属の根拠をなにより請負契約に求めるのである。加えて、この注文者帰属説は、請負人帰属説を次のように批判する。すなわち、①請負人には注文者の土地を建物所有のために利用する権限がないため、注文者から建物収去および土地の明渡しを請求されれば、これに応じなければならない。したがって、請負人に建物の所有権を認めても、報酬債権を確保する役には立たない。さらに、②建物の所有権がなくても、請負人は、注文者の建物引渡請求に対して報酬の支払との同時履行の抗弁権を行使することができる（533条）。また、留置権を有し、第三者に対しても報酬の支払まで建物を留置することができる（295条）。このように有効な報酬債権の担保を有している。

(c)　両説の接近

　裁判例を見ると、請負人帰属説を基本としつつ、これとは異なる黙示の合意

を緩やかに認める傾向にある。請負人帰属説によっても、注文者に所有権が帰属する旨の特約がある場合には、この特約に従って、所有権は注文者に帰属する。そのうえで、この特約の認定はかなり緩やかになされ、たとえば、建物完成前に報酬の全額が支払われていた場合に、完成と同時に注文者に所有権が帰属するとの暗黙の合意があったと推認されている。これにより、結論としては注文者帰属説に近づくことになる。

(2) 下請負人が途中まで作った場合

　注文者Aから住宅建築の注文を受けた元請負人Bが工事を一括して下請けに出し、下請負人Cが材料を提供して、全体の4分の1ほど工事を行った。しかし、BがCに報酬を支払わないため、Cは工事を中断した。そこで、Aは、Bとの契約を解除し、別の工務店Dに、工事の進行にともない建物の所有権はAに帰属するとの特約を付して、工事を依頼し、Dが残りの工事を完成させたとする。このような場合、完成した建物の所有権は誰に帰属するか。

　請負人帰属説によれば、Cの工事によりすでに出来上がっている部分（出来形部分）については、材料を提供したのがCであれば、特約がないかぎり、その所有権はCに帰属する。その上で、Dがこの出来形部分の上に残りの工事をして建物を完成させたことについては、建物の建築は、材料に対して施される工作が特段の価値を有し、加工に当たるため、加工の規定によって解決されることになる。ここでは、Cが作った出来形部分の価値よりも、Dが提供した材料と行った工事をあわせた価値のほうが大きい。そのため、この完成した建物の所有権はDに帰属することになり、出来形部分についてのCの所有権は消滅する（246条2項）。そして、AD間の特約により、建物の所有権はAに帰属することになる（最判昭和54・1・25民集33巻1号26頁）。これに対して、Cは、出来形部分の所有権を失うため、248条、704条に基づいてAに対して償金を請求することができる。なお、加工については、NBS物権法の解説を読んで学習してほしい。

> ### 注文者・元請負人間の特約の下請負人への拘束力
> 下請負人Cが作った出来形部分に別の者Dが工事を加えて建物を完成させ

【図表 4 -12- 2 】

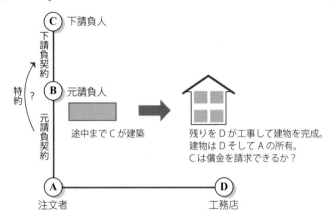

C 下請負人

下請負契約

特約 ?

B 元請負人

元請負契約

途中までCが建築

残りをDが工事して建物を完成。
建物はDそしてAの所有。
Cは償金を請求できるか？

A 注文者   D 工務店

たさきの例において、注文者Ａと元請負人Ｂの間の元請負契約において、工事の出来形部分はＡの所有とするとの特約がなされていた場合はどうか。かりに、ＡとＢの間のこの特約の拘束力が元請負契約の当事者ではない（第三者である）Ｃには及ばないとすれば、出来形部分の所有権がいったんはＣに帰属し、この所有権を失ったＣはＡに対して償金を請求できることになるはずである（→【図表 4 -12- 2 】）。

　しかし、このような場合、出来形部分の所有権は注文者に帰属することが認められており、ＣはＡに対して償金を請求することはできない。というのも、とくにこのような一括下請負契約において、下請負契約は、元請負契約の存在と内容を前提に結ばれ、元請負人の債務を代わりに履行することを目的とするものである。そのため、注文者からみて、元請負人に代わって工事を行う下請負人は、元請負人の履行補助者の立場にある。したがって、元請負人が出来形部分の所有権を主張することができない以上、下請負人が元請負人とは異なる権利関係、つまり、出来形部分の所有権が自身には帰属することを主張しうる立場にはないのである（最判平成 5 ・10・19民集47巻 8 号5061頁）。このように、下請負契約は元請負契約と結びついて 1 つの取引を形成しており、この中で下請負人は、元請負契約と無関係な第三者とはいえないのである。

III　請負の終了

1　債務不履行による解除

　請負契約においても、当事者の一方に債務不履行がある場合には、相手方は契約を解除することができる（541条以下）。さらに、請負契約には以下のような特別な解除権もある。

2　注文者による仕事完成前の解除

　婚約した女性のたっての希望で結婚式は神前式にすることになった。そこで、思い切って紋付袴を特注した。しかし、ほどなくして婚約を解消したため、この紋付袴の注文を取りやめにしたいとしよう。このような場合、注文者は、請負人が仕事を完成しない間は、いつでも損害を賠償して契約の解除をすることができる（641条）。このような任意解除権が認められるのは、請負人の仕事は注文者の利益のために行われ、注文者にとって仕事が不要になったのであれば、あえて続けさせる意味はないし、請負人としても損害賠償によって報酬が確保されるのであれば不利益はないからである。注文者は、とくに理由なく、仕事の完成前であれば、いつでも、請負契約を解除することができる。

　注文者は損害賠償をしなければならない。その内容は、請負人がそれまでに費やした費用と、仕事が完成していたら得られたであろう利益、つまり一般に報酬のうち純利益にあたるものである。また、注文者は、先にこの損害賠償を提供しなくても、任意解除権を行使することができる。

3　注文者についての破産手続の開始による解除

　請負契約には特別な解除権がもう1つある。たとえば、貴金属の製作を請け負ったが、注文を受けてほどなくして、注文者が破産手続開始の決定を受けたとする。このような場合に、仕事が完成していないからといって、それまでの仕事に報酬を認めず、報酬が支払われるあてもないのに、請負人に仕事を続けさせるのは妥当でない。また、破産管財人は履行されるあてのない破産者の契約関係を整理する必要がある。そこで、注文者が破産手続開始の決定を受けた

場合に、請負人と破産管財人に解除権が与えられている（642条1項本文）。た
だし、請負人は、仕事が完成した後は、契約を解除することができない（642
条1項ただし書）。すでに仕事が完成している以上は、請負人は仕事を継続する
必要はなく、本条の趣旨が妥当しないからである。

　請負人または破産管財人が契約を解除した場合、請負人は、これまでにした
仕事の割合に応じた報酬に加えて、無駄になった材料費など報酬に含まれない
費用を、注文者に請求することができる（642条2項）。さらに、破産管財人が
契約を解除した場合は、請負人は、これによって生じた損害の賠償を請求する
こともできる（642条3項）。これらは破産手続の中で処理される。

第13章

委任

　相手方にサービスを提供する契約の中でも、一定の結果の達成を債務内容とする請負とは違い、ただ一定の行為をすることそれ自体を債務内容とする契約類型がある。それが委任、雇用、寄託である。このうち、本章では、委任を扱う。

　たとえば、サッカーに興味がある人ならば、海外の有名なプロサッカー選手がチームを移籍したというニュースを見聞きすることがあるだろう。このとき、そのサッカー選手は、複雑な移籍交渉を自分では行わない。プロの交渉人に依頼して、自分の代わりに移籍交渉や契約の締結をしてもらっているのである。ここでは、サッカー選手と交渉人との間には、委任契約が結ばれている。

　さらに、委任に準じた契約は、わたしたちのもっと身近なところにある。体を鍛えようと思ってスポーツクラブに入会するとき、海外に留学したいと思って英会話学校に通うとき、スポーツクラブや英会話学校との間では、スポーツ施設の使用や英会話レッスンの提供に関する契約が結ばれる。これは、準委任契約とよばれ、委任契約と同じルールの適用を受ける（656条）。また、体の具合が悪くなって病院で診察を受けるときも、患者と病院との間には、医療行為を内容とする準委任契約が結ばれる。医療事故が起こったときに患者やその遺族が病院に対して損害賠償を請求する場合、不法行為（709条）として構成する方法と債務不履行（415条）として構成する方法とがあるが、後者は、患者と病院との間に準委任契約が成立していることを前提とする。

I　委任の意義

1　委任とは何か

委任とは、当事者の一方（受任者）が相手方（委任者）のために法律行為をすることを内容とする契約である（643条）。受任者は、委任者のために法律行為をするので、代理権を授与されていることが多いが、常にそうとは限らない。委任者 A が受任者 B に対して、A が製造する商品を第三者に販売することを委託するという場合、B が A の代理人として第三者と売買契約を結ぶという取り決めになっていることもあれば、B 自身が売主として第三者と売買契約を結び、取得した代金を委任者 A に引き渡すという取り決めになっていることもある。このように、受任者に代理権が授与されているかどうかは、個々の契約ごとに判断される。いずれにせよ、どちらのタイプの委託も委任に含まれる。

委任事務の内容が法律行為でない事務の処理（事実行為）である場合、このような契約を、準委任という。「事務」といっても、デスクワークだけではない。あらゆる事柄が「事務」に含まれる。前述のように、病院の医師が患者の病気やケガの治療を行う契約（医療契約、診療契約などという）のほか、保育園が幼児を預かる契約などは、準委任の代表例である。準委任には委任に関する規定が準用されるので（656条）、委任と準委任とを厳密に区別する実益はない。

委任に関する規定の大きな特徴は、歴史的背景を色濃く残している点である。古いローマ法における委任は、医師、弁護士、教師、技術者など専門職に就く者がいわば名誉職の形で行う高級労務を目的としていた。このことから、①無償が原則であること、②無償だからといって受任者の注意義務は軽減されないこと（寄託に関する659条と比較してほしい）、③人的信頼関係が失われれば自由に契約を解除することができること、④当事者が変更される事態の発生が契約の終了事由とされることなどが導かれる。これらを定める規定が、現代のわが民法にも受け継がれている。

2　性質

　委任契約は、当事者間の合意のみによって成立する（643条）。つまり、諾成契約である。この契約に基づき、受任者は事務処理をする義務を負う。他方、委任者は、当然には報酬を支払う義務を負わない。つまり、委任は無償を原則とする。無償委任では、受任者が事務処理をする義務を負うのみであるから、片務契約である。

　しかし、現代においては、大部分の委任には、委任者が事務処理の対価として報酬を支払う旨の合意がある。このような有償委任では、受任者は事務処理義務を負い、委任者は報酬支払義務を負う。つまり、有償委任は双務契約である。

II　委任の効力

1　受任者の義務

　受任者の義務の中心をなすのは、委託された事務を処理する義務である（委任事務遂行義務）。このことを前提に、644条は、受任者がこの事務処理をする際に委任の目的に適合するよう善良な管理者の注意をもってあたるべきこと（善管注意義務）を定めている。644条の2第1項が前提とする自己執行義務、645条が定める報告義務、646条が定める受取物の引渡義務は、この善管注意義務の具体化と位置づけることができる。

　これらの義務は、あくまでもデフォルト・ルールであり、特別法や個々の契約によりこれ以外の義務が課せられることもある。逆に、民法の規定は任意規定なので、これらの義務を免除したり内容を修正したりする合意も有効である。

(1)　善管注意義務
(a)　具体的内容
　受任者は、委任の本旨に従い、善良な管理者の注意をもって委任事務を処理

する義務を負う（644条）。この善管注意義務の具体的内容は、これに関する明示的な合意があればこれに従うが、そのような合意がないこともある。その場合は、委任の本旨、すなわち当該委任契約の目的に照らして、当該事務を処理するために当該受任者がどのような行為をすることが想定されているかという観点から判断される。その際、受任者と同じ属性の平均的な者にどのような行為をすることが期待されるかが基準となる。これと同じことが当該受任者の善管注意義務の内容として黙示的に合意されたと解するのである。

このように、委任の本旨という抽象的な基準で善管注意義務の具体的内容を確定するということは、どのような方法で事務処理をするかについて受任者に比較的広い裁量が認められていることを意味する。ここが請負との共通点であり、雇用との違いである。

ところで、無償委任の場合、無償であることをもって、受任者の善管注意義務を軽減することの黙示の合意があったと認めてよいであろうか。委任の歴史を遡ると、受任者に善管注意義務を課す委任は無償を原則としており、わが国の現在の民法も条文上はこの原則を受け継いでいるので、無償だからといってただちに受任者の善管注意義務が軽減されることにはならない。しかし、無償であることに加えて、契約を締結した経緯、締結の際の状況、当事者の関係など諸事情を総合的に考慮して、受任者の善管注意義務を軽減する旨の黙示の合意が認められることはありえよう。

(b) 委任者の指図

委任者が事務処理に関して受任者に指図をした場合、受任者はこれに従わなければならないのだろうか。たしかに、受任者はその裁量で事務処理をすることができる。しかし、委任事務の処理は委任者の利益のために行われるものであるから、委任者の意思に反する事務処理をすることは原則として許されず、したがって受任者は委任者の指図に従わなければならない。つまり、委任者の指図がある部分については、受任者の裁量は制限を受ける。

しかし、委任者の指図が適切でなく、これに従うことが委任者の利益に反する場合、この指図に従う義務を受任者に課すことは、かえって委任の本旨に反する結果を生ぜしめるため妥当でない。そこで、多数説は、このような場合には受任者は委任者の指図に従わなくてよいが、その代わりに、指図を変更する

機会を委任者に与えるため指図が不適切である旨を通知しなければならないと解している。受任者は、委任の本旨に従い委任者の利益のために事務処理をなすべきだからである。

(2) 自己執行義務

受任者は、委任者から信頼されて事務処理を委ねられたのであるから、原則として、自分自身でそれを行わなければならない。第三者に委任事務を代行させることができるのは、①委任者の許諾を得たとき、または②やむを得ない事由があるときに限られる（644条の2第1項）。この要件を満たして受任者に代わって委任事務を行う者を、復受任者という。「復」には、繰り返すという意味があるので、受任者からの受任者という意味で「復」受任者と書く。「複」ではないことに注意しよう。

(3) 報告義務

受任者は、委任者の請求があるときは、いつでも委任事務の処理の状況を報告しなければならない（645条）。この報告義務は、事務処理の途中に関するものであり、これを受けて委任者が必要な指示を受任者に与えることができるようにするためのものである。

さらに、委任が終了した後においても、受任者は、遅滞なくその経過および結果を委任者に報告しなければならない（同条）。これを顛末報告義務という。この顛末報告義務は、委任者の請求の有無にかかわらず受任者に課せられる。

(4) 受取物の引渡義務

受任者は、委任事務を処理するにあたって受け取った金銭その他の物を委任者に引き渡さなければならない。その金銭その他の物から生じた果実を収取した場合は、その果実も委任者に引き渡さなければならない（646条1項）。果実の代表例は、金銭から生じた利息である。受け取った金銭を金融機関に預けておいたところ利息がついたという場合、受任者は利息も委任者に引き渡さなければならない。もっとも、受任者が金銭を受け取った場合、その日から当然に利息が発生しこれを委任者に引き渡さなければならない、ということではな

い。あくまでも利息が発生した場合はそれを委任者に引き渡す義務を負うというだけである。

さらに、受任者は、委任者のために自己の名で取得した権利を委任者に移転しなければならない（同条2項）。受任者が委任者から代理権を授与され代理人として法律行為をした場合は、その効果は本人である委任者に直接帰属するので（99条1項）、権利を移転する必要はない。しかし、受任者が代理権を授与されていない場合など、自己の名で法律行為をしたときは、受任者自身が権利を取得するので、これを委任者に移転しなければならない。たとえば、東京で全国各地の特産品の販売店を営むAが、沖縄の石垣島で特産品を購入してくるようBに依頼し、Bがこれを引き受けて自己の名で特産品を購入してきたという場合、Bは、Aにその特産品の所有権を移転し、かつ引渡しをする義務を負う。逆に、石垣島で地元の特産品を販売するCが、東京でその特産品を販売するようDに依頼し、Dがこれを引き受けて自己の名で特産品を販売したという場合、Dは、代金として客から受け取った金銭をCに引き渡す義務を負うし、売買代金の支払期日を1か月後と合意して販売した場合は、相手方に対する売買代金債権をCに移転する義務を負う。

引渡時期は、当事者間に合意があればこれに従うが、明示的な合意がなく、かつ契約の趣旨ないし目的からも引渡時期が明らかにならない場合は、委任終了の時である。

(5) 委任者に引き渡すべき金銭等の消費についての責任

受任者は、委任者に引き渡すべき金額または委任者のために用いるべき金額を自己のために消費したときは、その消費した日以後の利息を委任者に支払わなければならない。さらに、この利息以外に損害がある場合は、受任者は、その賠償責任を負う（647条）。これは、受取物の引渡義務（646条）に違反した場合の責任と位置づけられるが、647条後段に特徴がある。金銭債務の不履行の場合、債務者は遅延利息を超える損害を賠償しなくてよいはずであるが（419条1項参照）、647条後段は、委任者に背信行為があることを考慮し、その例外を定めている。その代わりに、委任者がこの損害の賠償を求める場合は、損害の証明をしなければならない。

2　委任者の義務

　委任者は、受任者に対して、次のような義務を負う。

(1)　報酬支払義務

　前述のとおり、委任契約は、条文上は無償契約を原則としており、これによれば、委任者は報酬支払義務を負わない（648条1項）。しかし、現実には報酬の支払を合意することが多い。この場合、委任者は、合意した報酬を支払う義務を負う。この報酬支払義務に関して考えなければならないのは、その支払時期である。ここでも、当事者間に合意があればそれに従うが、合意がない場合にどうするかが問題となる。その際、委任事務の性質に応じて次の2種類に分けて考えるのがよい。

　1つは、事務処理の労務そのものに対して報酬が支払われるというタイプのもので、履行割合型の委任とよばれる。たとえば、マンションの賃貸および管理業務をするという委任がこれに当たる。この事務処理に対して報酬の支払を合意する場合、通常は1か月あたりいくらという形で報酬額が決められるが、これは履行割合型の報酬支払方式をとる委任ということができる。

　もう1つは、事務処理の結果として得られた成果に対して報酬が支払われるというタイプのもので、成果完成型の委任とよばれる。たとえば、ある有名な絵画をオークションで落札するという委任において、落札に成功すれば落札額の5パーセントを報酬として支払うという合意がある場合、これは成果完成型の報酬支払方式をとる委任ということができる。このタイプの委任は請負と似ているが、受任者が一定の成果を達する債務を負っていない点で請負と区別される。

(a)　履行割合型の委任

　履行割合型の委任では、受任者の行う事務処理は、雇用において労働者の行う労務の提供と似ている。そこで、ここでは、雇用に関する規定が準用されていたり、これとほぼ同様の規定が置かれていたりする。すなわち、受任者は、委任事務を履行した後でなければ報酬を請求することができない（648条2項本文）。いわゆる後払である。期間によって報酬を定めたときは、受任者は、そ

の期間が経過した後にその支払を請求することができる（同条 2 項ただし書・624条 2 項）。たとえば、Ａ が Ｂ に対してマンションの賃貸および管理に関する業務を委託し、 1 か月あたり10万円の報酬を支払うことを合意した場合、報酬の支払時期について毎月25日に当月分の報酬を支払うといった合意があればこれに従うが、このような合意がなければ、Ｂ は、翌月 1 日に前月分の報酬の支払を請求することができる。

(b)　成果完成型の委任

　成果完成型の委任では、受任者の行う事務処理は、請負において請負人の行う仕事の完成と似ている。そこで、ここでは、請負に関する規定が準用されていたり、これとほぼ同様の規定が置かれていたりする。すなわち、事務処理の成果を引き渡す必要がある場合は、報酬は、成果の引渡しと同時に支払わなければならない（648条の 2 第 1 項）。たとえば、さきの絵画の落札に関する委任の場合、成功報酬は落札された絵画の引渡しと引換えに支払うこととなる。したがって、落札に成功した受任者は、成功報酬の提供があるまでは落札した絵画の引渡しを拒むことができる（533条）。

　他方、事務処理の成果を引き渡す必要のない場合は、履行割合型の委任と同様、報酬は後払となる（648条 2 項本文）。

(2)　費用前払義務

　委任事務を処理するについて費用を要するときは、委任者は、受任者から請求があれば、その前払をしなければならない（649条）。これを受任者側から見ると、費用の前払を委任者に請求できることになる。次に述べるように、受任者がこの費用を立替払して後から委任者に請求することもできるが（650条 1 項）、事後的な請求しかできないとなると、委任者に資力がなければ受任者は費用を回収できなくなってしまう。これを避けるため、客観的にみて必要な費用に関しては、あらかじめ委任者に出してもらうことができることにしたのである。このような趣旨からすると、ここでの「費用」とは、次に述べる費用償還義務の「費用」よりも狭く、受任者が必要だと考えて支出しただけでなく、客観的にみて現実に必要な費用に限られる。

　さきに挙げた例を再び使うと、東京で全国各地の特産品の販売店を営む Ａ

が、沖縄の石垣島で特産品を購入してくるようBに依頼し、Bがこれを引き受けたという場合、石垣島までの交通費や数日分の宿泊費などの前払をBから請求されれば、Aはこれに応じなければならない。これに対して、実際に必要になるかどうかわからない長期の滞在費用や高額なタクシー料金の前払請求については、Aは応じる必要がない。

(3) 費用償還義務

　委任契約に基づいて受任者が行う事務は、もともと委任者側の事柄であるから、これに要する費用については委任者が負担すべきである。そこで、受任者が委任事務を処理するのに必要と認められる費用を支出したときは、委任者は、その費用および支出の日以後における利息を受任者に償還する義務を負う（650条1項）。さきの例で、石垣島までの交通費や特産品の購入費用をBが支出した場合、Aは、Bに対して、この費用および利息を償還しなければならない。

　受任者Bが自己の名で、石垣島の雑貨店Cとの間で雑貨を購入する契約を結び、代金を1か月後に支払うこととした場合、この契約の当事者はBとCであるから、代金債務を負うのはBである。しかし、委任者Aは、Bからこの代弁済の請求を受けたときは、これに応じなければならない（650条2項前段）。代金債務の弁済期が到来していないときは、Aは、Bからの請求により、相当の担保を提供しなければならない（同項後段）。1か月後に弁済期が到来した時にBがCに弁済し、これをAに費用として償還請求をすればよいとも思われるが、この間にAが無資力になるかもしれず、そうなるとBは費用を回収することができなくなってしまう。Aの代弁済義務は、このような事態に備えたものであり、Bにとっては、費用償還請求権の担保の役割を担う。

　なお、BがAから代理権を授与されており、Bが代理人として雑貨店Cとの間で雑貨を購入する契約を結び1か月後に代金を支払うこととした場合は、代金債務はAに直接帰属する（99条1項）。この場合にAがCに対して代金債務を負うのは代理の効果であって、650条2項があるからではない。

⑷ 損害賠償義務

受任者が委任事務を処理するため自己に過失なく損害を受けたときは、委任者は、受任者に対してその賠償義務を負う（650条3項）。たとえば、Aから委託を受けて石垣島へ特産品の買付けに行ったBが、商品の品定め中に試食した食材が原因で食中毒になり入院したという場合、Aは治療費等の損害をBに賠償しなければならない。このように、委任者は、受任者の損害発生につき委任者自身に過失がなくても、賠償責任を負わなければならない（無過失責任）。

この反面、損害発生につき受任者に過失のないことが要件とされる。受任者に過失がある場合にまで委任者が責任を負わされる理由はないからである。

ただし、Bが石垣島で台風の上陸に遭遇し暴風のため飛んできた看板に当たってケガをした場合のように、委任事務と直接関係のない偶然の事故による損害についてもAが賠償責任を負うのかどうかについては、学説上争いがある。

その他、委任者が委任契約上の義務に違反した場合、債務不履行に基づく損害賠償義務が生じることがある（415条1項）。このことは、委任に特有のことではなく、どの契約にもいえることである。

III　委任の終了

委任契約が終了する場面において法的に問題となるのは、第1に、どのような場合に委任契約が終了するのか、第2に、有償委任において、契約の途中で事務処理ができなくなった場合、報酬はどのように扱われるのか、である。

委任の終了事由は、まず、契約に共通する終了事由と委任に特有の終了事由に分けることができる。契約に共通する終了事由は、契約が想定されたプロセスをたどって終了する場合と、途中で終了する場合とに分けられる。前者としては、①事務処理の終了、②委任期間の満了、③解除条件の成就があり、後者としては、④事務処理の履行不能、⑤債務不履行に基づく契約解除がある。他方、委任に特有の終了事由には、⑥任意解除、⑦653条所定の終了事由の発生（当事者の死亡、破産手続開始決定、受任者の後見開始）がある。このうち、以下では、委任に特有の終了事由である⑥⑦のみを扱う。

1　任意解除権

　一般に、いったん契約が有効に成立すると、当事者はその契約に拘束され、一方的に契約を解除して契約の拘束から免れることはできない。契約は守られなければならないのである。しかし、委任では、各当事者がいつでもその解除をすることができる（651条1項）。すなわち、委任の当事者は、任意解除権を有している。なぜなら、委任は、当事者の人的信頼関係に基づいて成り立っており、その信頼関係がなくなれば契約を存続させる意味を失うからである。

　しかし、突然に契約を解除される当事者は、損害を被ることがある。そこで、①任意解除が相手方にとって不利な時期にされたとき、または②委任者が受任者の利益をも目的とする委任を解除したときは、解除をする当事者は、相手方に対して損害賠償をしなければならない（651条2項）。②の例としては、債権の取立委任がある。AがBに30万円の債権αを有し、Cにも1000万円の債権βを有するとしよう。AがBに依頼してCから債権βを取り立ててもらい、Bが取り立てた金額の1割を報酬として受領し、これを債権αの弁済に充てることを合意したとする。ここでは、委任者Aと受任者Bとの間で、債権βの取立という事務を内容とする委任契約が結ばれている。この委任事務を遂行することによって、Aは債権βを回収できるという利益を得るが、Bも債権αを弁済できるという利益を得る。また、AB間の委任契約において、BがCから債権βを取り立てるまでは債権αの弁済期が到来してもAから返済を待ってもらえることが合意されていた場合は、これもBにとって利益となる。これに対し、受任者が事務処理をしたことの対価として報酬を得るだけにとどまる場合は、受任者の利益をも目的とする委任とはいえない（651条1項2号かっこ書）。

　以上のように、任意解除＋損害賠償責任が原則であるが、これにはいくつかの例外がある。

　1つは、任意解除が認められない場合がある。判例・通説は、651条が任意規定であることから、任意解除権の放棄を有効としており、このような放棄があったと認められる場合、任意解除は制限される。もっとも、任意解除権の放棄が明示的にされることは少ない。通常は、契約の合理的解釈を通じて認めら

れる。

　もう1つは、逆に、損害賠償責任を負わずに契約を解除できる場合である。解除をするにつきやむを得ない事由があった場合は、たとえ前記①②に該当するときでも、解除をした当事者は損害賠償責任を負わない（651条2項柱書ただし書）。たとえば、受任者が著しく不誠実な行為をした場合がこれに当たる。なお、やむを得ない事由があるときは、任意解除権の放棄が認められる場合でも解除をすることができる。

2　委任の終了事由

　委任の基礎をなす人的信頼関係を失わせる事態が生じた場合は、当事者による解除の意思表示を待つまでもなく、委任は終了する。このような観点から、653条は、次の各事由を委任の終了事由としている。

　①委任者または受任者の死亡（1号）。

　②委任者または受任者が破産手続開始の決定を受けたこと（2号）。

　③受任者が後見開始の審判を受けたこと（3号）。

　しかし、当事者によっては、これらの事由が生じても委任が継続されることに支障が生じないと考えることもありうる。そこで、当事者がこれらの事由を委任の終了事由から除外する合意をした場合には、この合意が優先される。たとえば、委任者が、自分が死んだ後の財産処分について誰かに頼んでおくという契約では、委任者が死亡しても委任契約が継続することが前提とされているので、委任者の死亡を委任の終了事由から除外する旨の合意がされたと評価することができよう。

3　中途終了の場合の報酬

　有償委任において、契約の途中で事務処理ができなくなったり、事務処理の途中で契約が終了したりした場合、報酬はどのように扱われるのであろうか。素朴に考えると、委任事務が半分しかできなかった場合は、報酬も約定の半額しか請求できないとなりそうである。しかし、委任事務の内容によっては、このように考えることができない場合もある。

(1) 履行割合型の委任

　履行割合型の委任の場合、すでに遂行された事務処理は、委任者にとって意味を持つ。このことは、雇用において契約が途中で終了してもそれまでに提供された労務が使用者にとって意味を持つことと似ている。そこで、このタイプの委任については、雇用とほぼ同様の規定が置かれている（624条の2参照）。すなわち、受任者は、すでにした履行の割合に応じて報酬を請求することができる（648条3項）。たとえば、Aがその所有するマンションの管理および賃貸業務を2年の期間を定めてBに委託したという場合において、その2か月後に①大地震によりマンションが倒壊して管理することができなくなった場合や（648条3項1号）、②Bが死亡したことにより委任が終了した場合（同項2号・653条1号）、Bまたはその相続人は、2か月の間に行った賃貸業務に相応する報酬をAに請求することができる。

(2) 成果完成型の委任

　成果完成型の委任は、請負に似た側面を有する。そこで、このタイプの委任において、成果が完成する前に委任契約の継続ができなくなった場合は、請負と同じ取扱いがされる。

　すなわち、①受任者がすでにした委任事務が可分であり、かつ②その部分を引き渡すことで委任者が利益を受けるときは、受任者は、委任者が受ける利益の割合に応じて報酬を請求することができる（648条の2第2項・634条）。裏を返せば、委任事務がそもそも不可分である場合や、可分であっても完成された部分が委任者にとって利益とならないときは、受任者は報酬を請求することができない。

　さきに取り上げた石垣島で特産品を仕入れる委任のケースで考えてみよう。受任者Bが石垣島に赴きレンタカーを借りて特産品を探していたところ、試食をした食材が原因で食中毒になり入院した。Bがこのことを委任者Aに連絡して、まだ特産品の仕入れがまったくできていないが、委任事務を続けることができなくなったと告げたところ、Aから契約を解除された。特産品の仕入れという成果に対して報酬を支払うことが合意されていた場合、委任事務の内容は分割することができないし、Bは成果をまったく達成していないので、

Bは報酬を請求することができない（648条の2第2項・634条）。ただし、Bは、交通費やレンタカー料金などの費用については償還請求をすることができる（650条1項）。さらに、食中毒の治療費相当額の損害についても賠償請求をすることができる（同条3項）。

第4部　契約各論3：役務提供型の契約・その他

第14章

雇用

　大学生であろう読者諸君が大学を卒業して企業に就職する場合、その企業との間で雇用契約を結ぶことになる。また、読者諸君の中には、アルバイトをしている人やすでに会社等に勤めている人もいるだろう。この場合、諸君はすでにアルバイト先や勤務先の会社等との間で雇用契約を結んでいる。この本を執筆している筆者自身も、大学との間で雇用契約を結び勤務している。

　このように、雇用は、わたしたちの身近なところにあるのだが、民法の雇用に関する規定が雇用契約に直接適用されることは少ない。第11章3で見たように、民法の特別法である労働法が、民法の規定をさまざまな形で修正したり、民法にないルールを設けたりしており、雇用契約の多くは、これら労働法のルールに従うからである。しかし、だからといって民法の雇用に関する規定を勉強する意味がないわけではない。これも第11章3で述べたとおりである。そこで、本章では、労働法の土台となる民法の雇用に関する規定について、解説を行うことにする。これをしっかりと身につけたうえで、この法分野に興味を持った人は、NBS労働法を手にとってみてほしい。

I　雇用の意義

　雇用とは、当事者の一方（労働者）が労働に従事し、相手方（使用者）がこれに対してその報酬を与えることを内容とする契約である（623条）。雇用契約は、当事者の合意のみによって成立する。つまり、諾成契約である。この契約に基づき、労働者は労働に従事する義務を負い、使用者はその報酬を支払う義

務を負う。つまり、当事者双方が債務を負うので双務契約であり、労務の提供と報酬の支払とは対価関係に立つので有償契約である。

II　雇用の効力

1　労働者の義務

(1)　労働従事義務

雇用契約に基づき労働者が負う義務のうち中心をなすのは、労働に従事することである。労働に従事するに際しては、使用者の指揮命令に従わなければならない。

また、労働者は、原則として自ら労働に従事しなければならない。自己の代わりに他人を労働に従事させるには、使用者の承諾を得なければならず（625条2項）、これに反した場合、使用者は契約を解除することができる（同条3項）。

(2)　付随的義務

民法には、労働従事以外には労働者の義務が規定されていない。しかし、当事者間の合意または信義則上、守秘義務や競業避止義務などの付随的義務が労働者に課せられることがある。

2　使用者の義務

(1)　報酬支払義務

雇用契約に基づき使用者が負う義務の中心をなすのは、報酬を与えることである（623条）。報酬の支払は、後払を原則とする（624条1項）。期間によって報酬が定められた場合も、報酬の支払時期は、その期間が経過した後となる（同条2項）。たとえば、1か月30万円の報酬が定められた場合、この支払時期は、その月が経過した後となる。なお、労働基準法24条2項本文は、原則として毎月1回以上、一定の期日を定めて賃金を支払うべきことを定めている。

ところで、契約の途中で労働の従事ができなくなった場合、使用者は、それ

までの労働に対する報酬を支払わなければならないのだろうか。この問題は、危険負担の問題として捉えられる。

第1に、使用者の責めに帰することができない事由によって労働に従事することができなくなったときは、使用者は、すでになされた労働の割合に応じて報酬を支払わなければならない（624条の2第1号）。

第2に、雇用契約が中途で終了したときも、同様である（同条第2号）。なぜなら、労務の提供と報酬の支払とは対価関係に立つので、労働の割合に応じた報酬を支払うことが公平にかなうと考えられるからである。

第3に、使用者の責めに帰すべき事由によって労働に従事することができなくなったときは、使用者は、約定の契約期間すべてに対する報酬を支払わなければならない。使用者は、労務の提供を受けていない分まで報酬を支払うことになるが、その原因は自分にあるのだからやむを得ない（536条2項参照）。

(2) 使用者の権利の譲渡制限

使用者は、労働者に無断で、雇用契約上の権利を第三者に譲渡してはならない（625条1項）。これに反する譲渡は、無効である。労働者は、誰の指揮命令に従って労働に従事するかについて重大な利害関係を有しているからである。

(3) 付随的義務

民法には、上記以外に使用者の義務を定めた条文はない。しかし、使用者は報酬さえ支払えばその他に何もしなくてよい、というわけではない。当事者間の合意または信義則により、守秘義務など付随的義務を労働者に対して負う。その中でも重要なのが、安全配慮義務である。これは、労働者が労務を遂行するために設置すべき場所や施設や器具などの設置管理、または労働者が使用者の指示の下に遂行する労務の管理に当たって、労働者の生命・健康を危険から保護するよう配慮すべき義務である（最判昭和50・2・25民集29巻2号143頁）。たとえば、労働者を高所での作業に従事させる場合、使用者は、労働者が転落などにより生命・健康を害さないよう適切な措置を講じる義務を負う。この安全配慮義務は、判例法理によって発展してきた概念であるが、現在では、労働契約法5条に明文で規定されるに至っている。なお、安全配慮義務については、

NBS 債権総論も参照されたい。

Ⅲ　雇用の終了

1　期間の定めがある場合

(1)　期間の満了

契約で雇用の期間が定められている場合は、その期間の満了によって雇用契約は終了する。

ただし、期間満了後も労働者が引き続きその労働に従事する場合において、使用者がこれを知りながら異議を述べないときは、従前の雇用と同一の条件でさらに雇用をしたものと推定される（629条1項前段）。このようにして更新された雇用契約は、期間の定めのないものとされ、契約を終了させるには、次に述べる解約申入れの手続による（同項後段）。これと同様の規定は、賃貸借にもある（619条1項）。

(2)　任意解除権

契約で5年を超える期間が定められていたり、不確定の終期が定められていたりする場合は、各当事者は、5年を経過した後ならばいつでも契約を解除することができる（626条1項）。あまりにも長期間にわたって当事者を契約に拘束することは妥当でないからである。しかし、突然に契約を解除されると相手方は困るだろう。そこで、使用者が解除をしようとするときは3か月前、労働者が解除しようとするときは2週間前に、その予告をしなければならない（同条2項）。こうして雇用契約が解除されると、契約の効力は将来に向かって消滅する。つまり、解除の効果は遡及しない（630条・620条）。

2　期間の定めがない場合

契約で雇用の期間が定められていない場合は、解約申入れの手続によって雇用契約は終了する。解約申入れは、各当事者がいつでもすることができる。解約申入れがされた場合、その日から2週間を経過することによって雇用契約は

終了する（627条1項）。

　ただし、契約それ自体には期間の定めがなくても、期間によって報酬を定めた場合は、使用者は、報酬支払の対象となる期間の途中で契約を終了させることができない。たとえば、ある年の5月1日に効力を生じる雇用契約に期間の定めがなく、3か月ごとに一定額の報酬を支払うことを定めたとする。同年6月1日に使用者が解約申入れをする場合、雇用契約の終了は、最も早くて同年5月1日から7月31日までの3か月が満了した時点である。しかも、7月31日の経過でもって契約を終了させたい場合は、当期の前半、すなわち6月15日までに解約申入れをしなければならない。6月16日以降に解約申入れがされた場合、最も早い契約の終了は、同年8月1日から10月31日までの3か月が満了した時点となる（627条2項）。

　さらに、6か月以上の期間によって報酬を定めた場合には、この解約申入れは、前期の満了日から3か月前までにしなければならない（同条3項）。たとえば、ある年の5月1日に効力を生じる雇用契約に期間の定めがなく、7か月ごとに一定額の報酬を支払うことを定めたとする。同年10月31日の経過でもって契約を終了させたい場合は、使用者は、同年7月31日までに解約申入れをしなければならない。

　もっとも、627条2項、3項が適用されるのは、使用者が解約申入れをする場合に限られる。労働者が解約申入れをする場合は、同条1項が適用される。

3　両者に共通する終了原因

(1)　やむを得ない事由による解除

　雇用契約を継続することが当事者にもはや期待できないようなやむを得ない事由が生じた場合、各当事者は、ただちに契約を解除することができる（628条前段）。同条には「雇用の期間を定めた場合であっても」とあるので、期間の定めがある雇用だけに適用されるかのようにも見えるが、そうではない。契約の継続がもはや期待できない事由が生じた場合に即時に契約の解除を認めるべき要請が働くのは、期間の定めがない場合も同様である。そこで、通説は、期間の定めがあるか否かにかかわらず同条が適用されると解している。

　やむを得ない事由の典型例は、債務不履行が著しいことによる信頼関係の破

壊である。たとえば、労働者が使用者の財産を窃取または詐取したり、他の労働者の生命・健康を故意に侵害したりするなどの犯罪行為があった場合が考えられる。この場合は、解除される側の故意または過失によるものであるから、この当事者は損害賠償の責任を負う（同条後段）。

しかし、当事者の責めに帰することができない事由によって契約関係の継続がもはや期待できない事態に直面することもある。たとえば、大地震や大型台風などの自然災害によって使用者の事業所・営業所が壊滅的な被害を受け、事業の継続ができなくなった場合がそうである。また、自らの事情によって雇用契約を継続することが期待できなくなることもある。たとえば、労働者が病気やケガにより長期療養をせざるをえなくなった場合がそうである。これらの場合にも、各当事者は、ただちに雇用契約を解除することができる。

解雇に関する労働法のルール

民法は、契約の解消を比較的緩やかに認めている。しかし、この立場は、労働者保護の観点から、労働法によって大きく修正されている。たとえば、使用者からの契約解除（解雇）は、客観的に合理的な理由を欠き、社会通念上相当であると認められない場合は、権利の濫用として無効である（労契16条）。さらに、期間の定めのある労働契約において、期間途中に解雇する場合は「やむを得ない事由」が必要とされ（同法17条1項）、この「やむを得ない事由」は同法16条に基づいて解雇が認められる事由よりもさらに狭い概念であると解されている。

しかも、これらの要件に照らし解雇が認められる場合であっても、使用者は、原則として、少なくとも30日前にその予告をしなければならず、30日前に予告をしない使用者は、30日分以上の平均賃金を支払わなければならない（労基20条1項本文）。

---

(2) 使用者についての破産手続開始決定

使用者が破産手続開始の決定を受けると、使用者はそれまでの事業をやめ、清算業務を残すのみとなる。また、使用者に十分な資産がないので、労働者に報酬を支払うことができないのが通常である。そこで、このような場合には、

労働者も、使用者の地位を受け継いだ破産管財人も、前記２で述べた解約申入れの手続によって契約を終了させることができる。この場合、解約申入れをされた側は、解約によって生じた損害の賠償を請求することができない（631条）。

(3) その他の終了原因

前記Ⅱ１(1)で述べたように、労働者が、使用者の承諾を得ずに第三者を労働に従事させたときは、使用者は、契約を解除することができる（625条３項）。解除の効果が遡及しない点は、前述のとおりである。

また、労働者が死亡した場合については、明文の規定はないが、雇用契約は当然に終了すると解されている。このことは、身近な例で考えてみるとすぐにわかる。読者諸君のお父さんが銀行に勤めていたとしよう。お父さんが亡くなったからといって、相続人である読者諸君がお父さんに代わってその銀行に勤めることができるだろうか。労働者たる地位は、その人の適性や能力など属人的な要素と不可分に結びついている。このため、労働者たる地位が相続人に承継されることはないのである。

それでは、使用者の死亡によって雇用契約は当然に終了するだろうか。これについても明文の規定はなく、解釈に委ねられるが、こちらはもう少し複雑である。労務の提供を受ける者の地位は、前述のような属人的な要素と不可分に結びついているといえないことが多い。このため、使用者たる地位は、原則として相続される。言い換えれば、使用者の死亡によって雇用契約は当然には終了しない。たとえば、個人経営の和菓子屋の店主が死亡したとしても、その息子が後を継ぐなどして店が続くかぎり、そこで働く従業員が当然に辞めさせられるとは考えないのが通常である。ただし、労務の内容によっては、使用者の属人的な要素と不可分に結びついていることがある。たとえば、使用者を看護することを内容とする雇用契約がそうである。このような場合は、例外的に、使用者の死亡によって雇用契約は終了する。

第15章

寄託

　はじめて法律を勉強するという読者諸君は、寄託という言葉を聞いてもどのような契約なのかイメージできないかもしれない。しかし、そう難しいものではない。物を預ける、預かるという契約である。たとえば、家族全員で１週間の海外旅行に出かけるので、ペットの猫を従兄弟に預かってもらうという場合がそうである（民法上、動物は物として扱われる）。物を保管するという行為は、事務処理の一種であり、この意味において、寄託は準委任の一種である。このため、委任に関する規定が準用されていたり（665条）、委任の規定とよく似た規定が置かれていたりする（658条２項・662条・663条１項。第11章２参照）。他方で、他人の物を自分の支配下に置いて後で返還するという点では、使用貸借や賃貸借と共通する。このため、これらと似た規定も寄託の中に見られる（593条の２と657条の２、594条２項および612条１項と658条２項など）。

　もっとも、第11章３で見たように、民法の寄託に関する規定が適用される場面は少ない。また、寄託のように見えても実は違うというものも多い。たとえば、駅などのコインロッカーにカバンを預けることがある。しかし、コインロッカーの設置者は、カバンを保管するために何ら労務を提供しておらず、単に保管場所を提供しているにすぎない。このような契約は、寄託ではなく、保管場所の賃貸借になる。

　しかし、実社会で適用されることが少なくても、寄託という契約類型の原型を理解することは重要である（第11章３）。そこで、本章では、民法の寄託に関する規定に限定して解説を行うことにする。

I　寄託の意義

　寄託とは、当事者の一方（受寄者）が相手方（寄託者）のためにある物（寄託物）を保管することを内容とする契約である（657条）。寄託契約は、当事者の合意のみによって成立する。つまり、諾成契約である。寄託契約に基づき、受寄者は寄託物の保管義務を負う。しかし、寄託者は、当然には報酬を支払う義務を負わない。つまり、寄託は、無償を原則とする。このような無償寄託では、受寄者が物の保管義務を負うのみであるから、片務契約である。しかし、当事者は、報酬を支払う合意をすることもできる。このような有償寄託は、双務契約である。

II　寄託の効力

1　受寄者の義務

(1)　目的物の保管義務

　受寄者は、寄託物を保管する義務を負う。これが受寄者の中心的な義務である。保管に際しての注意義務の程度については、寄託が有償か無償かによって区別される。無償の場合は、自己の財産に対するのと同一の注意をもって保管する義務が課せられ（659条）、有償の場合は、善良なる管理者の注意義務（善管注意義務）が課せられる（400条参照）。受寄者がこの義務に違反し、それによって寄託物を滅失・損傷させるなどの損害が生じた場合は、これを賠償すべき義務を負う（415条1項）。

　いずれの寄託においても、受寄者は、原則として寄託物を使用・収益してはならない。寄託は、あくまでも物の保管を目的とする契約であり、使用・収益を目的とするものではないからである。ただし、寄託者の承諾がある場合は別である（658条1項）。

　また、受寄者は、原則として寄託物を自ら保管しなければならない（自己執行義務）。ただし、寄託者の承諾を得たときや、やむを得ない事由があるときは、第三者に保管させることができる（658条2項）。これを再寄託といい、こ

のようにして受寄者から寄託物を再び預かった者を、再受寄者という。再受寄者は、寄託者に対して、その権限の範囲内において、受寄者と同一の権利を有し、義務を負う（658条3項）。

　以上の規律は、委任における受任者の自己執行義務と復委任に相応するものであり（644条の2）、条文の内容もほぼ同じものになっている。ここに、寄託が（準）委任の一種であるということが表れている。

(2)　目的物の返還義務

　寄託が終了したときは、受寄者は、寄託物を寄託者に返還する義務を負う。返還場所については、当事者間で合意があればこれに従うが、とくにない場合は、寄託物を保管すべき場所である（664条本文）。ただし、受寄者が正当な事由によって保管場所を変更したときは、その現在の場所で返還することができる（同条ただし書）。

(3)　通知義務

　寄託物について、第三者がそれを自己の所有物であると主張し、返還を求めて訴えを提起することがある。または、寄託者に対して金銭債権を有する第三者が、この債権を取り立てるために寄託物を差し押さえることがある。このような場合、受寄者は、遅滞なくこのことを寄託者に通知しなければならない（660条1項本文）。そうでなければ、寄託者はこのような事態に適切に対応できないからである。ただし、寄託者がすでにこれを知っているときは、あえて受寄者が通知をする必要がないため、このような通知義務は課せられない（同項ただし書）。実は、同じような規定が賃貸借のところにもある（615条）。

　なお、第三者が寄託物を自己の所有物であると主張し返還を求めた場合でも、受寄者は、寄託者の指図がないかぎり、原則としてこれに応じてはならず、寄託者に返還をしなければならない（660条2項本文）。

(4)　その他の義務

　寄託は、他人から委託を受けて事務処理をする契約であるという点で（準）委任と共通する。そこで、委任に関する規定のいくつかが寄託に準用されてい

る（665条）。受寄者が目的物を保管するに当たって受け取った金銭その他の物を寄託者に引き渡したり、寄託者のために自己の名で取得した権利を寄託者に移転したりする義務（646条）、これら寄託者に引き渡すべき金銭等を受寄者が自己のために消費した場合における責任（647条）に関する規定がそうである。

2　寄託者の義務

(1)　報酬支払義務

有償寄託の場合は、寄託者は報酬を支払う義務を負う（665条・648条1項）。支払時期については、当事者間の合意があればこれに従うが、合意がない場合は、後払となる（665条・648条2項本文）。ただし、期間によって報酬を定めたときは、その期間が経過した後に支払うこととなる（665条・648条2項ただし書・624条2項）。

(2)　損害賠償義務

寄託者は、寄託物の性質または瑕疵によって生じた損害を受寄者に賠償する義務を負う。ただし、寄託者が過失なくその性質や瑕疵を知らなかったとき、または受寄者がこれを知っていたときは別である（661条）。

(3)　その他の義務

その他、前述のとおり、寄託と（準）委任との共通性から、寄託者の義務についても、委任に関する規定のいくつかが準用されている（665条）。具体的には、受寄者から保管に必要な費用の前払請求を受けた場合における前払義務（649条）、物の保管に要した費用を償還する義務（650条1項）、受寄者が物の保管に必要と認められる費用を支出した場合における代弁済義務および担保供与義務（同条2項）に関する規定である。

Ⅲ　寄託の終了

寄託は契約であるから、契約に関する総則規定の適用を受ける。したがって、当事者の一方に債務不履行が生じれば、相手方は、541条以下の要件の下

で契約を解除することができる。これ以外に、寄託は、委任と同様に当事者間の人的な信頼関係を基礎とするため、任意の解除が比較的緩やかに認められている。このことを具体的に見てみよう。

1　寄託者の解除権

寄託契約は、おもに寄託者の利益のために結ばれるものである。このため、受寄者の損害さえ塡補されれば、寄託者の側から任意に契約を解除することが認められてよい。

そこで、第1に、受寄者が寄託物を受け取るまでは、寄託者は、任意に契約を解除することができる（657条の2第1項前段）。第2に、受寄者が寄託物を受け取った後においても、寄託者は、いつでも寄託物の返還を請求することができる（662条1項）。すなわち、契約を将来に向かって解除することができる。このことは、返還時期が定められていた場合にもあてはまる。ただし、①寄託物の受取り前に解除する場合、および②返還時期の定めがある寄託において寄託物の受取り後、その時期の到来前に解除する場合は、寄託者は、これによって受寄者が被った損害を賠償しなければならない（657条の2第1項後段・662条2項）。どこかで見たような記述だと思った読者諸君には、本書を丁寧に読んでいただいていることに感謝したい。これと同様の趣旨から出た類似の規定は、消費貸借にもある（587条の2第2項・591条2項・3項）。

2　受寄者の解除権

寄託者に比べ、受寄者が契約を任意に解除できる場面は限られている。

第1に、書面によらずに締結された無償寄託の受寄者は、寄託物を受け取るまではいつでも契約を解除することができる（657条の2第2項本文）。無償寄託は、寄託者の利益にしかならず、このような契約を口約束だけで結んだ受寄者はよく考えず軽率に契約をした可能性があるからである。これに対し、有償寄託は受寄者の利益にもなるし、無償寄託であっても書面が作成されていれば受寄者の契約意思が明確であって熟慮のうえ契約をしたと考えられるため、任意解除は認められない（同項ただし書）。以上についても、実は本書の前のほうで一度述べたことがある。これと同様の趣旨から出た類似の規定が贈与（550条）

や使用貸借（593条の2）にもあることを、第8章Ⅱ2と第10章Ⅶを読んで確認していただきたい。

第2に、有償寄託および書面による無償寄託において、寄託物を受け取るべき時期を経過してもなお寄託者が寄託物を引き渡さない場合、受寄者は、相当の期間を定めて引渡しの催告をし、その期間内に引渡しがないときは、契約を解除することができる（657条の2第3項）。寄託者は、原則として寄託物を引き渡す義務を負わないが、とはいえ寄託者が引き渡さない間いつまでも受寄者を契約に拘束し続けることは妥当でないからである。

第3に、寄託物の受取り後においても、返還時期の定めがない寄託では、受寄者は、いつでも寄託物の返還をすることができる（663条1項）。すなわち、いつでも契約を解除することができる。他方、返還時期の定めがある寄託では、受寄者は、やむを得ない事由がある場合にのみ、その期限前に解除をすることができる（同条2項）。

【図表4-15-1】寄託における任意解除権

	寄託者の解除権	受寄者の損害賠償請求権	受寄者の解除権
寄託物の受取り前	○	○	書面によらない無償寄託のみ○ ※有償寄託・書面による無償寄託には、寄託者が寄託物を引き渡さない場合の解除権あり。
受取り後：返還時期の定めあり	○	○	やむを得ない事由がある場合のみ○
受取り後：返還時期の定めなし	○	×	○

IV　特殊な寄託

1　混合寄託

　混合寄託とは、複数の寄託者から同じ種類、同じ品質の物を預かり、これら
を混合させて保管するというものである。たとえば、受寄者Aが、寄託者B
から灯油100リットル、寄託者Cから同じ種類および品質の灯油50リットルを
預かり、これらを混ぜて1個の容器に入れて保管するような場合である。この
ように混合寄託がされると、各寄託物は混じり合ってしまうので、各寄託者が
もともと所有していた寄託物がどれなのかわからなくなってしまう。このた
め、受寄者は、各寄託者の承諾を得たときに限り、このように寄託物を混合し
て保管することができる（665条の2第1項）。そして、各寄託者は、自らの寄託
物それ自体ではなく、それと同じ数量の物の返還請求権を有することになる
（同条2項）。

　また、寄託物の一部が滅失したときは、各寄託者は、総寄託物に対する自ら
の寄託物の割合に応じた数量の物の返還請求権を有するにとどまる（同条3項
前段）。さきの例において、寄託物である灯油150リットルのうち30リットルが
流出してしまった場合、残量120リットルにつき、Bは80リットル（120×
100/150）、Cは40リットル（120×50/150）の返還をAに対して請求することが
できる。さらに、BおよびCは、債務不履行に関する一般的規律に従い、A
に対して損害賠償を請求することができる（同項後段・415条1項）。たとえば、
灯油の流出がAの保管上の注意義務違反による場合は、BおよびCは、返還
を受けられなかった灯油の価値相当額について、Aに対して賠償請求をする
ことができる。

2　消費寄託

　消費寄託とは、受寄者が寄託の目的物を消費することができ、その代わり
に、返還する際はこれと同じ種類、同じ品質、同じ数量の物を返還する義務を
負うというものである（666条1項）。その例としてよく挙げられるのは、預貯
金である。預貯金者から金銭を預かった金融機関は、これを運用したり他の預

貯金者に払い戻したりすることができ、預貯金者から返還請求を受けたときは、最初に預かった紙幣や貨幣そのものを返還する必要がなく、同じ金額の金銭を返還すればよい。

このように、消費寄託は、目的物の占有だけでなく処分権も寄託者から受寄者に移る点において通常の寄託とは異なり、かつ、消費貸借と類似する。そこで、貸主の引渡義務に関する590条および目的物の返還ができなくなった場合における借主の価値償還義務に関する592条が準用されている（666条2項）。

ところで、預貯金の場合、これによって利益を得るのは寄託者である預貯金者だけではない。受寄者である金融機関も、預貯金の運用により利益を得る。返還時期の定めがある場合、金融機関は、この時期までの運用による利益を有しているのである。金融機関が返還時期の前に契約を解除して、寄託者たる預貯金者に預貯金を返還するということは、金融機関が自らの利益を放棄することになるが、このこと自体を禁じる理由はない。このことによって預貯金者が損害を受けたときは、金融機関にその賠償責任を負わせればよいだけである。この点が通常の寄託とは異なり、むしろ消費貸借における当事者の利益状況と似ている。666条3項が預貯金契約による金銭の消費寄託について591条2項、3項を準用しているのは、このことの表れである。このことの反面として、通常の寄託について受寄者からの任意解除を定めた663条2項は、預貯金契約による金銭の消費寄託には適用されないことになる。

第16章

組合

　契約は通常、当事者が各自の利益を追求するために、対立的にそれぞれの給付を交換するというイメージで語られる。しかし、人が合意によって結びつくという状況は、常に利害が対立しているわけではなく、共通の利益のために協力し合うこともありうる。共同の目的を達成するために集団を結成し、それぞれの責任や集団内のルールを定める合意も、契約に他ならず、民法典は、こうした契約を、組合とよんでいる。

1　組合の意義

　組合とは、各当事者が出資をして、共同の事業を営むことを内容とする契約である（667条1項）。数人で集まり、共同で何かをやりたい。そうしたときのための法的手段の1つが組合であり、契約を結んで組合という共同事業のための団体を創設するのである。お金を出し合ってヨットを購入し、これを利用するクラブを作るというように、個人が集まって団体を作る合意をした場合に、そこでの合意が組合契約として取り扱われることもあれば、駅前の再開発のような大規模な建築事業に際して、複数の建設会社が協力して工事を請け負い、共同企業体（ジョイント・ベンチャー）を形成するのも、組合の一例である。

　このように、組合とは、2人以上の者によって構成される共同事業体のことであり、組合契約は、この組合を成立させ、組合の規律を定める契約である。もっとも、「組合」が組合契約を意味することもある。また、共同の事業のための似たような団体に一般社団法人や会社があるが、組合は、団体に法人格が与えられない点で、これらと異なる。ただし、訴訟上の当事者能力は、組合に

も認められている（民訴29条）。なお、消費生活協同組合（生協）、農業協同組合（農協）、漁業協同組合（漁協）など、特別な根拠法に基づいて創設されるものは、「組合」と名がついていても、各法規により法人格が与えられているので、注意してほしい。

2 組合の成立

組合を成立させるには、出資をすることと、共同の事業を営むことの2点について、組合員となる当事者が約束すればよい（667条1項）。成立後には、組合内の規約が必要となることもあろうが、こうした規約などは、組合成立の要件とされていない。

何を事業内容とすれば組合と認められるのかについては、とくに問われない。組合員に利益を配分する営利事業でなくても、まったく個人的な趣味の集まりでも、団体で何かを行うのであれば、組合の事業とすることができる。ただ、「共同」の事業といえるためには、各組合員が業務や組合財産の状況を検査できるようにしておかなければならない（673条参照）。また、営利目的の組合の場合、組合員全員が利益の分配を受けるものでなければならない。しかし、損失については、組合員の一部しか負担しないとすることもできる。

この事業の運営には、当然ながら、活動のための財産が必要となる。そのため、当事者には出資が義務づけられる。ここでは、全員の出資が必須で、加入に出資を不要とする団体は、組合とされない。出資と聞くと、金銭の支払を思い浮かべるかもしれないが、必要物品の現物出資でもよいし、労務の提供でもよい（667条2項）。

3 組合の内部関係

(1) 組合員間の関係

組合が成立すると、契約を締結した者は組合員となる。このとき、組合契約という1つの契約の当事者である組合員の間には、組合契約に従った法律関係が生じる。いかなる法律関係が生じるかは、組合契約の内容次第だが、組合契約の締結の際、組合員は出資と事業運営を約束しているのであるから、少なくともこれらに関した権利・義務は必ず生じる。

まず、組合の財産がなければ事業運営のしようもないので、組合員は、契約で約束した出資を行う債務を負い、これを履行しなければならない。これを怠れば、他の契約と同様に、債務不履行責任が生じる。ただ、この出資の目的が金銭である場合には、通常とは異なる取扱いがなされる。金銭債務の履行遅滞の際、損害賠償額は一般的に、遅滞責任発生時の法定利率か約定利率によって定められる（419条1項）。これに対し、組合契約で金銭出資を履行しないとき、不履行の組合員は、利息の他に、組合に生じた損害も賠償する責任を負う（669条）。組合員全員の共同目的である事業の実施のためには、組合員間において組合財産の充実を確保する必要があるというのが、その理由である。

　出資によって形成された組合財産を使い、事業を運営していくことになるが、この事業は、全組合員の共同目的である。そのため、組合員はすべて、事業運営に関し、これに参加する権利を有するとともに、他の組合員に対して責任を負う。原則として、全員が組合業務について、執行権を有し、執行義務を負い、また、執行権がない場合にも、業務や財産状況に関する検査権が認められている（673条）。これらの業務執行に参与する権利を組合員から剥奪することは、当該組合員の同意がないかぎり、他の組合員の一致があっても許されない。加えて、業務の執行は、他の組合員の事務を処理することにもなるため、執行を担当する組合員と他の組合員との間には、644条から650条までの委任の規定が準用される（671条）。

(2)　契約総則その他の規定の適用

　ところで、組合契約も契約であり、法律行為であるので、契約総則や法律行為に関する規定が適用されそうである。しかし、組合契約は、組合という団体を成立させ、その事業を運営していくためのものであり、団体活動の基礎という側面があるため、いくつかの点で、他の契約とは異なる取扱いが見られる。

　第1に、出資債務を履行していない組合員が、その履行を請求された場合、この組合員は、他の組合員による出資債務の未履行を理由に、同時履行の抗弁権（533条）を行使することはできない（667条の2第1項）。組合活動のためには、組合員間の公平よりも、組合財産の確保が優先されるからである。同じ理由から、ある組合員の出資が履行不能となっても、536条の規定は適用されず、

その不能が誰の責めに帰すべき事由によるものであるかに関係なく、他の組合員は自己の出資の履行を拒むことはできない（667条の2第1項）。

　第2に、一部の組合員について債務不履行や意思表示の瑕疵があったときでも、団体活動の継続が要請されることから、そうした瑕疵が組合契約全体に影響を与えるべきではないと考えられている。これにより、ある組合員が組合契約に基づく債務の履行をしない場合でも、他の組合員は組合契約を解除することはできない（667条の2第2項）。また、組合員の一人について意思表示の無効・取消しの原因があっても、他の組合員の間では、組合契約は有効に存続する（667条の3）。その上で、これらの状況にどのように対処するかであるが、まず、一部の組合員の意思表示に瑕疵がある場合、この組合員は、意思表示の無効・取消しを主張すれば、組合契約から離脱できる。債務不履行の場合には、履行の強制や損害賠償請求の他に、不履行の組合員を除名するという選択肢がある（680条）。ただ、いずれの場合も、履行されない出資や、意思表示に瑕疵のある組合員の個人的な力量が、事業運営において重要な役割を果たしていて、こうした出資や組合員の欠如が事業継続に重大な影響を与えるときには、組合の解散に至ることもありうる（682条第1号・683条）。

4　組合の財産関係

(1)　組合財産の帰属態様

　組合の事業運営には組合財産が不可欠であり、この組合財産は、出資や事業活動から得られる財貨によって形成される。こうした組合財産は、誰に帰属するのだろうか。組合財産は、団体としての共同目的である組合事業のためのものであるが、そもそも、組合には法人格がない。そのため、組合財産を組合という団体に帰属させることはできず、団体を構成する総組合員の共有として取扱われている（668条）。ただし、共有財産といっても、組合事業という目的で集約されたものであることから、通常の共有で認められる権利が、この目的により制約される場面が生じてくる。そのため、組合における共有の態様を、通常の共有と区別して「合有」とよぶこともある。

　組合財産の帰属に関する組合員の地位を、より詳しく見ていこう。まず、通常の共有の場合と同様に、組合財産に関する持分が、組合員にも認められる。

ここでの持分の割合は、出資の価額の割合に応じて定まる（250条参照）。組合員は、脱退の際に持分の払戻しを受けることができ（681条）、また、組合を解散し清算するときには、出資の価額に応じて残余財産を分配される（688条3項）。さらに、組合財産への侵害に対する妨害排除などの権利主張は、全員で行う必要はなく、一部の組合員だけで可能である。

　しかし、通常の共有では持分の処分に制限はないと解されているのに対し、組合員は、持分を処分しても、これを組合と組合の取引相手に対抗することができない（676条1項）。事業運営に必要な組合財産の維持を図るためである。本来なら共有者である組合員にいつでも認められるはずの組合財産の分割請求（256条1項本文参照）が、清算後に制限されている（676条3項）のも、同じ趣旨によるものである。こうして、組合員に持分が認められるとはいえ、組合財産は、事業目的のために、組合員各自の固有財産から独立したものとして取り扱われている。これに対応して、組合員の債権者が、組合財産における組合員の持分に強制執行などの権利行使をすることも、許されていない（677条）。また、組合の債務者が、同時に個々の組合員の債権者であるとき、この組合の債務者は、組合債権と組合員に対する債権を相殺することができない。これを認めると、団体事業のための組合財産が、組合員個人のために利用されることになり、組合財産の目的にそぐわないからである。

(2)　組合債権・組合債務の取扱い

　組合員個人から離れた団体としての事業活動を進めていれば、この活動に関する債権や債務も生じる。これらも組合財産の一種であり、各組合員がそれらの帰属先となる。ただ、組合事業と結びついていることから、やはり、通常の多数当事者の債権債務関係とは異なる取扱いが必要となる。

　組合に債権が生じたとき、これが可分債権であっても、組合員の分割請求は制限されるため（676条3項）、組合員単独による持分についての債権行使は認められない（676条2項）。その結果、組合財産に属する債権は、組合員全員の共同でしか行使できないこととなる。つまり、組合債権は、その目的が性質上可分の場合でも、連帯債権にはならない（432条参照）。

　組合活動での債務については、組合の債権者は、組合財産について権利行使

できる（675条1項）。また、それだけではなく、団体の構成員である組合員に対する権利行使も、認められている（675条2項）。つまり、組合員は、組合債務について、無限責任を負わされているのである。この組合員に対する権利行使は、原則として、各組合員に対して等しい割合で行うことが可能であるが、組合の債権者が、債権発生時に各組合員の損失分担の割合を知っていたときには、その割合による。こうして、組合の債権者は、組合財産からも、組合員個人の財産からも、債権の回収が可能であり、たとえ組合財産に不足がなくても、組合員に対して弁済を請求できる。

(3) 損益の分配

　事業運営には、利益や損失の発生がつきものである。組合が営利目的であれば、利益を組合員に分配することになり、また、いかなる組合においても、損失は組合員が分担しなければならない。その際の分配の割合は、組合契約の中で当事者が定める。ただ、こうした定めがない場合もあり、そのときには、各組合員の出資の価額が、分配割合の基準となる（674条1項）。また、利益と損失とで分配の割合を別々に定めることもできるが、一方のみを定めた場合には、その割合が両者に共通するものと推定される（674条2項）。

5　組合の事業運営方法

(1) 組合の業務

　組合事業を運営する上で、明確にしておかなければならないのが、事業活動である組合業務の実施方法である。組合の業務執行については、そのための意思決定や決定事項の執行を、組合内部でどのように行うかという内部的問題と、業務執行に際して外部の者と取引などを行う場合に、これをいかに実施するかという対外的問題がある。これらの問題に関する対処方法は、組合業務の決定や執行を受任する業務執行者の存否で違いがある。

(2) 業務執行者がない場合

　ヨットクラブでのヨットの使用態様や、共同企業体での工事計画をどうするかといった組合の業務については、組合員の過半数により意思決定をし、執行

は各組合員で行われる（670条1項）。

　ただ、ヨットクラブにおけるヨットの掃除や燃料の購入、共同企業体での実際の建設作業や資材の調達といった、業務の中でも、事業運営の下で日常的に行われる軽微なものである常務であれば、その完了前に他の組合員から異議を述べられないかぎり、各組合員が単独で行うことができる（670条5項）。

　業務執行に際しては、燃料や資材の調達、ヨットの購入や建築請負契約など、組合として法律行為を行う場面も出てくる。このとき、組合には法人格がないため、組合自体は法律行為の主体となることはできず、組合員全員が当事者となるより他ない。もちろん、全員で契約締結することも可能であるが、それは面倒なので、一部の組合員が他の組合員を代理して、法律行為を行うこととなる。こうした組合代理には、原則として、組合員の過半数の同意が必要とされるが（670条の2第1項）、常務に関わる法律行為であれば、そうした同意がなくても、各組合員が単独で他の組合員を代理できる（670条の2第3項）。

(3)　業務執行者がある場合

　組合では、組合契約の定めにより、組合業務の決定や執行を、一部の組合員や第三者に委託することができる。この委託を受けた者を、業務執行者という。業務執行者は一人でも、複数人でもよい（670条2項）。第三者を業務執行者とするとき、組合員は第三者と委任契約を結ぶ。組合員を業務執行者とする際には組合契約によるが、委任に関する644条から650条までの規定が準用される一方（671条）、辞任や解任には正当な事由が必要になる（672条）。

　業務執行者を選任した場合、組合業務の決定や執行は、業務執行者が行う。業務執行者が複数いれば、その過半数により意思決定をし、執行は各業務執行者で行われる（670条3項）。ただし、組合の常務については、その完了前に他の組合員や業務執行者から異議を述べられないかぎり、各業務執行者が単独で行うことができる（670条5項）。

　なお、業務執行者を選任すると、業務執行者ではない個々の組合員は、常務を含む業務の決定権と執行権を失い、ただ、業務と組合財産の状況に関する検査権だけが認められる（673条）。もっとも、委託した事項を委託者自身ができなくなるということはなく、業務執行者を選任したときでも、組合員全員の同

意により業務の決定や執行を行うことは、引き続き可能である（670条4項）。

　組合代理に関しては、業務執行者のみに代理権が認められ、組合員は常務であっても他の組合員を代理することができない（670条の2第2項前段）。業務執行者が複数人いるときには、組合代理についても、業務執行者の過半数の同意が必要だが、常務に関わる法律行為であれば、そうした同意がなくても、各業務執行者が単独で組合員を代理できる（670条の2第2項後段・第3項）。

6　組合員の変動

(1)　組合員の加入と脱退・除名

　団体として活動を続けていけば、構成員の変動は必ず生じてくる。活動の活性化や拡張のためには、新たなメンバーを求めることもあるだろう。他方で、活動からの離脱を求める者を無理に団体に引き留めることもできない。それに、構成員にふさわしくない者に団体に留まられるのも不都合である。

　組合でも、組合員全員の同意や組合契約の定めにより、新たな組合員を加入させることができる（677条の2第1項）。

　また、組合員は基本的にいつでも、とくに理由を示すことなく、脱退できる。もっとも、後任者がいなかったり、繁忙期であるといった、組合に不利な時期には、やむを得ない事由がないかぎり、脱退は認められない（678条1項ただし書）。さらに、組合契約で組合の存続期間を定めていれば、この期間の組合活動に従事すると約束した以上、組合員は途中で脱退できない（678条1項本文）。ただし、存続期間の定めがあっても、それが「ある組合員の死亡するまで」とされているときには、組合員の拘束が不確定に長期となる可能性があるため、組合員の脱退は可能であるし、やむを得ない事由があれば、存続期間の定めにかかわらず、脱退が認められる（678条1項本文、同2項）。なお、やむを得ない事由があっても任意脱退を禁じる組合契約上の定めは、組合員の自由を著しく制限するため、公序に反するものとして無効であり、その意味で678条2項は強行規定である（最判平成11・2・23民集53巻2号193頁）。

　こうした自発的な脱退の他にも、組合員が死亡したり、破産手続開始の決定や後見開始の審判を受けたり、あるいは、他の組合員から除名されれば、組合員の脱退が生じる（679条）。これらのうち、除名を行うには、そのための正当

な事由と他の組合員の一致が必要であり、また、除名した組合員に対抗するには、除名した旨をこの組合員に通知しなければならない（680条）。

(2) 組合員の変動の際の組合財産の取扱い

組合員の変動に際して問題となるのが、組合財産である。組合の債務については、この債務を生じさせた組合活動に関与した者のみが負担すべきといえる。それに、脱退する組合員は、自分の出資の返還を望むだろう。

これらのうち、組合の債務をめぐっては、新たに加入する組合員は、加入前に生じた組合の債務について責任を負う必要はないのに対し（677条の2第2項）、脱退した組合員は、脱退前に生じた債務について引き続き責任を負う（680条の2第1項前段）。ただ、組合の債務は、組合財産か組合員の財産から弁済されるべきともいえるため、組合員でなくなった脱退者は、自分が責任を負う債務について、組合に対して担保提供や自己に免責を得させることを請求できる（680条の2第1項後段）。また、脱退者が組合の債務を弁済すれば、組合に対して求償権を行使できる（680条の2第2項）。

出資した財産の清算に関しては、脱退した組合員は、持分の払戻しを請求することができる。もっとも、存続する組合からすれば、事業活動に不可欠な組合財産を維持する必要があることから、こうした組合の利益を保護するために、脱退した組合員による持分の払戻請求は、通常の共有における場合とは異なり、一定の制約を受ける（681条）。

7 組合の消滅

始まりがあれば終わりがあるのが世の常で、組合も最終的に解散を迎える。人が共同事業を目的に集まったのであれば、その事業が終わると、団体でいる必要はなくなる。事業が成功すればよし、逆にその不可能なことが明確になったときも、事業は終了である。事業内容に終わりがなくても、存続期間や解散事由を定めていたり、組合員全員が解散に同意すれば、組合は解散となる（682条）。また、反対者がいても、やむを得ない事由があれば、解散を請求することもできる（683条）。

解散された組合は、清算手続（685条以下）を経て、消滅する。

団体としての組合

最後に、団体の一類型としての組合が持つ特徴を、簡単にまとめておこう。

組合は人の集まりなので、社団の仲間である。ただ、社団法人と異なり、組合には、組合員個人から独立した法人格はない。このことからの帰結の1つとして、団体の債務に関する責任の取扱いに差異が生じる。社団法人の債務は、債務者である法人の財産から弁済され、社員に責任が生じない。他方、組合債務については、本文でも述べたとおり、組合財産から弁済されるだけでなく、各組合員が無限責任を負う。これにより、組合員の財産からの回収が可能な組合債権者にとり、組合内部のガバナンスや組合財産の管理に対する関心が薄れる。こうしたことから、一般社団法人などと異なり、組合については、総会や理事などの団体組織の機関編成や財務状況などの情報開示に関して、法による定めがなく、組合員の任意に委ねられている。それでも、組合と社団とでは、人の集まりであるという点で、本質的な違いはない。多種多様な組合のうち、団体内の組織が整備され、団体の実態が一般社団法人と似通うものについては、権利能力なき社団として取り扱う契機が高まることもある。このように、組合と社団は、厳格に区別されるべきものではなく、同種の団体として、連続性・関連性を有しているのである。

なお、組合の団体性の観点から、組合設立の合意は、契約ではなく、社団設立行為と同じ合同行為であると説く見解が古くからある。全当事者が団体設立に向けて必要な出資を約束する組合は、対峙した当事者が対価的に給付の交換を約束する他の双務契約とは異なるというのである。この合同行為説の実践的意義は、2つあった。1つは、設立行為時に一部の当事者の意思表示が効力を失っても、他の当事者により組合が設立される旨を説明すること。もう1つは、契約総則や有償契約に準用される売買の諸規定(とりわけ、同時履行の抗弁、解除、かつての危険負担、かつての売主の担保責任、これらを総称して「契約通則」とよぶことがある)が組合に適用されることを排除することである。しかし、本文で解説したとおり、現在の民法は、一部の組合員の債務不履行や意思表示の瑕疵について、特則を設けて対処している(667条の2、667条の3)。そのため、組合設立の合意がいかなる法律行為であるかを論じる意味は、ほとんどなくなっている。

第17章

和解

　人は win-win の関係を求めて、合意をするものであるが、そこで双方が得ようとしている利益は、積極的なものであるとは限らない。社会で生活していると、不幸にも他人と紛争に陥ることもある。その際、自らの利益のみを追い求めて、敵対的に争いを続けるというのも、1つの選択肢であるが、それには、金銭的にも時間的にもコストがかかり、また精神的にも疲弊してしまう。そのため、紛争の相手方との間で話し合いでの解決を模索し、短期で紛争を終結させるというのも、また1つの合理的な選択肢である。こうした合意による解決は、不利益の増大を相互に回避するという機能を有している。

1　和解の意義と要件

(1)　民法上の和解

　「和解」と聞くと、揉めごとのあった当事者が仲直りするといったイメージが浮かんでくるのではないだろうか。民法における和解も、当事者間に紛争のある状態が前提となる。この紛争を終了させる合意が和解である。ただ、当事者が、もう争いごとをやめましょうと約束するだけでは、民法上の和解は成立しない。この約束が、その後に新たな揉め事の火種になる可能性だってある。そこで民法は、後にみるような確定効を和解に付与しており（696条）、これは、たとえ真実に反しても和解の合意に従うべき義務を当事者に課すことを意味している。その上で、こうした強力な確定効を正当化するために、当事者双方が譲歩し、お互いに不利益を偲ぶことが必要とされている。このように、民法上の和解とは、当事者が互いに譲歩をして、両者の間の争いをやめることを

内容とする契約とされ (695条)、「紛争の存在」と「紛争終結の合意」に加えて、「当事者の互譲」が要件となっている。この互いの譲歩の間には対価関係が認められることから、和解は、有償・双務契約であり、また、合意のみにより成立するため、諾成契約である。

(2) その他の紛争解決の合意

とはいえ、日常の揉め事を話し合いで解決する際には、常に当事者の互譲があるとは限らない。金銭の貸し借りにおいて、貸主が借主に返済の猶予を与え、それ以外の契約条件に変更を与えない場合、貸主のみが譲歩をしている。また、交通事故の示談交渉で、加害者が被害者の主張をすべて認め、損害賠償額について合意したときには、やはり被害者からの譲歩はない。これらの合意や示談は、「当事者の互譲」を満たしていないため、民法上の和解とはいえないことになる。だが、こうした合意にも、当事者の紛争終結の意思は存在するのだから、まったく契約として承認されないというわけでもない。民法上の和解ではないため、確定効は付与されないが、そうした合意も、非典型契約として、当事者の意思の内容に対応する法律効果（弁済期の変更や損害賠償債務の発生）を生じさせてよい。さらに、状況によっては、696条を類推適用すべき場合もあろう。

(3) 第三者の助力による紛争解決方法

さて、紛争を話し合いで解決するには、当然ながら当事者自身の同意が必要不可欠であり、民法も当事者間の合意を要件としている。しかし、実際には、当事者のみの話し合いでは解決に至らず、第三者の助けを借りて合意が整うことも少なくない。こうした和解の仲介は、私的に行われることもあるが、公的な機関を介することもある。まず、裁判所の関与の下で行われる和解があり、これには、裁判上の和解（民訴89条：訴訟上の和解、同275条：起訴前の和解）と調停（民事調停法、家事244条以下）がある。また、特別法に基づく調停委員会などが仲介者となる調停制度がある（公害紛争31条以下、労調17条以下など）。これらの他、第三者の関与する紛争解決手続として仲裁がある。仲裁では、当事者自身は解決のための方策を考えるのではなく、仲裁人に判断を一任し、その判断

に服することを合意（仲裁合意）するにとどまり、具体的な解決方法は、仲裁人により提示されるものとされ、この点で和解や調停と異なる。

2　和解の確定効

当事者の互譲に基づき和解が締結されると、その内容に従って両者の法律関係が確定する。この確定効は強力で、和解が成立すれば、たとえその後に和解内容に反する法律関係を示す確証が明らかになっても、真の法律関係に沿った権利主張はできなくなる（696条）。さもなければ、和解によって紛争を解決した意味がなくなるからである。たとえば、AとBとで、それぞれ所有する土地の間の境界につき争いが生じ、BがAに一定の金銭を支払う代わりに、AがBの主張する境界を承認するとの和解が成立したとしよう。その後にAの主張を正当とする権利証が発見されても、Aは自己の主張を再び持ち出すことを許されず、和解による境界確定を甘受しなければならない。

3　確定効の及ぶ範囲と錯誤取消しの可能性

こうした確定効が生じれば、当事者は、和解の内容と異なる権利主張をできなくなる。この和解の趣旨から、確定効は錯誤取消し（95条）も排除するものとされ、当事者の一方に和解の内容に関して錯誤があっても、和解を取り消すことはできない。

ただし、確定効の及ぶ範囲は、当事者間での紛争の対象として、互譲による確定の合意がなされた事項に限られるとされている。これに当たらない事項、すなわち、当事者が和解の前提として争わなかった事項や、争いの対象事項でも前提事項でもない事項については、当事者は和解に拘束されることなく、権利の行使や錯誤取消しの主張をすることができる。たとえば、当事者間に金銭債権があることを争いなく前提として和解が締結された後に、この金銭債権の不存在が明らかになった場合や、金銭支払義務の存否をめぐる紛争において、一定の品質を有するジャムであることを前提に、このジャムによる代物弁済を内容とする和解が成立したが、このジャムが粗悪品であった場合などでは、当事者は、錯誤を理由に契約を取り消すことができる（大判大正6・9・18民録23輯1342頁、最判昭和33・6・14民集12巻9号1492頁参照）。また、交通事故の当事者

【図表 4 -17- 1 】 和解の確定効の及ぶ範囲

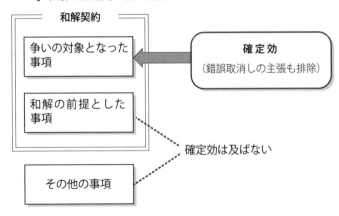

間で、事故の数日後に損害賠償請求権の放棄を含む示談が成立したが、その後、示談の際に予想できなかった重度の後遺症などが被害者に発症した場合には、示談での放棄がこの後遺症などに関する損害の賠償請求まで及ぶとは解釈されず、被害者による損害賠償請求が認められる（最判昭和43・3・15民集22巻3号587頁）。

事項索引

●著者紹介

松井和彦（まつい・かずひこ）
大阪大学大学院高等司法研究科教授
一橋大学大学院法学研究科博士課程修了（1997年）、博士（法学）
［第7章・第8章・第13章・第14章・第15章］

『契約の危殆化と債務不履行』（有斐閣、2013年）
『ハイブリッド民法3債権総論』（共著、法律文化社、2006年）など

岡本裕樹（おかもと・ひろき）
筑波大学ビジネスサイエンス系教授
一橋大学大学院法学研究科博士課程修了（2003年）、博士（法学）
［第1章・第2章・第3章・第4章・第5章・第6章・第16章・第17章］

「『契約は他人を害さない』ことの今日的意義(1)〜(5・完)」名古屋法政論集
200号〜205号（2004年）・208号（2005年）
「典型契約としての組合契約の意義」名古屋法政論集254号（2014年）など

都筑満雄（つづき・みつお）
明治大学法学部教授
早稲田大学法学研究科博士後期課程修了（2006年）、博士（法学）
［第9章・第10章・第11章・第12章］

『複合取引の法的構造』（成文堂、2007年）
『複合契約の法理』（日本評論社、2023年）など

日本評論社ベーシック・シリーズ＝NBS

契約法［第2版］
（けいやくほう）

2018年7月10日第1版第1刷発行
2024年2月10日第2版第1刷発行

著　者―――松井和彦・岡本裕樹・都筑満雄
発行所―――株式会社　日本評論社
　　　　　　〒170-8474　東京都豊島区南大塚3-12-4
電　話―――03-3987-8621（販売）
振　替―――00100-3-16
印　刷―――精文堂印刷株式会社
製　本―――株式会社難波製本
装　幀―――図工ファイブ

検印省略　©K.Matsui, H.Okamoto, M.Tsuzuki　2024　　　　　ISBN 978-4-535-80663-4

🖋 日本評論社の法律学習基本図書

🖋 **日本評論社**
https://www.nippyo.co.jp/

※表示価格は消費税込みの価格です。